UTE MAGER

Der maßgebliche Zeitpunkt für die Beurteilung der Rechtswidrigkeit von Verwaltungsakten

Schriften zum Öffentlichen Recht

Band 669

Der maßgebliche Zeitpunkt für die Beurteilung der Rechtswidrigkeit von Verwaltungsakten

Von

Ute Mager

Duncker & Humblot · Berlin

Die Deutsche Bibliothek – CIP-Einheitsaufnahme

Mager, Ute:
Der massgebliche Zeitpunkt für die Beurteilung der Rechtswidrigkeit von Verwaltungsakten / von Ute Mager. – Berlin : Duncker und Humblot, 1994
(Schriften zum öffentlichen Recht ; Bd. 669)
Zugl.: Berlin, Freie Univ., Diss., 1994
ISBN 3-428-08221-4
NE: GT

Fotoprint: Berliner Buchdruckerei Union GmbH, Berlin
Printed in Germany

ISSN 0582-0200
ISBN 3-428-08221-4

Gedruckt auf alterungsbeständigem (säurefreiem) Papier
gemäß der ANSI-Norm für Bibliotheken

Meinen Eltern

Vorwort

Die vorliegende Untersuchung ist im Wintersemester 1993/1994 vom Fachbereich Rechtswissenschaft der Freien Universität Berlin als Dissertation angenommen worden. Literatur und Rechtsprechung konnte bis zum Ende des Jahres 1993, vereinzelt auch noch bis April 1994 berücksichtigt werden.

Herrn Professor Dr. Philip Kunig danke ich herzlich für die Betreuung der Arbeit, für seine kritischen und weiterführenden Hinweise sowie für die vielfältige Förderung, die ich darüber hinaus als seine Doktorandin und Wissenschaftliche Mitarbeiterin erhalten habe. Mein Dank gilt außerdem Herrn Professor Dr. Helmut Lecheler für die Anfertigung des Zweitgutachtens.

Des weiteren danke ich besonders meinem Kollegen Dr. Robert Uerpmann und meinem Mann Knut für stetige Diskussionsbereitschaft und förderliche Kritik. Sehr dankbar bin ich meinem Mann darüber hinaus für die Selbstverständlichkeit, mit der er mich trotz erheblicher eigener Arbeitsbelastung stets in meinem Vorhaben unterstützt und von vielen anderen Dingen entlastet hat. Dankbar bin ich außerdem Freunden, Kolleginnen und Kollegen für Ansporn und Zuspruch, die mir in schwierigen Phasen der Arbeit besonders wichtig waren.

Schließlich möchte ich meinen Eltern, Horst und Ingrid Schlenger, für ihre große Anteilnahme und Unterstützung während meiner gesamten Ausbildung auch auf diesem Wege danken. Ihnen ist diese Arbeit gewidmet.

Berlin, im Mai 1994 Ute Mager

Inhaltsverzeichnis

Zweiter Teil

Das materielle Recht als Grundlage einer systematischen Lösung

4. Kapitel:

5. Kapitel:

Die Bedeutung der Kategorien "Dauerverwaltungsakt" und "noch nicht vollzogener Verwaltungsakt" 79

6. Kapitel:

Die materiellrechtliche Bestimmung des maßgeblichen Zeitpunkts mit Hilfe der subjektiven Rechte 91

Einführung: Problemstellung und Ziel der Arbeit

Die Frage nach dem maßgeblichen Zeitpunkt für die Beurteilung der Rechtswidrigkeit eines Verwaltungsakts gehört seit den Anfängen der modernen Verwaltungsgerichtsbarkeit zu den umstrittensten Fragen des Verwaltungsprozeßrechts.[1] Es geht darum, ob und, wenn dies zu bejahen ist, unter welchen Umständen die Verwaltungsgerichte Änderungen der Sach- oder Rechtslage, die nach Erlaß eines Verwaltungsakts eingetreten sind, bei der Prüfung einer Anfechtungs- oder Verpflichtungsklage berücksichtigen müssen. Von Interesse sind solche Änderungen, die zur Folge haben, daß der angegriffene Verwaltungsakt mit dem gleichen Inhalt nicht mehr ergehen könnte (Frage des Rechtswidrigwerdens eines Verwaltungsakts) bzw. nunmehr erst ergehen dürfte (Frage des Rechtmäßigwerdens eines Verwaltungsakts). In diesen Fällen ist die praktische Relevanz der Frage offensichtlich: Ihre Beantwortung entscheidet über Erfolg oder Mißerfolg der Klage. Je nachdem, ob z.B. die Begleichung der Steuerschuld nach Erlaß der gewerberechtlichen Untersagungsverfügung, die erfolgreiche Alkoholentwöhnung bei Anfechtung des Führerscheinentzugs, eine Leidensverschlimmerung im Rentenprozeß oder die Verschärfung von Sicherheitsanforderungen im Drittanfechtungsprozeß gegen eine immissionsrechtliche Anlagengenehmigung vom Gericht zu berücksichtigen ist oder nicht, nimmt der Prozeß einen anderen Ausgang.

Als Lösung allgemein bekannt ist die Formel, maßgeblicher Zeitpunkt sei bei Anfechtungsklagen grundsätzlich die letzte Behördenentscheidung, bei Verpflichtungsklagen grundsätzlich die letzte mündliche Verhandlung.[2] Die Rechtsprechung hält an diesem ehemals als prozeßrechtliches Dogma vertre-

---

[1] Allgemeine Meinung, aus der neueren Literatur siehe z.B. *Kopp*, in: Menger-FS, S. 693 (693); *Kleinlein*, VerwArch. Bd 81 (1990), 149 (149 f.); *Ule*, Verwaltungsprozeßrecht, § 57 (S. 307); *Schenke*, Verwaltungsprozeßrecht, Rn. 782; *Stern*, Verwaltungsprozessuale Probleme, § 17 (S. 191).

[2] Siehe nur *Kopp*, VwGO, § 113 Rn. 23 für die Anfechtungsklage, Rn. 95 für die Verpflichtungsklage; *Stern*, Verwaltungsprozessuale Probleme, § 17 (S. 192) für die Anfechtungsklage, § 18 (S. 205) für die Verpflichtungsklage; *K.-H. Klein*, NVwZ 1990, 633 (633); *Grziwotz*, AöR Bd 113 (1988), 213 (218).

tenen Grundsatz allerdings nur noch als Regelvermutung im Sinne eines statistischen Erfahrungswertes[3] fest und betont im übrigen, der maßgebliche Zeitpunkt ergebe sich aus dem jeweiligen materiellen Recht.[4] Diese Verbindung von klageartorientierter Regelvermutung mit einem grundsätzlich materiellrechtlichen Ansatz, der eigenständigen Erklärungswert nur für Ausnahmefälle erlangt[5], hat der Rechtsprechung den Vorwurf der Kasuistik bis an die Grenze der Systemlosigkeit eingetragen[6] - eine Kritik, die im Hinblick auf die rechtsstaatlichen Anforderungen an die Vorhersehbarkeit von gerichtlichen Entscheidungen schwer wiegt.[7]

Allerdings ist es auch der Wissenschaft bisher weder gelungen, eine überzeugende dogmatische Begründung für den prozessualen Grundsatz[8] noch übergreifende Kriterien zur Systematisierung des materiellrechtlichen Ansatzes zu erarbeiten[9]. Die Bedeutung der materiellrechtlichen Kriterien "Dauerverwaltungsakt" und "noch nicht vollzogener Verwaltungsakt" als Indikatoren für die Maßgeblichkeit der Gerichtsentscheidung ist umstritten geblieben[10]; bezogen auf den Dauerverwaltungsakt besteht schon begrifflich keine Einigkeit[11]. Nicht zuletzt der erhebliche Umfang der rechtswissenschaftlichen Äußerungen zur Frage des maßgeblichen Zeitpunkts[12] zeigt, daß von einer grundsätzlichen Klärung keine Rede sein kann.

---

3 Das Bundesverwaltungsgericht spricht von "tendenziell", siehe BVerwGE 78, 243 (244); 82, 260 (261); NVwZ 1990, 653 (654).

4 Einen Überblick über die Entwicklung der höchstrichtlichen Rechtsprechung gibt das 1. Kapitel.

5 Vgl. BVerwGE 74, 115 (118), 78, 243 (244); 82, 260 (261); NVwZ 1990, 653 (654), NVwZ 1991, 372 (373).

6 *K.-H. Klein*, NVwZ 1991, S. 633 (633); kritisch auch *Kopp*, in: Menger-FS, S. 693 (694); *Schenke*, NVwZ 1986, 522 (523); *ders.*, WiVerw. 1988, 145 (165); *Sachs*, in: Stelkens/Bonk/Sachs, § 44 Rn. 10; *Piendl*, Studie, S. 88; *Redeker*, in: Gelzer-FS, S. 333 (337 f.); *Weyreuther*, DÖV 1989, 321 (329).

7 Siehe auch *Kopp*, in: Menger-FS, S. 693 (694).

8 Zur Kritik bisheriger prozessualer Lösungsansätze siehe das 3. Kapitel.

9 Zur Kritik bisheriger materiellrechtlicher Lösungsansätze siehe das 4. und 5. Kapitel.

10 Siehe dazu im einzelnen das 5. Kapitel.

11 *J. Martens*, DVBl. 1970, 260 (262); *Günther*, DÖD 1993, 9 (14).

12 Für Nachweise der älteren Literatur siehe *Ule*, Verwaltungsprozeßrecht, § 57 (S. 301); *Kopp*, in: Menger-FS, S. 693 (693). Aus der Literatur seit 1980: *Breuer*, DVBl. 1981, 300 ff.; *Girardi*, SGb 1986, 448 ff.; *Czermak*, NVwZ 1987, 116 f.; *Grziwotz*, AöR Bd 113 (1988), 213 ff.; *Kleinlein*, VerwArch. Bd 81 (1990), 149 ff.; *K.-H. Klein*, NVwZ 1991, 633 ff.; *Kopp*, in: Menger-FS, S. 693 ff.; *ders.*, BayVbl. 1989, 652 ff.; *ders.*, BayVbl. 1990, 524 f.; *Schenke*, NVwZ 1986, 522 ff.; *ders.*; DVBl. 1989, 433 ff.; *ders.*, BayVBl. 1990, 107 ff.; *Schenke/Baumeister*, JuS 1991, 524 ff.; *Piendl*, Studie, 1992; *Scherzberg*, BayVBl. 1992, 426 ff.; *Günther*, DÖD 1993, 9 ff.; siehe auch die Lehrbücher zum Verwaltungsprozeßrecht: *Ule*, Verwaltungsprozeßrecht, § 57; *Stern*, Verwaltungs-

Der Grund für die Schwierigkeiten, die dieses Thema bereitet, liegt nicht allein darin, daß es sich um ein Problem im Spannungsfeld zwischen Prozeßrecht und materiellem Recht handelt[13]; hinzu kommt, daß seine Lösung von Grundfragen des Verhältnisses zwischen Verwaltung und Verwaltungsgerichtsbarkeit abhängt[14] sowie eine eingehende Auseinandersetzung mit dem überwiegend als selbstverständlich vorausgesetzten Begriff der Rechtswidrigkeit[15] verlangt.

Indem der dem materiellen Recht zugehörige Rechtswidrigkeitsbegriff als Ausgangspunkt einer - hier erneut angestrebten - grundsätzlichen Lösung erkannt wird, verläßt die Fragestellung den Rahmen des verwaltungsprozessualen Hauptsacheverfahrens und erweitert sich zur Frage nach dem maßgeblichen Zeitpunkt für die Beurteilung der Rechtswidrigkeit eines Verwaltungsakts überhaupt. Damit rückt als parallele Problematik die gleichfalls höchst streitige Frage ins Blickfeld, ob ursprünglich rechtmäßige Verwaltungsakte, die später durch eine Änderung der Sach- oder Rechtslage nicht mehr im Einklang mit der Rechtsordnung stehen, nur gemäß § 49 VwVfG mit ex-nunc-Wirkung widerrufen werden können oder ob solche "rechtswidrig gewordenen" Verwaltungsakte dem Anwendungsbereich des § 48 VwVfG unterfallen mit der Folge, daß sich die Möglichkeit der ex-tunc-Aufhebung eröffnet[16].

Weitere Anwendungsfelder für einen materiellrechtlichen Lösungsansatz sind die Frage des maßgeblichen Zeitpunkts im Widerspruchsverfahren und in den vorläufigen Rechtsschutzverfahren. In diesen Fällen vertritt die ganz herrschende Meinung bisher in auffälliger Unabhängigkeit von den für das Haupt-

---

prozessuale Probleme, § 17 (S. 191 ff.); *Schenke*, Verwaltungsprozeßrecht, Rn. 782 ff.; *Schmitt Glaeser*, Verwaltungsprozeßrecht, Rn. 521 ff.; *Schwabe*, Verwaltungsprozeßrecht, S. 82 ff.; *Frank/Langrehr*, Verwaltungsprozeßrecht, S. 200 ff.

13 So schon *Lerche*, JZ 1955, 776 (777); *Bachof*, JZ 1954, 416 (418); *ders.*, JZ 1966, 140 (140); *Rupp*, in: Rechtsschutz im Sozialrecht, S. 173 (179); *Kopp*, in: Menger-FS, S. 693 (694); *Schenke*, NVwZ 1986, 522 (523); *ders.*, Verwaltungsprozeßrecht, Rn. 782.

14 *Schenke*, NVwZ 1986, 522 (523); *Kopp*, in: Menger-FS, S. 693 (698); *Schweiger*, DVBl. 1964, 205 (205).

15 *Bettermann*, in: Huber-FS, S. 25 (25) weist allgemein auf die Vernachlässigung des Rechtswidrigkeitsbegrifs im öffentlichen Recht hin. Als Ausnahmen bezogen auf die Frage des maßgeblichen Zeitpunkts sind zu nennen: Rupp (der die Bedeutung des Rechtswidrigkeitsbegriffs bereits im Untertitel zum Ausdruck bringt : Der maßgebende Zeitpunkt für die Rechtfertigung eines Verwaltungsakts. Zugleich eine Studie zum Begriff der Rechtswidrigkeit), in: Rechtsschutz im Sozialrecht, S. 173 ff, insbes. S. 181 ff.; *Kleinlein*, VerwArch. Bd 81 (1990), 149 (157 ff.).

16 Zur Verknüpfung beider Probleme siehe *Schenke*, DVBl. 1989, 433 (435 f.); *Kleinlein*, VerwArch. Bd 81 (1990), 149 (150); siehe auch die Auseinandersetzung zwischen *Kopp* und *Schenke*: *Kopp*, BayVBl. 1989, 652 ff.; *Schenke*, BayVBl. 1990, 107 ff.; *Kopp*, BayVBl. 1990, 524 ff.

sacheverfahren vertretenen differenzierenden Auffassungen grundsätzlich die Maßgeblichkeit des Entscheidungszeitpunkts der zuletzt zuständigen Instanz.

Zu bewähren hat sich eine materiellrechtlich ausgerichtete Lösung schließlich an dem Problem des maßgeblichen Zeitpunkts für die Beurteilung der Rechtswidrigkeit von Verwaltungsakten mit Drittwirkung.

Damit ist der Gang der Untersuchung vorgezeichnet: Im ersten Teil werden mit einem Überblick über die Entwicklung der höchstrichterlichen Rechtsprechung Fallgestaltungen und Argumentationsmuster vorgestellt (1. Kapitel), sodann das verfassungsgegebene Funktionengefüge (2. Kapitel) sowie das Prozeßrecht (3. Kapitel) auf Vorgaben für die Bestimmung des maßgeblichen Zeitpunkts im Verwaltungsprozeß untersucht. Im zweiten Teil folgt eine Klärung des öffentlich-rechtlichen Rechtswidrigkeitsbegriffs, aufgegliedert nach Gegenstand und Inhalt des Rechtswidrigkeitsurteils über einen Verwaltungsakt, woraus systematisch Grundsätze für die materiellrechtliche Bestimmung des maßgeblichen Beurteilungszeitpunkts abgeleitet werden (4. - 6. Kapitel). Die Tragfähigkeit des herausgearbeiteten Rechtswidrigkeitsbegriffs wird anschließend anhand der parallelen Problematik im Verwaltungsverfahrensrecht überprüft (7. Kapitel). Die Ergebnisse finden im dritten Teil Anwendung auf die Frage nach dem maßgeblichen Zeitpunkt im Widerspruchsverfahren (8. Kapitel), in den vorläufigen Rechtsschutzverfahren (9. Kapitel) sowie auf die Frage nach dem maßgeblichen Zeitpunkt für die Beurteilung der Rechtswidrigkeit von Verwaltungsakten mit Drittwirkung (10. Kapitel).

Angesichts dieses Programms ist hervorzuheben, daß es nicht das Ziel der Untersuchung ist, die denkbaren Fallgestaltungen für alle Materien des besonderen Verwaltungsrechts umfassend und im einzelnen darzustellen. Insoweit ist Vollständigkeit nicht angestrebt. Ziel ist vielmehr, auf der Grundlage der Rechtsprechung und der Lösungsansätze in der Wissenschaft übergreifende Kriterien dogmatisch abzuleiten. Die Anwendung dieser Kriterien wird durch Fallbeispiele illustriert.

Erster Teil:

Der maßgebliche Zeitpunkt als Problem des Verwaltungsprozesses

1. Kapitel:
Überblick über die Entwicklung der bundesverwaltungsgerichtlichen Rechtsprechung

Die Rechtsprechung des Bundesverwaltungsgerichts zur Frage des maßgeblichen Zeitpunkts für die gerichtliche Beurteilung der Rechtswidrigkeit eines Verwaltungsakts hat sich unter den Einflüssen der rechtswissenschaftlichen Literatur entwickelt und gewandelt. In diesen Judikaten finden sich alle wesentlichen Positionen und Argumente, die zu dem Problem vertreten wurden und zum großen Teil in der Literatur auch noch vertreten werden. Dies rechtfertigt es, durch Zusammenfassung der wichtigsten Entscheidungen in das Problem und seine Lösungsversuche einzuführen.

Die Darstellung folgt der "klassischen" Unterscheidung zwischen Anfechtungs- und Verpflichtungsklagen, ohne damit die rechtliche Relevanz dieser Unterscheidung für die hier behandelte Fragestellung von vornherein anzuerkennen. Diese Vorgehensweise orientiert sich vielmehr an der Rechtsprechung des Bundesverwaltungsgerichts, das zwar in neuerer Zeit einen materiellrechtlichen Ansatz vertritt, für den Regelfall jedoch an der prozessualen Unterscheidung festhält.

I. Die Konstellation der Anfechtungsklage

1. Die ältere Rechtsprechung

Bereits im ersten Band der Entscheidungssammlung des Bundesverwaltungsgerichts findet sich ein Urteil zur Frage des maßgeblichen Beurteilungszeitpunkts[1]. Das Bundesverwaltungsgericht hatte über die Auswirkungen

---

[1] BVerwGE 1, 35 ff.

einer Rechtsänderung auf eine Verfügung des Wohnungsamts zu entscheiden, worin[2] die Teilung einer 5-Zimmerwohnung in zwei kleine Wohnungen angeordnet worden war. Als Leitsatz hielt das Gericht fest: "Im verwaltungsgerichtlichen Anfechtungsverfahren ist die Rechtmäßigkeit eines Verwaltungsaktes grundsätzlich nach den rechtlichen Verhältnissen zur Zeit seines Erlasses zu beurteilen, so daß nachfolgende Änderungen der Rechtslage regelmäßig unbeachtlich sind."[3] Zur Begründung stützte es sich auf eine vermeintliche Rechtsprechungstradition[4], die tatsächlich nicht bestand[5], zudem angesichts einer neuen Verfassungslage auch nicht ohne weiteres zur Begründung taugte.[6]

Als weiteres Argument führte das Bundesverwaltungsgericht das Wesen der Anfechtungsklage an.[7] Deren Ziel sei die gerichtliche Feststellung, daß der Kläger durch den angefochtenen Verwaltungsakt in seinen Rechten verletzt worden und dieser daher rechtswidrig gewesen sei. Die Rechtmäßigkeit eines in der Vergangenheit erfolgten behördlichen Eingriffs in die Rechtssphäre des Betroffenen lasse sich naturgemäß nur nach den rechtlichen und tatsächlichen Verhältnissen zur Zeit des behördlichen Eingriffs, das heißt des Erlasses des angefochtenen Verwaltungsaktes beurteilen.[8]

Das Bundesverwaltungsgericht vertrat die Geltung des vermeintlichen Grundsatzes zunächst auch hinsichtlich der Beurteilung von sogenannten Dauerverfügungen. Hier sei zu entscheiden, ob zur Zeit des Erlasses des Verwaltungsaktes die rechtlichen und tatsächlichen, die Dauer betreffenden Vor-

---

2 Gemäß §13Abs.3 Badisches Landeswohnungsgesetz in Verbindung mit Art. VI a Wohnungsgesetz (Kontrollratsgesetz Nr. 18), Amtsblatt des Kontrollrats in Deutschland, 1945-48, 117 (118); abgelöst durch das Wohnraumbewirtschaftungsgesetz vom 31. 3. 1953, BGBl. I, 97 ff.

3 BVerwGE 1, 35 ff.

4 BVerwGE 1, 35 (Leitsatz): "Es ist ein von der Rechtsprechung seit langem entwickelter feststehender Rechtsgrundsatz, daß für die Beurteilung der Rechtmäßigkeit eines Verwaltungsakts die Rechtslage zur Zeit seines Erlasses maßgebend ist und daher Änderungen derselben, die nach dem Erlaß eingetreten sind, außer Betracht zu bleiben haben."

5 Die angeblich ständige Rechtsprechung des Preußischen Oberverwaltungsgerichts wird vom Bundesverwaltungsgericht nur mit einer Fundstelle belegt. Die zitierte Entscheidung (PrOVGE 103, 258) ist wenig geeignet, eine derartige Rechtsprechungstradition nachzuweisen, denn in der Entscheidung geht es nicht um eine Anfechtungsklage und um eine Rechtsänderung zugunsten des Klägers, sondern um eine Verpflichtungsklage, die der Kläger aufgrund einer Rechtsänderung zu seinen Ungunsten nicht weiterverfolgte. Kritisch schon *Witten*, RiA 1954, 123 (124); zur Rechtslage vor dem Bestehen des Bundesverwaltungsgerichts *Schultzenstein*, VerwArch. Bd 21 (1913), 1 ff.

6 So auch *Bachof*, JZ 1954, 416 (417).

7 BVerwGE 1, 35 (37).

8 BVerwGE 1, 35 (37).

aussetzungen bestanden. Fielen die Voraussetzungen der einen oder anderen Art später fort, so sei es Sache des Betroffenen, die Aufhebung des Verwaltungsaktes seit dem Eintritt des Fortfalls bei der Verwaltungsbehörde zu beantragen. Die Ablehnung des Antrages stelle dann einen neuen anfechtbaren Verwaltungsakt dar.[9] Allerdings gestand das Gericht zu, daß im Falle einer Änderung der Rechts- oder Sachlage während eines laufenden verwaltungsgerichtlichen Anfechtungsverfahrens die Gerichte der Tatsacheninstanz aus prozeßökonomischen Gründen gehalten seien, im Einvernehmen mit den Parteien den Streitfall einer alsbaldigen Erledigung zuzuführen. Gleichzeitig betonte es jedoch, daß die Befugnis der Gerichte nicht so weit gehe, den nach ihrer Ansicht aus der veränderten Lage zu ziehenden Folgerungen dadurch Rechnung zu tragen, daß sie die der Verwaltungsbehörde zukommende Erstentscheidung über den Fortbestand des angefochtenen Verwaltungsaktes der Verwaltungsbehörde aus der Hand nähmen und den Verwaltungsakt aufhöben. Denn dadurch würden sie sich an die Stelle der Verwaltung setzen und den ihnen gesetzlich eingeräumten und begrenzten Zuständigkeitsbereich überschreiten.[10]

In einer weiteren Entscheidung, in der es um die Auswirkungen einer Rechtsänderung auf die Einweisungsverfügung eines Obdachlosen ging[11], bestätigte das Bundesverwaltungsgericht seine Auffassung noch einmal und begründete sie eingehend mit dem Wesen der Anfechtungsklage und mit der "im deutschen Rechtsstaat stärker als zuvor durchgeführte(n) Teilung und Trennung der Gewalten"[12].

2. Beginn der Kasuistik und Hinwendung zum materiellen Recht

a) Baurecht

Eine erste Ausnahme zu dieser strikten Rechtsprechung machte das Bundesverwaltungsgericht 1957 in einem baurechtlichen Fall. Es ging um eine Abbruchverfügung, die zunächst zu Recht erlassen worden war. Während des Prozesses änderte sich die Bauklasseneinteilung, die auch die bereits vorhandenen Bauten miteinbezog. Das Gericht entschied, daß für die Beurteilung der

---

9 BVerwGE 1, 35 (37).

10 BVerwGE 1, 35 (37 f.).

11 BVerwGE 2, 55 ff.

12 BVerwGE 2, 55 (57); siehe zu diesem Argument ausführlich das 2. Kapitel.

Rechtmäßigkeit der Abbruchverfügung die neue Bauklasseneinteilung zugrunde gelegt werden müsse.[13] Unter Berücksichtigung der verfassungsmäßigen Eigentumsgarantie sei es nicht gerechtfertigt, einen Bau als materiell illegal anzusehen, der zwar dem zur Zeit seiner Errichtung gültig gewesenen, nicht aber dem geltenden Recht widerspreche. Anderenfalls müßte der Bauherr bauliche Anlagen abreißen, deren Wiedererrichtung ihm sogleich nach dem Abriß gestattet werden müßte.[14] Dies werde dem wahren Inhalt des Rechtsschutzbegehrens des Klägers nicht gerecht.[15] Der Ausweg, die Prüfung dieser Frage in das nachfolgende Vollzugsverfahren zu verweisen, erschien dem erkennenden Senat nicht sachgerecht. Gegenstand des Vollzugsverfahrens sei nur noch die Durchsetzung anderweitig getroffener Regelungen; dementsprechend sei auch in einem nachfolgenden Verwaltungsprozeß nicht mehr über die Rechtmäßigkeit der Regelung selbst zu entscheiden.[16]

b) Gewerberecht

aa) Die alte Auffassung

Vielfältige Reaktionen hat bis heute die Rechtsprechung des Bundesverwaltungsgerichts zum maßgeblichen Zeitpunkt der Beurteilung der Rechtmäßigkeit einer Gewerbeuntersagung gefunden.[17] In seiner damals grundlegenden - heute allerdings überholten[18] - Entscheidung vom 5.8.1965[19] befand das Bundesverwaltungsgericht den Zeitpunkt der Gerichtsentscheidung mit der Begründung für maßgeblich, daß es sich bei der Gewerbeuntersagung um einen sogenannten Dauerverwaltungsakt handele. Die Gewerbeuntersagung erschöpfe sich ihrem Wesen nach nicht in dem Erlaß des Verwaltungsakts. Sie müsse während der ganzen Dauer ihrer Wirksamkeit dem jeweils geltenden Recht entsprechen. Aus der gesetzmäßigen Regelung des Rechtsverhältnisses im Zeitpunkt des Erlasses des Verwaltungsakts folge nicht, daß die getroffene

---

13 BVerwGE 5, 351 (352 f.); in einem ähnlichen Fall, in dem die Änderung erst nach Rechtskraft des Urteils eingetreten war, gestattete das BVerwG auch die Geltendmachung des neuen Rechts im gerichtlichen Verfahren gegen die Vollstreckungsverfügung (BVerwGE 6, 321 [322 f.]).

14 BVerwGE 5, 351 (352); ebenso BVerwGE 22, 129 (133).

15 BVerwGE 5, 351 (353).

16 BVerwGE 5, 351 (353); siehe auch BVerwGE 59, 5 (8 f.).

17 Vgl. die Nachweise im 6. Kapitel I 4 b.

18 Siehe BVerwGE 65, 1 ff.

19 BVerwGE 22, 16 ff.; bestätigt durch BVerwGE 28, 202 (205).

Regelung auch später rechtmäßig bleibe. Entscheidend sei der Inhalt der Regelung, nicht allein die Maßnahme, durch die das künftige Verhalten des Betroffenen geregelt worden sei. Halte die Verwaltungsbehörde gegen den Willen des Betroffenen an ihrer Untersagungsverfügung fest, obwohl die Gewerbeuntersagung nicht mehr gerechtfertigt sei, so hindere sie ihn an der Ausübung eines ihm gesetzlich zustehenden und durch das Grundgesetz gewährleisteten Rechts. Sei durch eine Gesetzesänderung die ursprünglich vorhandene Rechtsgrundlage weggefallen, so stehe das behördliche Verbot ungeachtet dessen, daß es während der zurückliegenden Zeit dem damals geltenden Recht entsprochen habe, nicht mehr im Einklang mit der Rechtsordnung. Wenn in einem solchen Fall die angefochtene Untersagungsverfügung nicht zurückgenommen oder die Hauptsache des Rechtsstreits für erledigt erklärt werde, so sei im Verwaltungsprozeß die Verfügung aufzuheben, da sie seit Inkrafttreten des neuen Rechts rechtswidrig sei.[20] Damit knüpfte das Bundesverwaltungsgericht an Argumente aus der Literatur an[21], die es in seinem Urteil vom 19.11.1953 noch verworfen hatte[22].

Indem das Gericht den Dauerverwaltungsakt als entscheidungserhebliche Kategorie anerkannte, löste es sich zugleich von der Auffassung, daß das in der Vergangenheit liegende Verhalten der Behörde für das Rechtmäßigkeitsurteil entscheidend sei und vertrat nunmehr die Auffassung, der Inhalt der Regelung sei zu beurteilen.[23] In einem Urteil vom 15.11.1967, ebenfalls zu einer Gewerbeuntersagung, wird diese Auffassung noch einmal eingehend begründet, insbesondere mit den Erfordernissen eines effektiven Rechtsschutzes und durch Vergleich mit der Verpflichtungsklage, bei der der Kläger auch kein neues Verfahren beginnen müsse, wenn er einen Anspruch mit neuen Tatsachen untermauere.[24] Gleichzeitig wird diese Argumentation bereits als ständige Rechtsprechung bezeichnet.[25]

---

20 BVerwGE 22, 16 (23 f.).

21 *Menger*, DVBl. 1953, 445 (446); *ders.*, System, S. 209; *Bachof*, JZ 1954, 416 (419); *Witten*, RiA 1954, 123 (125).

22 Siehe oben unter 1.

23 Siehe BVerwGE 22, 16 (23); BVerwGE 59, 5 (7).

24 BVerwGE 28, 202 (206).

25 BVerwGE 28, 202 (205).

bb) Die neue Auffassung

Diese Beurteilung der Gewerbeuntersagung gab das BVerwG anläßlich der Änderung des § 35 Abs. 6 der Gewerbeordnung (GewO) mit Änderungsgesetz vom 13.2.1974[26] wieder auf. Alte und neue Fassung des § 35 Abs. 6 GewO unterscheiden sich allein durch die Einfügung eines Antragserfordernisses: "Dem Gewerbetreibenden ist *von der zuständigen Behörde auf Grund eines an die Behörde zu richtenden schriftlichen Antrages* die persönliche Ausübung des Gewerbes wieder zu gestatten, wenn Tatsachen die Annahme rechtfertigen, daß eine Unzuverlässigkeit im Sinne des Absatzes 1 nicht mehr vorliegt."

Unter Hinweis auf die Einfügung des Antragserfordernisses entschied das Bundesverwaltungsgericht nunmehr in seinem Urteil vom 2.2.1982, maßgeblich für die Beurteilung der Rechtmäßigkeit einer Gewerbeuntersagung sei der Zeitpunkt der letzten Verwaltungsentscheidung.[27] Andernfalls würde der vom Gesetz bezweckte Entlastungseffekt für die Verwaltung nicht erreicht werden.[28] Außerdem verglich das Bundesverwaltungsgericht das Verhältnis von Untersagungsverfahren und Wiedergestattungsverfahren im Gewerberecht mit dem Verhältnis zwischen Ausweisungsverfahren und Aufenthaltsgestattungsverfahren im Ausländerrecht. In beiden Fällen seien die jeweiligen Verfahren deutlich voneinander getrennt. Dies rechtfertige es, bei der Untersagungsverfügung ebenso wie bei der Ausweisungsverfügung auf die Sachlage bei Erlaß der letzten behördlichen Entscheidung abzustellen.[29] Die Vergleichbarkeit der beiden Verfahren begründete das Gericht nicht näher. Insbesondere ging es nicht darauf ein, daß im Ausländerrecht beide Entscheidungen im Ermessen der Behörde liegen, während im Gewerberecht beide Entscheidungen (jedenfalls nach Ablauf der Jahresfrist gemäß § 35 Abs. 6 GewO) gebunden sind.

c) Ausländerrecht

Im Ausländerrecht hatte der 1. Senat gerade aus der Verschiedenheit der Ermessensentscheidungen bezüglich Ausweisung und Aufenthaltsgestattung

---

26 BGBl.I, 161.

27 BVerwGE 65, 1 (2); bestätigt in BVerwG, NVwZ 1991, 372 (373) = DVBl. 1991, 219 f. = DÖV 1991, 297 f.

28 BVerwGE 65, 1 (3).

29 BVerwGE 65, 1 (4); zum Ausländerrecht BVerwGE 60, 133 (136, 138).

hergeleitet, daß die gerichtliche Anfechtung der Ausweisung nicht zugleich eine Entscheidung über das nach dem Eintritt einer neuen Sachlage zu betätigende Verwaltungsermessen über die Wiedergestattung des Aufenthalts ermögliche.[30]

Dieses zur Stützung der Rechtsprechungsänderung im Gewerberecht herangezogene Urteil zum Ausländerrecht beinhaltete seinerseits eine Rechtsprechungsänderung. Während bis dahin die Eheschließung eines Ausländers mit einer Deutschen (bzw. einer Ausländerin mit einem Deutschen) im Hinblick auf Art. 6 Abs. 1 GG als eine auch noch nach Erlaß der Ausweisungsverfügung beachtliche Sachänderung galt[31], verwarf das Gericht diese Auffassung nunmehr mit dem Hinweis, daß Art. 6 Abs. 1 GG nicht nur für Ehen mit einem deutschen Ehepartner, sondern auch für eine Ehe zwischen Ausländern gelte, das Schutzgebot des Art. 6 Abs. 1 GG also eine Differenzierung nicht rechtfertigen könne.

d) Wehrpflichtrecht und Verkehrsrecht

Die in den dargestellten Entscheidungen hervortretende Bedeutung des materiellen Rechts für die Bestimmung des maßgeblichen Zeitpunkts hatte das Bundesverwaltungsgericht schon zuvor auf dem Gebiet des Wehrpflichtrechts und des Verkehrsrechts angedeutet.

Nach den auch heute noch geltenden Normen des § 18 Abs. 1 Satz 1 in Verbindung mit § 16 Abs. 2 des Wehrpflichtgesetzes (WPflG) entscheidet der Musterungsausschuß über die Heranziehung des Wehrpflichtigen zum Wehrdienst. Gemäß § 18 Abs. 1 Satz 2, 2. Halbsatz WPflG entscheiden die Kreiswehrersatzämter, wenn nach der Musterung Wehrdienstausnahmen eintreten oder wegfallen oder der Eintritt oder Wegfall bekannt wird. Angesichts dieser rechtlichen Ausgestaltung hatte das Bundesverwaltungsgericht ausgeführt, wenn durch das materielle Wehrpflichtrecht vorgeschrieben sei, daß etwa eintretende Veränderungen nur in einem neuen Verfahren Berücksichtigung finden, so ergebe sich daraus notwendig, daß in dem Anfechtungsstreit

---

30 BVerwGE 60, 133 (136).

31 BVerwGE 56, 246 (249).

gegen den Musterungsbescheid solche Veränderungen auch vom Gericht nicht zur Beurteilung seiner Rechtmäßigkeit herangezogen werden dürften.[32]

Ganz ähnlich heißt es für das Verkehrsrechts, daß die systematische Unterscheidung zwischen Entziehung und Wiedererteilung von Genehmigungen nicht zulasse, im Entziehungsverfahren nachträgliche Änderungen zugunsten des Klägers zu berücksichtigen.[33]

In einem weiteren Urteil zum Wehrpflichtrecht aus dem Jahre 1970 hält das Gericht schon verallgemeinernd fest, die Frage des maßgeblichen Zeitpunkts sei nach materiellem Recht zu beurteilen.[34] Dem fügt es in späteren Entscheidungen hinzu, einen prozeßrechtlichen Grundsatz des Inhalts, daß es bei der Anfechtungsklage stets auf den Zeitpunkt der letzten Behördenentscheidung ankomme, gebe es nicht[35], oder es vertritt sogar die Auffassung, nach rein prozeßrechtlicher Betrachtungsweise sei stets der Zeitpunkt der letzten gerichtlichen Entscheidung maßgebend.[36]

3. Verlust der Systematik ?

Der vorstehend geschilderte, am materiellen Recht ausgerichtete Ansatz wird in der jüngeren Judikatur zur stehenden Redewendung und zum Ausgangspunkt für die Lösung unterschiedlichster Fälle.[37] Auch die mit den bisher angeführten Kriterien nicht recht zu erfassende Rechtsprechung zum (Erschließungs-) Beitragsrecht, wonach ein Beitragsbescheid nicht der gerichtlichen Aufhebung unterliegt, wenn er im Zeitpunkt der gerichtlichen Entscheidung durch Erlaß einer rechtmäßigen Satzung "geheilt" ist[38], findet hier den kleinsten gemeinsamen Nenner.

---

32 BVerwGE 34, 155 (159).

33 BVerwG, DVBl. 1964, 483 (484); BVerwG, GewArch. 1964, 134 (135).

34 BVerwGE 35, 249 (249).

35 BVerwGE 64, 218 (221); 66, 178 (182).

36 BerwGE 78, 243 (261).

37 BVerwGE 65, 313 (315) zum Immissionsschutzrecht; 66, 178 (162) zur Abgabenordnung; BVerwG, NVwZ 1990, 653 f. zum Beitragsrecht; BVerwG, NVwZ 1990, 654 f. zum Asylrecht (Klage des Bundesbeauftragten) BVerwG, BayVBl. 1991, 631 f. zum Ausländerrecht.

38 Bezogen auf Satzungen mit Rückwirkung: BVerwGE 50, 2 (7); siehe auch OVG Münster, DÖV 1991, 984 (984); bezogen auf Satzungen ohne Rückwirkung: BVerwGE 64, 218 (223); 66, 178 (182); BVerwG, NVwZ 1990, 653 f.; BVerwG, NVwZ 1991, 360 f.; BVerwG, BayVBl. 1991, 666 f.; a.A. VGH München, BayVBl. 1992, 592 (592); vgl. zu diesem Problem auch unten 6. Kapitel I 5.

In einer gewerberechtlichen Entscheidung hat das Bundesverwaltungsgericht nunmehr auch der Kategorie des Dauerverwaltungsakts ihre systematisierende Kraft genommen und der Kasuistik unterworfen.[39] Wörtlich heißt es darin: "Es gibt keine prozeßrechtliche Norm des Inhalts ..., daß bei Dauerverwaltungsakten Veränderungen der Sachlage bis zur gerichtlichen Entscheidung stets zu berücksichtigen sind. Der maßgebliche Zeitpunkt richtet sich vielmehr nach materiellem Recht. ... Fehlt es an gegenteiligen Anhaltspunkten, so ist allerdings von den erwähnten Regeln auszugehen. ... Bei der Vielfalt der verschiedenen Typen von Dauerverwaltungsakten ist es unbedenklich, wenn der Gesetzgeber ... für einzelne Typen unterschiedliche Regelungen trifft."[40]

II. Die Konstellation der Verpflichtungsklage

1. Die Regel

Im Zusammenhang mit der Verpflichtungsklage wurde der maßgebliche Zeitpunkt für die gerichtliche Beurteilung der Rechtswidrigkeit eines Verwaltungsakts in Rechtsprechung und Literatur kaum problematisiert. Bei der Untätigkeitsklage stellt sich das Problem von vornherein nicht, da noch kein Verwaltungsakt erlassen ist. Für die Vornahmeklage gilt bis heute fast unangefochten, daß der Zeitpunkt der gerichtlichen Entscheidung maßgeblich sei.[41] Dies wird allgemein damit begründet, daß es sich bei der Verpflichtungsklage um eine besondere Art der Leistungsklage handele, für die nichts anderes als für die übrigen Leistungsklagen gelten könne.[42] Darüber hinaus könne das Verwaltungsgericht die verklagte Verwaltungsbehörde nur dann zur Vornahme eines Verwaltungsakts oder einer sonstigen Amtshandlung ver-

---

[39] BVerwG, NVwZ 1991, 372 f. = DÖV 1991, 297 f. = DVBl. 1991, 388 f.

[40] BVerwG, NVwZ 1991, 372 (373). Eine Bestätigung des Grundsatzes für Dauerverwaltungsakte als Ausnahme von dem Grundsatz für Anfechtungsklagen findet sich wieder in BVerwG, NJW 1993, 1729 (1730) = DVBl. 1993, 612 (613) = DÖV 1993, 823 (824) = BayVBl. 1993, 524 (525) für den Fall eines Verkehrszeichens (Sonderfahrstreifen für Linienbusse).

[41] BVerwGE 1, 291 (295); 3, 21 (22); 4, 81 (88); 29, 304 (305); 56, 246 (249); 62, 86 (90); 74, 115 (118); aus der Literatur vgl. *Bähr*, Die maßgebliche Rechts- und Sachlage, S. 11; *Bachof*, JZ 1954, 416 (416); *Czermak*, NJW 1964, 1662 (1663); *Schenke*, WiVerw. 1988, 145 (164); differenzierend *Eyermann/Fröhler*, VwGO, § 113 Rn. 8, die auch hier auf den Klageantrag abstellen wollen; zu Ausnahmen siehe *Redeker/v. Oertzen*, § 108, Rn. 22 f.; grundsätzlich angezweifelt wird die Richtigkeit dieser Auffassung von *Kopp*, in: Menger-FS, S. 693 (705); siehe dazu auch die Ausführungen im 2 Kapitel I 1.

[42] So schon BVerwGE 1, 291 (296).

urteilen, wenn nach dem zur Zeit der Verurteilung geltenden Recht die Beklagte zur Vornahme der Amtshandlung rechtlich verpflichtet sei. Wenn nach dem geltenden Recht eine solche Verpflichtung nicht mehr bestehe, könne das Gericht nicht im Widerspruch zu diesem Recht eine solche Verpflichtung aussprechen und etwas für Recht erkennen, was nicht geltendes Recht sei.[43] Auch Rechtsänderungen zu Lasten des Klägers während des Prozesses seien grundsätzlich zu berücksichtigen.[44] Der zusätzlich gestellte Antrag auf Aufhebung des ablehnenden Bescheides könne an diesem Befund nichts ändern, denn er habe keine selbständige, sondern nur klarstellende Bedeutung.[45]

Angesichts dieser Begründung wird deutlich, daß im Fall der Verpflichtungklage von vornherein nicht die Beurteilung des erlassenen Verwaltungsakts im Mittelpunkt der rechtlichen Beurteilung stand - obwohl der Wortlaut des § 113 Abs. 4 Satz 1 VwGO dem nicht ausdrücklich entgegensteht[46] - sondern der Anspruch auf Erlaß des begehrten Verwaltungsakts.

Diese nicht auf den Verwaltungsakt, sondern auf den klägerischen Anspruch konzentrierte Betrachtungsweise führte das Bundesverwaltungsgerichts im Fall der Verpflichtungsklage erheblich früher als in der Konstellation der Anfechtungsklage dahin, die Lösung des Problems im materiellen Recht zu suchen.[47] Bezeichnenderweise geht das Bundesverwaltungsgericht nunmehr auch im Rahmen der Anfechtungsklage von der Frage aus, ob der Kläger im Zeitpunkt der gerichtlichen Entscheidung einen Anspruch auf Aufhebung des Verwaltungsakts habe.[48]

Umso mehr erstaunt auf den ersten Blick, daß das Bundesverwaltungsgericht anläßlich einer Verpflichtungsklage auf Erteilung einer Gaststättenerlaubnis entschied, daß der Ausgang des Rechtsstreits nur davon abhängig gemacht werden könne, ob die Verwaltungsbehörde die Zuverlässigkeit der

---

43 BVerwG 1, 291 (295); 3, 21 (22).

44 BVerwGE 29, 304 (305); vgl. zu diesem Problem auch 6. Kapitel II 3.

45 BVerwGE 1, 291 (296 f.); 3, 21 (22); vgl. auch *Bähr*, Die maßgebliche Rechts- und Sachlage, S. 11 m.w.N. zur älteren Literatur.

46 So *Schweiger*, DVBl. 1964, 205 (210); vgl. auch *Weyreuther*, in: Menger-FS, S. 681 (684).

47 Siehe BVerwGE 1, 291 (300); 31, 170 (171 f.); 39, 135 (139); 51, 15 (24); vgl. auch die Rechtsprechung zum Dienstunfallrecht BVerwGE 16, 59 (61); 16, 103 (104); 17, 59 (60); 19, 44 (45).

48 BVerwGE 78, 243 (261); siehe auch schon BVerwGE 51, 15 (24).

Klägerin zur Zeit ihrer ablehnenden Entscheidung mit Recht verneint habe.[49] Ergebe die Prüfung, daß die Zuverlässigkeit des Bewerbers von der Behörde nach der zur Zeit ihrer ablehnenden Entscheidung bestehenden Sachlage mit Recht verneint worden sei, so könne auch das Verwaltungsgericht nicht etwa deshalb zu einem anderen Ergebnis gelangen, weil sich der Bewerber seit der Entscheidung einwandfrei geführt habe. Abgesehen davon könnten nach der ständigen Rechtsprechung des Bundesverwaltungsgerichts die Bedenken, die gegen die persönliche Zuverlässigkeit eines Konzessionsbewerbers nach seinem Vorleben begründet seien, nicht allein dadurch entkräftet werden, daß er sich seit der Stellung der Konzessionsanträge einwandfrei verhalten habe.[50] Der zweite Teil der Begründung macht deutlich, daß es sich bei diesem Fall tatsächlich gar nicht um eine Ausnahme zu dem genannten Grundsatz handelt, sondern daß das Gericht das nachträgliche Wohlverhalten des Klägers während des Klageverfahrens nicht als ausreichend für die Annahme einer Änderung der Sachlage erachtet hat[51].

2. *Die Ausnahmen*

a) Der Anspruch auf Sozialhilfe

Eine echte Ausnahme zu dem Grundsatz, maßgeblicher Zeitpunkt sei derjenige der letzten mündlichen Verhandlung, nimmt das Bundesverwaltungsgericht in seiner ständigen Rechtsprechung zum Anspruch auf Sozialhilfe an: Bei der verwaltungsgerichtlichen Nachprüfung des Begehrens auf Hilfe zum Lebensunterhalt nach dem Bundessozialhilfegesetz (BSHG) sei die tatsächliche Entwicklung des Sozialhilfefalls nach Erlaß der letzten behördlichen Entscheidung außer acht zu lassen. Zwar sei bei einer Verpflichtungsklage grundsätzlich die Sach- und Rechtslage zum Zeitpunkt der letzten mündlichen Verhandlung maßgebend. Beim Anspruch auf Sozialhilfe sei hiervon jedoch eine Ausnahme zu machen. Hilfe zum Lebensunterhalt stelle keine rentengleiche wirtschaftliche Dauerleistung dar. Sie sei vielmehr Hilfe für eine bestimmte Person in einer bestimmten Notsituation und als solche auf die sich ständig wandelnde Lage auszurichten (§ 3 BSHG). Aus diesem Grunde biete sich dem Träger der Sozialhilfe gleichsam täglich ein neuer Sozialhilfefall zur

---

49 BVerwGE 18, 305 (307).

50 BVerwGE 18, 305 (306).

51 Siehe auch BVerwGE 28, 202 (205); ebenso *Schweiger*, DVBl. 1966, 317 (319).

Regelung an. Das Gericht könne während der Dauer des gerichtlichen Verfahrens den Sozialhilfefall, wenn überhaupt, so doch nur unvollkommen unter Kontrolle halten. Es könne den Hilfesuchenden nicht beraten, noch dessen Wünschen im Rahmen des dem Träger der Sozialhilfe zustehenden Ermessens gerecht werden. Es sei nur imstande, die Rechtskontrolle über die Tätigkeit der Träger der Sozialhilfe auszuüben. Schließlich würden andernfalls die im Sozialhilferecht besonders bedeutsamen Vorschriften über das Vorverfahren vernachlässigt werden.[52]

b) Der Anspruch auf Zulassung zum Studium

Auch im Hochschulzulassungsrecht hat das Bundesverwaltungsgericht entschieden, daß für die Verpflichtungsklage, mit der die Zulassung zum Studium aufgrund einer für ein Semester eingereichten Bewerbung begehrt wird, die Sach- und Rechtslage in diesem Semester maßgeblich sei. Zum einen entspreche nur dies dem Begehren des Klägers, das dahin gehe, nach den für ein bestimmtes Semester maßgeblichen Regeln und tatsächlichen Verhältnissen zum Studium zugelassen zu werden. Zum anderen gebiete bei der Konkurrenzsituation, in der sich die Bewerber bei der Verteilung der in jedem Semster zur Verfügung stehenden Studienplätze befinden, der Grundsatz der Chancengleichheit, einheitlich auf die Verhältnisse im Semester der Bewerbung und nicht bei den Bewerbern, die ihre Ablehnung im Rechtsweg angreifen, auf einen späteren Zeitpunkt abzustellen. Kurz, der maßgebliche Zeitpunkt ergebe sich aus verfassungsrechtlichen Gesichtspunkten und aus dem Klagebegehren.[53]

III. Vorläufige Würdigung der bundesverwaltungsgerichtlichen Rechtsprechung

Der vorangegangene Rechtsprechungsüberblick zeigt eine Vielzahl von Argumenten und Kriterien für die Bestimmung des maßgeblichen Zeitpunkts im Verwaltungsprozeß auf. Hervorzuheben sind insbesondere das Gewaltentei-

---

[52] BVerwGE 25, 307 (308 f.); dem folgend 28, 216 (218); 38, 299 (301); 39, 261 (264 ff.); VGH Mannheim, VBlBW 1992, 269 f.; BVerwG, NVwZ 1993, 995 (996) = DVBl. 1992, 1482 (1482) = BayVBl. 1992, 760 (760 f.); anders dagegen die neuere Rechtsprechung zum Wohngeldrecht BVerwGE 69, 198 (199); a.A. noch BVerwGE 44, 278 (283).

[53] BVerwGE 42, 296 (300 f.).

lungsprinzip, das Wesen der Anfechtungs- bzw. der Verpflichtungsklage, der Inhalt des Klageantrags, das Handeln der Behörde, der Regelungsinhalt des angefochtenen Verwaltungsakts und damit zusammenhängend der Begriff des Dauerverwaltungsakts, schließlich der klägerische Anspruch. Seine neuere Rechtsprechung faßt das Bundesverwaltungsgericht dahingehend zusammen, daß ein Kläger im verwaltungsgerichtlichen Rechtsstreit nur dann mit seinem Begehren durchdringen könne, wenn er im Zeitpunkt der letzten gerichtlichen Entscheidung einen Anspruch auf die erstrebte Aufhebung des Verwaltungsaktes bzw. auf die erstrebte Leistung habe. Ob ein solcher Anspruch jedoch bestehe, das heißt, ob ein belastender Verwaltungsakt den Kläger i. S. des § 113 Abs. 1 VwGO in seinen Rechten verletze oder die Ablehnung eines begehrten Verwaltungsakts i.S. des § 113 Abs. 5 VwGO rechtswidrig sei, beurteile sich nach dem materiellen Recht, dem nicht nur die tatbestandlichen Voraussetzungen des Anspruchs selbst, sondern auch die Antwort auf die Frage zu entnehmen sei, zu welchem Zeitpunkt diese Voraussetzungen erfüllt sein müßten. Nur in diesem Rahmen sei tendenziell davon auszugehen, daß es bei der Anfechtung eines belastenden Verwaltungsakts grundsätzlich auf die Sachlage im Zeitpunkt der letzten Behördenentscheidung, bei einem mit der Verpflichtungsklage geltend gemachten Leistungsanspruch auf diejenige im Zeitpunkt der gerichtlichen Tatsacheninstanz ankomme.[54]

Verallgemeinerungsfähige Kriterien, nach denen sich aus dem materiellen Recht der maßgebliche Beurteilungszeitpunkt ableiten ließe, hat das Bundesverwaltungsgericht bisher nicht entwickelt, hatte hierzu angesichts seiner Aufgabe, Einzelfälle zu entscheiden, wohl auch nicht die Gelegenheit. Die Erarbeitung einer "Dogmatik des maßgeblichen Zeitpunkts" verbleibt als Aufgabe der Wissenschaft. Das dargelegte Fall- und Argumentationsmaterials ist Grundlage für die folgende systematische Untersuchung.

---

[54] BVerwGE 78, 243 (261); 82, 260 (261); NVwZ 1990, 653 (654); NVwZ 1991, 372 (373); NVwZ 1991, 360 (360).

2. Kapitel:
Das Verhältnis zwischen Verwaltung und Verwaltungsgerichtsbarkeit

Die Frage nach dem maßgeblichen Zeitpunkt für die gerichtliche Beurteilung der Rechtswidrigkeit eines Verwaltungsakts kann ohne Vergewisserung über die Funktion der Verwaltungsgerichtsbarkeit und ihr Verhältnis zur Verwaltung nicht beantwortet werden, denn dieses Verhältnis bestimmt den Umfang und damit auch den zeitlichen Rahmen der gerichtlichen Prüfung.

I. Das Argument der Gewaltenteilung

1. Meinungsstand

Während in der neueren, am materiellen Recht ausgerichteten Rechtsprechung das Argument der Gewaltenteilung keine Rolle mehr spielt[1], wird dieser Argumentationstopos in der Literatur nach wie vor zur Begründung der Maßgeblichkeit der letzten Behördenentscheidung angeführt.[2] Dem liegt die Auffassung zugrunde, daß die Verwaltungsgerichtsbarkeit im gewaltenteiligen Staat nur kontrollierende Gerichtsbarkeit sein könne.[3] Nach dem Grundgesetz sei die Aufgabe der Gesetzesvollziehung der Verwaltung übertragen. Deshalb müsse der Verwaltung in allen Vollzugsangelegenheiten, somit auch bei jeder nachträglichen Änderung der Sach- oder Rechtslage, das Recht zur Erstentscheidung erhalten bleiben. Wenn das Gericht seiner Entscheidung neues Recht oder neue Tatsachen zugrunde lege, werde der Sachverhalt, den die Be-

---

1 Zum Argument der Gewaltenteilung in der älteren Rechtsprechung siehe BVerwGE 1, 35 (38); 2, 55 (57); 20, 316 (319); zur neueren Rechtsprechung siehe oben 1. Kapitel I 3. und III.

2 *Kopp*, in: Menger-FS, S. 693 (701); *ders.*, Verfassungsrecht, S. 247 ff., 255 ff.; *Kloepfer*, VerwArch. Bd 76 (1985), 371 (389); *Girardi*, SGb 1986, 448 (451 f.); für die ältere Literatur siehe die Nachweise bei *Bähr*, Die maßgebliche Rechts- und Sachlage, S. 31; vgl. auch *Schweiger*, DVBl. 1964, 205 (211).

3 So insbesondere *Kopp*, in: Menger-FS, S. 693 (701); *ders.*, Verfassungsrecht, S. 240 und 242 f.

hörde mit ihrem Verwaltungsakt erfassen wollte, erweitert. Der Richter nehme auf diese Weise eine unmittelbare Tatsachenwertung vor, anstatt sich auf die Beurteilung des Verwaltungshandelns zu beschränken. Eine unmittelbare Sachentscheidung stelle sich materiell als Verwaltungshandeln dar; damit sei die Grenze zwischen Exekutive und Judikative "klar" überschritten.[4]

Bestätigung für die Beschränkung der gerichtlichen Kompetenz auf eine nachfolgende Verwaltungskontrolle findet diese Auffassung auch darin, daß für den Erlaß von Verwaltungsakten ein besonders geregeltes Verwaltungsverfahren vorgeschrieben ist und daß Verwaltungsakte nach §§ 68 ff. VwGO im Regelfall nicht sofort mit der Klage angefochten werden können, sondern vorher nochmals von der Verwaltung selbst überprüft werden müssen. Würde man die unmittelbare Berücksichtigung auch späterer Entwicklungen durch das Gericht zulassen, werde dieses Vorverfahren beiseite geschoben[5], und die Gerichte würden Entscheidungen treffen, die den Behörden übertragen seien.[6]

Dieser Argumentation stehen grundsätzliche Zweifel gegenüber, ob sich aus dem "abgenutzten Gesichtskreis der Gewaltenteilung"[7] überhaupt tragfähige Argumente für die Bestimmung des maßgeblichen Zeitpunkts ableiten lassen.[8] Das Recht der Verwaltung zur Erstentscheidung könne durch die Berücksichtigung nachträglich eingetretener Umstände nicht berührt werden[9], denn der Verwaltung bleibe es unbenommen, nach Änderung der Rechts- oder Sachlage einen nunmehr rechtswidrig gewordenen Verwaltungsakt aufzuheben oder einen zunächst rechtswidrig erlassenen Verwaltungsakt später rechtmäßig vorzunehmen.[10]

---

4 So *Kopp*, in: Menger-FS, S. 693 (702); vgl. auch *Reinhart*, DVBl. 1967, 710 (712).

5 *Kopp*, in: Menger-FS, S. 693 (702); *Schweiger*, DVBl. 1964, 205 (208); *Ule/Sellmann*, JuS 1967, 308 (311); a.A. *Eyermann/Fröhler*, VwGO, § 113 Rn. 5.

6 *Kopp*, in: Menger-FS, S. 693 (701 f.); *ders.*, Verfassungsrecht, S. 237, 241, 255 ff.

7 *Lerche*, DVBl. 1955, 776 (777).

8 *Lerche*, DVBl. 1955, 776 (777); krit. auch *Rupp*, Grundfragen, S. 126; *Schenke*, WiVerw. 1988, 145 (166); *Schoch*, Vorläufiger Rechtsschutz, S. 1038.

9 *Schenke*, NVwZ 1986, 522 (525); ähnlich auch *J. Martens*, DÖV 1964, 365 (366).

10 So schon *Bachof*, JZ 1954, 416 (422), der darauf hinweist, daß das Gericht dem Recht auf rechtliches Gehör genügen muß, womit die Verwaltung die Gelegenheit bekommt, von ihrer Erstentscheidungsbefugnis Gebrauch zu machen. Zustimmend *Haueisen*, DVBl. 1956, 201 (203); *J. Martens*, DÖV 1964, 365 (366); vgl. auch *Bähr*, Die maßgebliche Rechts- und Sachlage, S. 104; *Rupp*, in: Rechtsschutz im Sozialrecht, S. 173 (198); a.A. *Kopp*, in: Menger-FS, S. 693 (702): Die Beteiligung als Prozeßpartei sei mit einer eigenverantwortlichen Vollziehung nicht vergleichbar. Da aber prozessuale Beschränkungen der Verwaltung, auch während des Prozesses den zugrundeliegenden Sachverhalt zu gestalten, nicht ersichtlich sind, kann *Kopp* nur psychologische Wirkungen des Prozes-

Darüber hinaus wird zu Recht der Einwand der Inkonsequenz erhoben[11], wenn mit Hilfe des Gewaltenteilungsprinzips zwar die Maßgeblichkeit der letzten Behördenentscheidung in Anfechtungsfällen begründet, in Fällen der Verpflichtungsklage dagegen mit der herrschenden Meinung die Maßgeblichkeit der letzten Behördenentscheidung angenommen wird.[12] Steht die Gewaltenteilung einer Berücksichtigung nachträglicher Änderungen durch das Gericht entgegen, weil andernfalls das Widerspruchsverfahren ausgeschaltet wird, so muß dies für Anfechtungs- wie Verpflichtungsklagen gleichermaßen gelten.

Die Folgerung, daß das Gewaltenteilungsprinzip auch für die Fälle der Verpflichtungsklage die Maßgeblichkeit der letzten Behördenentscheidung fordere, hat jedoch nur Kopp gezogen.[13] Auch er stellt aber fest, daß der für die Verpflichtungsklage geltende Grundsatz der Maßgeblichkeit der Gerichtsentscheidung heute wohl schon als Gewohnheitsrecht anzusehen sei, dem mit bloßen Argumenten zum Wesen und zur Funktion der verwaltungsgerichtlichen Kontrolle des Verwaltungshandelns kaum mehr mit Aussicht auf Erfolg entgegengetreten werden könne.[14]

2. Kritik: Vom Gewaltenteilungsprinzip zur verfassungsmäßigen Funktionenordnung

Wenn auch der Auffassung von Kopp Konsequenz nicht abgesprochen werden kann, so leidet doch die auf das Gewaltenteilungsprinzip gestützte Argumentation daran, daß dem zugrunde gelegten Gewaltenteilungskonzept die verfassungsrechtliche Absicherung am Grundgesetz fehlt.

Dieser Kritik kann nicht entgegengehalten werden, das Gewaltenteilungsprinzip habe seine verfassungsrechtliche Grundlage in Art. 20 Abs. 2 S. 2 GG.

---

ses meinen. Solche sind jedoch rechtlich irrelevant. Zum Ändern und Ersetzen angefochtener Verwaltungsakte durch die Verwaltung ausführlich *Preusche*, DVBl. 1992, 797 ff.

[11] *Schenke*, NVwZ 1986, 522 (526); *ders.*, WiVerw. 1988, 145 (166); siehe auch schon *Bachof*, JZ 1954, 416 (416); *Lerche*, DVBl. 1955, 776 (778); *Bähr*, Die maßgebliche Rechts- und Sachlage, S. 104.

[12] So etwa *Schweiger*, DVBl. 1964, 205 (205 zur Verpflichtungsklage, 209 zur Notwendigkeit des Vorverfahrens für die Anfechtungsklage); *Ule*/Sellmann, JuS 1967, 308 (311).

[13] *Kopp*, in: Menger-FS, S. 693 (706); *ders.*, Verfassungsrecht, S. 258; für den Fall der Verbindung von Anfechtungs- und Leistungsklage gemäß § 54 Abs. 4 SGG siehe auch *Girardi*, SGb 1986, 448 ff.

[14] *Kopp*, in: Menger-FS, S. 693 (706).

Mit der Bestimmung, daß die vom Volke ausgehende Staatsgewalt durch besondere Organe der Gesetzgebung, vollziehenden Gewalt und der Rechtsprechung ausgeübt wird, ist zwar die Forderung einer organisatorischen Gewaltentrennung unmißverständlich erhoben[15], geregelt ist damit aber weder, welcher Inhalt und welche Kompetenzen sich mit jeder dieser drei Gewalten verbindet noch die Art und Weise ihrer gegenseitigen Hemmung und Kontrolle.[16] Das Kompetenz- und Funktionengefüge der von Art. 20 Abs. 2 S. 2 GG vorgesehenen Gewalten läßt sich ebensowenig begriffsjuristisch[17] wie aus einem vermeintlich überpositiven Gewaltenteilungsprinzip gewinnen[18]. Beides würde die Geschichtsgebundenheit der Gewaltenteilungsidee verkennen.[19] Mit Art. 20 Abs. 2 S. 2 GG stellt sich das Grundgesetz zwar in die Tradition der Gewaltenteilungslehre seit Montesquieu[20], seine eigene, der völlig veränderten historischen Situation angemessene Ausgestaltung findet dieses Prinzip jedoch in den verfassungsrechtlichen Kompetenzregeln.[21] Nicht ein vorverfassungsrechtliches Gewaltenteilungsprinzip, sondern die verfassungsmäßige Funktionenordnung bestimmt das Verhältnis von Verwaltung und Verwaltungsgerichtsbarkeit.

Insoweit wird in der Literatur mit Recht darauf hingewiesen, daß insbesondere durch die Rechtsweggarantie des Art. 19 Abs. 4 GG frühere Gewaltenteilungskonzeptionen eine entscheidende Modifikation erfahren haben.[22] So setzt

---

15 *Herzog*, in: Maunz/Dürig, GG, Art. 20 V Rn. 40 f.

16 *Herzog*, in: Maunz/Dürig, GG, Art. 20 V Rn. 38 f.; *Hesse*, Grundzüge, Rn. 476 ff.; *Stern*, Staatsrecht II, § 36 (S. 531 f.); *Schenke* (WiVerw. 1988, 145 [166]) stellt fest, das Gewaltenteilungsprinzip in Art. 20 Abs. 2 S. 2 GG sei konturenlos.

17 Vgl. die Kritik von *Zimmer*, Funktion, S. 52; vgl. auch *Stern*, Staatsrecht II, § 36 (S. 524). Dies bedeutet nicht, daß es keinen materiellen Begriff der Rechtsprechung geben könne. Dieser ist aber nicht über der Verfassung, sondern unter ihr zu suchen. Vgl. dazu *Achterberg*, in: Menger-FS, S. 125 (129 f.).

18 Siehe die Kritik von *Hesse*, Grundzüge, Rn. 477, 481. Die Geschichtsgebundenheit des Gewaltenteilungsprinzips betont auch *Stern*, Staatsrecht II, S. 535. Er entnimmt Art. 20 Abs. 2 S. 2 GG aber mehr positive Gehalte als z.B. *Hesse*, *Herzog* oder *Zimmer* (jeweils a.a.O Fn. 17 und 18). Dennoch geht auch er wohl nicht von einem überpositiven Gewaltenteilungsprinzip aus. Demgegenüber ist die Kernbereichstheorie des BVerfG (vgl. BVerfGE 9, 268 [280]; 30, 1 [27]) insoweit immerhin mißverständlich. Als h.M. kann diese Auffassung wohl nicht mehr bezeichnet werden (so aber *Hesse*, Grundzüge, Rn. 477; krit. dagegen *Maurer*, VVDStRL Heft 43 [1985], 135 [150]).

19 Zu den relevanten Änderungen siehe *Herzog*, in: Maunz/Dürig, GG, Art. 20 V Rn. 19 ff.; vgl. auch *Hesse*, Grundzüge, Rn. 481; *Zimmer*, Funktion, S. 24 f.

20 Siehe nur *Hesse*, Grundzüge, Rn. 481; *Maurer*, VVDStRL Heft 43 (1985), 135 (150).

21 So *Herzog*, in: Maunz/Dürig, GG, Art. 20 V Rn. 37; *Hesse*, Grundzüge, Rn. 481; *Zimmer*, Funktion, S. 57 f.; *Maurer*, VVDStRL Heft 43 (1985), 135 (150); *Zippelius*, in: Merten, Gewaltentrennung, S. 27 (29).

22 *Schenke*, NVwZ 1986, 522 (525).

der durch Art. 19 Abs. 4 GG verbürgte Rechtsschutz grundsätzlich eine umfassende richterliche Prüfungskompetenz nicht nur in rechtlicher, sondern auch in tatsächlicher Hinsicht voraus.[23] Eine Funktionenabgrenzung in der Weise, daß der Verwaltung die Hauptverantwortung für die Tatsachenermittlung zukommt, ist damit versperrt. Die Auffassung von Kopp, daß jede originäre Tatsachenfeststellung durch die Gerichte, denen die Verwaltung nicht eigene, gesicherte Feststellungen gegenüberstellen könne, einen Einbruch der Gerichte in den Bereich der Verwaltung bedeute, und daß die Gerichte im gewaltenteiligen Staat ihrer ganzen Struktur nach mehr Rechtsmittelinstanz als Tatsacheninstanz seien[24], läßt sich deshalb vor Art. 19 Abs. 4 GG nicht halten.

Auch die Kritiker des Gewaltenteilungsarguments haben es allerdings bisher unterlassen, die durch die Verfassungslehre vorgenommene Fortentwicklung des Gewaltenteilungsprinzips zur verfassungsmäßigen Funktionenordnung in ähnlicher Weise wie für das Problem der verwaltungsgerichtlichen Kontrolldichte von Ermessensentscheidungen und Beurteilungsspielräumen[25] auch für die Frage nach dem maßgeblichen Zeitpunkt für die Beurteilung der Rechtswidrigkeit eines Verwaltungsakts fruchtbar zu machen. Dies ist nachzuholen.

II. Die Bedeutung des Art. 19 Abs. 4 GG für das Verhältnis von Verwaltung und Verwaltungsgerichtsbarkeit

1. Art. 19 Abs. 4 GG als Ursache für das Problem der Funktionenabgrenzung

Auch wenn Art. 19 Abs. 4 GG keine institutionelle Garantie der Verwaltungsgerichtsbarkeit beinhaltet, sondern ganz allgemein den Rechtsweg gegen rechtsverletzende Akte der öffentlichen Gewalt eröffnet, läßt sich doch ein historisch und auf der Ebene des einfachen Rechts gewachsenes praktisches Junktim zwischen der Rechtsschutzgarantie des Art. 19 Abs. 4 GG und der

23 Siehe nur *Krebs*, in: v. Münch/Kunig, GGK I, Art. 19 Rn. 65; *Schmidt-Aßmann*, in: Maunz/Dürig, GG, Art. 19 IV Rn. 183; *Lorenz*, in: Menger-FS, S. 143 (153); vgl. auch BVerfGE 21, 191 (194); 31, 113 (117); 35, 263 (274); 51, 304 (312); 61, 82 (111); 73, 339 (373). Kritisch zur Verantwortung der Gerichte für die Tatsachenermittlung *Scharpf*, Die Kosten des Rechtsstaats, S. 41.

24 *Kopp*, Verfassungsrecht, S. 242 f.

25 Siehe dazu die Zusammenfassung des Diskussionsstandes bei *Schmidt-Aßmann*, in: Maunz/Dürig, GG, Art. 19 IV Rn. 180 ff. m. w. N.

Verwaltungsgerichtsbarkeit feststellen.[26] In diesem Sinne kommt Art. 19 Abs. 4 GG die wesentliche Bedeutung für die Funktionsbestimmung der Verwaltungsgerichtsbarkeit zu.

Von den einen als Schlußstein im Gebäude des Rechtsstaats gepriesen[27], von den anderen als Entfesselung der Dritten Gewalt bis zur Zügellosigkeit beargwöhnt[28], ist die Unterwerfung der öffentlichen Gewalt unter richterlichen Spruch zunächst einmal Ursache für die Furcht vor einer "Subalternisierung"[29] und "Gängelung"[30] der Verwaltung, wogegen es mit dem Gewaltenteilungsprinzip einen Verwaltungsvorbehalt[31] zu bewahren gilt. In der Tat stellt gerade die Ermächtigung der Verwaltungsgerichtsbarkeit zur Letztentscheidung über die Richtigkeit einer Verwaltungsmaßnahme nicht nur in rechtlicher, sondern auch in tatsächlicher Hinsicht die Frage der Funktionenabgrenzung zwischen den beiden rechtsgebundenen und rechtsanwendenden Gewalten in besonderer Schärfe.[32] Erschwerend kommt hinzu, daß sich im Verwaltungsprozeßrecht die historische Vorstellung von der Verwaltungsgerichtsbarkeit als einer objektiven Verwaltungskontrolle[33] mit großer Hartnäckigkeit gehalten hat[34], so daß sich die kompetenzbegrenzende Wirkung, die mit der Garantie des Schutzes subjektiver Rechte in Art. 19 Abs. 4 GG angelegt ist[35], nur langsam von der Ebene des Verfassungsrechts in die Niederungen einzelner verwaltungsprozessualer Probleme vermittelt. Nicht zuletzt

---

26 So *Schmidt-Aßmann*, in: Menger-FS, S. 107 (108 f.).

27 *Thoma*, in: Wandersleb/Traumann, Recht-Staat-Wirtschaft, Bd 3, 1951, S. 9 (9).

28 Die Entfesselung der Dritten Gewalt von den Fesseln der Exekutive forderte *van Husen* 1952 in AöR Bd 78 (1952/3), 49 ff.; Furcht vor der Entfesselung bis zur Zügellosigkeit konstatiert *Wilke*, in: Merten, Gewaltentrennung, S. 135 (135), ohne diese Furcht allerdings zu teilen.

29 *Papier*, in: Merten, Gewaltentrennung, S. 95 (95).

30 *Papier*, in: Merten, Gewaltentrennung, S. 95 (95).

31 Vgl. zu diesem Begriff *Maurer*, VVDStRL Heft 43 (1985), S. 135 ff.; *Schnapp*, ebenda, S. 172 ff.; *Schmidt-Aßmann*, in: Menger-FS, S. 107 (113); zum Verwaltungsvorbehalt im Verhältnis Verwaltung/Verwaltungsgerichtsbarkeit siehe auch *Scholz*, VVDStRL Heft 34 (1976), S. 145 ff. und *Schmidt-Aßmann*, ebenda, S. 221 ff.

32 *Krebs*, in: v. Münch/Kunig, GGK I, Art. 19 Rn. 65; *Zimmer*, Funktion, S. 147; *Scharpf*, Die Kosten des Rechtsstaats, S. 40.

33 Siehe *Gliss*, Die Entwicklung der Verwaltungsgerichtsbarkeit; *Henke*, Das subjektive öffentliche Recht, S. 121 ff.; *Rupp*, Grundfragen, S. 155 ff.; *Rüfner*, in: Jeserich/Pohl/v. Unruh, Bd 3, S. 909 (911 f.).

34 *Rupp*, Grundfragen, S. 158, 250; siehe auch das Vorwort zur 2. Auflage, S. VIII; vgl. auch *Henke*, Das subjektive Recht, S. 116, 129, 133, 261; *J. Martens*, DVBl. 1970, 260 (261); *Schenke*, NVwZ 1986, 522 (523). Diese Prägung ist besonders deutlich bei *Kopp*, in: Menger-FS, S. 693 ff. sowie *ders.*, Verfassungsrecht, S. 234 ff.

35 Dazu sogleich unten II 2.

die unterschiedliche Beurteilung des maßgeblichen Zeitpunkts bei Anfechtungs- und Verpflichtungsklage belegt dies. Der von Kopp insoweit festgestellte "Stilbruch in der Argumentation"[36], erweist sich als grundlegender Bruch im Verständnis der Verwaltungsgerichtsbarkeit: Während sich für die Verpflichtungsklage das Denken vom subjektiven Recht und vom Anspruch her durchgesetzt hat, blieb es bei der Anfechtungsklage - trotz des allseitigen Bekenntnisses zum verwaltungsgerichtlichen Individualrechtsschutz - auf die Kontrolle des Verwaltungshandelns fixiert.[37]

2. Art. 19 Abs. 4 GG als Grundlage für die verfassungsmäßige Bestimmung des Funktionengefüges zwischen Verwaltung und Verwaltungsgerichtsbarkeit

Wesentliches Element der Kompetenzabgrenzung zwischen Verwaltung und Verwaltungsgerichtsbarkeit ist die Ausrichtung der Rechtsweggarantie auf den Schutz subjektiver Rechte.[38] Damit wird die Grundlage für den entscheidenden funktionellen Unterschied zwischen Verwaltung und Verwaltungsgerichtsbarkeit gelegt und werden prozessuale und materiellrechtliche Möglichkeiten der Kompetenzbeschränkung der Verwaltungsgerichtsbarkeit eröffnet.

Zum ersten konstituiert die subjektiv-rechtliche Ausrichtung des Rechtsschutzes den Verwaltungsprozeß als Parteienprozeß zwischen Bürger und Verwaltung.[39] Damit wird die schon organisatorisch und personell gewährleistete Unabhängigkeit des Richters[40] auch funktionell abgesichert. Erst dadurch, daß die Parteien in Ausübung ihrer Dispositionsbefugnis dem Gericht die Entscheidungsalternative unterbreiten, kann dieses das unparteiische Verhältnis zum Verfahrensgegenstand einnehmen, welches die Verwaltungsgerichtsbarkeit von der Verwaltung wesentlich unterscheidet.[41] Die Parteienstel-

---

[36] *Kopp*, in: Menger-FS, S. 693 (706).

[37] *Schweiger* (DVBl. 1964, 205 [210]) vertrat sogar ausdrücklich die Auffassung, daß die VwGO die Anfechtungsklage nur als Instrument zur gerichtlichen Kontrolle einer bestimmten, den Staatsbürger belastenden Handlung der Behörde auffasse, während sie bei der Verpflichtungsklage von dem geltenden gemachten materiellrechtlichen Anspruch des Klägers ausgehe.

[38] Siehe nur *Krebs*, in: Menger-FS, S. 191 (194); *Preu*, Das subjektive Recht, S. 21.

[39] *Rupp*, Grundfragen, S. 158, 161; *Henke*, DÖV 1980, 621 (630): siehe auch *Smid*, Rechtsprechung, S. 79.

[40] Siehe Art. 92, 95, 97, 98 GG.

[41] So schon *Menger*, System, S. 148; *Forsthoff*, Verwaltungsrecht, § 1 (S. 6); siehe auch *Stern*, Staatsrecht II § 43 (S. 897); *Herzog*, in: Maunz/Dürig, GG, Art. 92 Rn. 29; *Meyer*, in: *v. Münch*, GGK III, Art. 92 Rn. 9; *Schmidt-Aßmann*, VVDStRL Heft 34 (1976), S. 221 (235 ff.); *Henke*, Das

lung der Verwaltung spiegelt demgegenüber deren Funktion, aus eigener Initiative, ziel- und folgenorientiert - und damit parteiisch - Staatszwecke zu verwirklichen.[42] Schon aus dieser skizzenhaften Gegenüberstellung der Funktionen - fremdinitiierte Einzelfallentscheidung am Maßstab und mit den Methoden des Rechts; auf eigener Initiative beruhende, dauernde, planende und vollziehende Aktivität zur Erreichung außerrechtlicher Zwecke[43] - zeigt sich, daß durch Art. 19 Abs. 4 GG eine vollständige Kontrolle der Verwaltung nicht eröffnet ist.[44]

Zum zweiten bestimmt das subjektive Recht prozessual über die Klagebefugnis und materiellrechtlich über den Begriff der Rechtsverletzung den Umfang der gerichtlichen Kontrolle. Nur soweit dem Kläger ein subjektives Recht zusteht und dies durch die öffentliche Gewalt verletzt ist, ist die Rechtswidrigkeit des Verwaltungshandelns für die Verwaltungsgerichtsbarkeit von Bedeutung.[45] Damit liegt es - abgesehen vom Grundrechtsgebotenen[46] - in der Hand des Gesetzgebers, inwieweit er die Verwaltung durch die Schaffung subjektiver Rechte der gerichtlichen Beurteilung unterwirft.

Darüber hinaus ist die gemeinsame Gesetzesbindung von Verwaltung und Verwaltungsgerichtsbarkeit nicht nur Problem, sondern auch Lösungsansatz für eine sachgerechte Kompetenzverteilung. Mit dem Mittel des Gesetzes ist es der Legislative aufgegeben, das Funktionengefüge zwischen der zweiten und dritten Gewalt auszugestalten. Auch der Grundsatz des Art. 19 Abs. 4 GG, daß die angefochtenen Verwaltungsentscheidungen in rechtlicher und tatsächlicher Hinsicht vollständig nachzuprüfen sind, gilt nur, soweit der Exekutive nicht normativ Letztentscheidungsbefugnisse in Form von Prognose-, Ermessens- und Beurteilungsspielräumen eingeräumt sind.[47]

---

subjektive öffentliche Recht, S. 121; vgl. auch *Held*, Grundrechtsbezug, S. 189; *Smid*, Rechtsprechung, S. 281, 321.

[42] *Forsthoff*, Verwaltungsrecht, § 1 (S. 6); ausführlich *Scholz*, VVDStRL Heft 34 (1976), S. 145 (149 ff.); *Schmidt-Aßmann*, ebenda, S. 221 (231 ff.); *Smid*, Rechtsprechung, S. 167 ff., 372 ff.

[43] *Scholz*, VVDStRL Heft 34 (1976), S. 145 (149 ff. bzgl. Verwaltung, 154 f. bzgl. Verwaltungsgerichtsbarkeit); *Schmidt-Aßmann*, ebenda, S. 221, (231 ff. bzgl. Verwaltung, 238 f. bzgl. Gerichtsbarkeit).

[44] Vgl. auch *van Husen*, AöR Bd 78 (1952/3), 49 (53), der treffend bemerkt, daß "Sprechen" und "Handeln" etwas Grundverschiedenes ist.

[45] Siehe statt aller *Schmidt-Aßmann*, in: Maunz/Dürig, GG, Art. 19 IV Rn. 7 ff., 116, 159; prägnant auch *ders.*, in: Menger-FS, S. 107 (109).

[46] Vgl. *Schmidt-Aßmann*, in: Menger-FS, S. 107 (114 ff., 116).

[47] Zur Bedeutung des Gesetzgebers für das Funktionengefüge zwischen Verwaltung und Verwaltungsgerichtsbarkeit siehe *Badura*, in: Bachof-FS, S. 169 ff.; *Papier*, Die Stellung der

Die subjektiven Rechte und der vom Gesetzgeber vorgegebene Kontrollmaßstab erweisen sich damit als die der Funktionenordnung des Grundgesetzes eigenen Mittel der Kompetenzabgrenzung zwischen Verwaltung und Verwaltungsgerichtsbarkeit.

III. Folgerungen für die Bestimmung des maßgeblichen Zeitpunkts

Aus diesem verfassungsrechtlichen Funktionengefüge lassen sich die folgenden Konsequenzen für die Frage des maßgeblichen Zeitpunkts im Verwaltungsprozeß ziehen:

1. Dem Prozeßrecht zuzuordnende Vorgaben

Für das Prozeßrecht stellen die verfassungsrechtlichen Vorgaben des Art. 19 Abs. 4 GG nur sehr generelle Leitlinien auf. Angesprochen ist auch hier in erster Linie der Gesetzgeber, dem für die konkrete Ausgestaltung ein weiter Gestaltungsspielraum zur Verfügung steht.[48] Für das geltende Verwaltungsprozeßrecht folgt aus Art. 19 Abs. 4 GG positiv nur, daß es in einer Weise auszulegen ist, die der subjektivrechtlichen Ausrichtung der Rechtsweggarantie gerecht wird. Dieser Auslegungsgrundsatz ist der verfassungsrechtliche Richtigkeitsmaßstab für die prozessualen Lösungsansätze, die im folgenden Teil zu erörtern sind.

Negativ steht dagegen fest, daß eine Reduktion der verwaltungsgerichtlichen Kompetenz auf eine reine Rechtskontrolle ohne Verantwortung für die Tatsachengrundlage nicht in Betracht kommt.[49]

2. Dem materiellen Recht zuzuordnende Vorgaben

Die Ausführungen zur Bedeutung des Art. 19 Abs. 4 GG für das Funktionengefüge zwischen Verwaltung und Verwaltungsgerichtsbarkeit haben ge-

---

Verwaltungsgerichtsbarkeit, S. 29 ff, S. 33 f.; *Redeker*, DÖV 1993, 10 ff.; zur sog. normativen Ermächtigungslehre siehe *Schmidt-Aßmann*, in: Maunz/Dürig, GG, Art. 19 IV Rn. 185 ff.; *ders.*, in: Menger-FS, S. 107 (115 f.); *Wahl*, NVwZ 1991, 409 ff.; siehe auch BVerfGE 62, 82 (111).

[48] *Lorenz*, in: Menger-FS, S. 143 (145).

[49] Siehe schon oben I 2.

zeigt, daß die wesentliche Bedeutung für die Feintarierung dieses Gefüges dem materiellen Recht zukommt, sei es als Grundlage subjektiver Rechte, sei es als Kontrollmaßstab.

a) Letztentscheidungsermächtigungen der Verwaltung

Danach ist eine Einbeziehung nachträglicher Änderungen der Sach- oder Rechtslage durch das Gericht dort nicht möglich, wo der Gesetzgeber der Verwaltung in Form von Beurteilungs- oder Ermessensspielräumen sowie Prognoseermächtigungen die Befugnis zur Letztentscheidung verliehen hat.[50] Insoweit muß die Behördenentscheidung maßgeblicher Zeitpunkt für die Beurteilung der Rechtswidrigkeit eines Verwaltungsakts sein.

b) Der klägerische Anspruch als Grenze der gerichtlichen Kompetenz

Darüber hinaus läßt sich aus der von der Funktionenordnung geforderten Bindung des Gerichts an die von den Parteien unterbreitete Entscheidungsalternative folgern, daß das Gericht die Grenze seiner Kompetenz dort überschreitet, wo es durch die Einbeziehung einer Änderung der Sach- oder Rechtslage über Rechtsfolgen entscheiden würde, die nicht Inhalt des ursprünglichen Klagebegehrens sind. Insoweit ist in der Konstellation der Anfechtungsklage zu beachten, daß das Gericht zwar über den Anspruch des Klägers entscheidet, dieser aber als Abwehranspruch das Gegenstück bildet zu der Rechtsfolge, die die Verwaltung verfolgt. Materiell ist es die Verwaltung, die eine bestimmte Rechtsfolge durchsetzen will, der Bürger, der die Berechtigung dazu verneint. Nur durch das Recht der Verwaltung, sich mit dem Erlaß des Verwaltungsakts einen Titel zu verschaffen, wird der Bürger in die Rolle des Angreifers gedrängt.[51] In der Gestalt des Abwehranspruchs des Bürgers, der nur begründet ist, wenn die Voraussetzungen für die von der Verwaltung angestrebte Rechtsfolge nicht vorliegen, überprüft das Gericht also im Grunde

---

50 Den Stand der Diskussion über Formen von Letztentscheidungsermächtigungen an die Verwaltung referiert *Schmidt-Aßmann*, in: Maunz/Dürig, GG, Art. 19 IV Rn. 188 ff.; *Maurer*, Allgemeines Verwaltungsrecht, § 7; *Erichsen*, in: Erichsen/ Martens, Allgemeines Verwaltungsrecht, § 10 Rn. 4 ff.; ; zur richterlichen Kontrolle von Prognoseentscheidungen ausführlich *Ossenbühl*, in: Menger-FS, S. 731 ff.

51 *Bachof*, Die verwaltungsgerichtliche Klage, S. 55 f.; *Pietzner*, VerwArch. Bd 77 (1986), 299 (307); *Bähr*, Die maßgebliche Rechts- und Sachlage, S. 127 m.w.N.

die Berechtigung der Verwaltung, das von ihr angestrebte Ziel zu verwirklichen. Die der verfassungsrechtlichen Funktionenordnung gemäße Pflicht des Gerichts, nur über die von der Verwaltung angestrebten Rechtsfolgen zu entscheiden, beinhaltet demnach die Beschränkung seiner Entscheidungsbefugnis auf den (einen) Anspruch, mit dem der Kläger die von der Verwaltung angestrebte Rechtsfolge abwehren kann. Ein materiellrechtlicher Lösungsansatz für das Problem des maßgeblichen Zeitpunkts zur Beurteilung der Rechtswidrigkeit eines Verwaltungsakts wird deshalb zwischen verschiedenen Regelungsinhalten von Verwaltungsakten bzw. Arten von Ansprüchen unterscheiden müssen.

c) Der Begriff "abgeschlossener Sachverhalt"

Schließlich läßt sich ein zentraler Begriff für das Problem des maßgeblichen Zeitpunkts - der des "abgeschlossenen Sachverhalts"[52], womit ein Sachverhalt bezeichnet wird, für dessen Beurteilung Änderungen der Sachlage irrelevant und Änderungen der Rechtslage allein im Fall der Fiktion rückwirkender Geltung bedeutsam sind - nur im Lichte des verfassungsmäßigen Funktionengefüges konkretisieren. In diese Richtung weist auch die Äußerung des Bundesverwaltungsgerichts, es ergebe sich aus dem Grundsatz der Gewaltenteilung, daß diejenigen Vorgänge als abgeschlossen angesehen werden müßten, welche die Verwaltungsbehörden zum Abschluß gebracht hätten[53]. Offen läßt das Bundesverwaltungsgericht allerdings, wann genau die Verwaltung einen Vorgang abgeschlossen hat.

Da der Begriff der Abgeschlossenheit eine rechtlich bedeutsame Zäsur bezeichnet, kann sich der Maßstab nur aus dem jeweils anzuwendenden Rechtssatz ergeben.[54] Dabei ist jedoch zu berücksichtigen, daß das Recht entsprechend den unterschiedlichen Funktionen von Verwaltung und Verwaltungsgerichtsbarkeit für die erste Handlungsnorm, für die zweite Beurteilungsnorm

---

[52] Siehe z.B. BVerwGE 2, 55, (60); BSGE 7, 126 (135); *Menger*, System, S. 214; *Girardi*, SGb 1986, 446 (450).

[53] BVerwGE 2, 55 (60).

[54] Unklar BVerwGE 59, 148 (159): "Es ist ein allgemein anerkannter Rechtsgrundsatz, daß sich die rechtlichen Wirkungen, die sich aus einem bestimmten Sachverhalt ergeben, nach denjenigen Rechtsvorschriften beurteilen, die im Zeitpunkt der Verwirklichung des Sachverhalts gegolten haben." Es ergibt sich aber gerade erst aus der jeweiligen Rechtsnorm, was im Einzelfall Verwirklichung des Sachverhalts bedeutet.

ist.[55] Dies hat zur Folge, daß der Begriff der Abgeschlossenheit für die Verwaltung einen anderen Inhalt hat als für die Verwaltungsgerichtsbarkeit. Aus dem "Gewaltenteilungsprinzip" ergibt sich also nicht nur, daß es entscheidend darauf ankommt, daß die Verwaltung einen Vorgang zum Abschluß gebracht hat; im Lichte der verfassungsmäßigen Funktionenordnung ist auch zu ermitteln, wann dies der Fall ist.

aa) Zum Begriff des "abgeschlossenen Sachverhalts" aus der Sicht der Verwaltung

Aufgabe der Verwaltung ist es, staatliche Ziele gemäß den gesetzlichen Handlungsanweisungen in die Realität umzusetzen. Um ihrer Funktion entsprechend zweckmäßig handeln zu können, muß es ihr möglich sein, von ihren früheren Entscheidungen abweichen zu können. Dem korrespondiert die prinzipielle Abänderbarkeit von Verwaltungsentscheidungen.[56] Wenn die Verwaltung an ihre Entscheidungen gebunden ist, so nicht deshalb, weil diese per se nicht abgeändert werden können, sondern entweder, weil sie nicht willkürlich handeln darf[57] oder weil Dispositionen der Bürger geschützt werden müssen.[58] Wegen der Zweckorientierung und der damit verbundenen Parteilichkeit kommt den Entscheidungen der Verwaltung grundsätzlich keine Endgültigkeit zu.[59] Daraus folgt, daß der Erlaß eines Verwaltungsakts für sich genommen einen Sachverhalt für die Verwaltung nicht abschließt.

Vielmehr hat die Verwaltung ihre Aufgabe erst erfüllt, wenn das gesetzlich vorgegebene Ziel tat-sächlich erreicht ist. Für die Verwaltung ist danach ein Sachverhalt abgeschlossen, wenn die gesetzlich vorgegebene Rechtsfolge in die Wirklichkeit umgesetzt ist.[60]

---

55 *Stern*, Staatsrecht II, § 43 (S. 896); *Schmidt-Aßmann*, in: Menger-FS, S. 107 (115).

56 *Smid*, Rechtsprechung, S. 372 ff.; *Seibert*, Die Bindungswirkung, S. 157; *Grziwotz*, AöR Bd 113 (1988), 213 (222); vgl. auch § 38 Nr. 3 VwVfG sowie §§ 48 Abs. 1, 49 Abs. 1 VwVfG.

57 Zur Selbstbindung der Verwaltung vgl. *Scheuing*, VVDStRL Heft 40 (1982), S. 153 ff.; *Hoffmann-Riem*, ebenda, S. 187 ff.; vgl. auch *Gubelt*, in: v. Münch/Kunig, GGK I, Art. 3 Rn. 36 ff., insbes. 39.

58 *Smid*, Rechtsprechung, S. 374 f.; *Seibert*, Die Bindungswirkung, S. 47; vgl. auch die §§ 48 und 49 VwVfG.

59 Auch gegen den unanfechtbaren Verwaltungsakt steht noch der Rechtsweg offen, nämlich die Verpflichtungsklage auf Aufhebung; siehe nur *Schenke*, Verwaltungsprozeßrecht, Rn. 278 f.

60 Siehe auch *J. Martens*, DVBl. 1970, 260 (263): "Wesentlich ist zu welchem Zeitpunkt oder für welchen Zeitraum nach den Normen des materiellen Rechts die im Verwaltungsakt bezeichnete Rechtsfolge ihre Wirksamkeit entfaltet." Vgl. auch *Henke*, Das subjektive öffentliche Recht, S. 106;

bb) Zum Begriff des "abgeschlossenen Sachverhalts" aus der Sicht der Gerichte

Demgegenüber prüft das Gericht als Institution, die keine "eigenen" Ziele verfolgt[61], anhand desselben Rechtssatzes als Beurteilungsnorm allein, ob im Zeitpunkt seiner Entscheidung die tatbestandlichen Voraussetzungen für die von einer Partei begehrte Rechtsfolge vorliegen. Aus der Einschränkung der Kompetenz auf die Prüfung der Tatbestandsvoraussetzungen ergibt sich, daß für die Beurteilung eines Sachverhalts als abgeschlossen allein der Tatbestand des Rechtssatzes relevant ist. Das Gericht urteilt also stets über abgeschlossene Sachverhalte, weil es mit seiner Entscheidung den für den Tatbestand relevanten Sachverhalt letztverbindlich abschließt. Die Beurteilung des Sachverhalts als abgeschlossen folgt aus der Kompetenz des Gerichts zur verbindlichen Entscheidung über das Vorliegen der Tatbestandsvoraussetzungen.

Da die Rechtsfolgenverwirklichung die Tatbestandserfüllung voraussetzt, ergibt sich für den maßgeblichen Zeitpunkt im Verwaltungsprozeß die folgende Grundregel : Liegt der für die Verwaltung maßgebliche Zeitpunkt der Rechtsfolgenverwirklichung vor der gerichtlichen Entscheidung, ist dies auch der für das Gericht maßgebliche Zeitpunkt für die Beurteilung der Rechtswidrigkeit des angefochtenen Verwaltungsakts. Ist die Rechtsfolgenverwirklichung dagegen noch nicht eingetreten, ist für das Gericht der Zeitpunkt seiner Entscheidung maßgeblich.

cc) Zum Begriff des "abgeschlossenen Sachverhalts" aus der Sicht der Gesetzgebung

Die hier vertretene Auffassung, daß die Abgeschlossenheit eines Sachverhalts am Maßstab des anzuwendenden Rechts und nach funktionellen Gesichtspunkten zu beurteilen ist, findet ihre Bestätigung darin, daß der Ansatz des Bundesverfassungsgerichts, einen Verstoß gegen das Rückwirkungsverbot mit Hilfe dieses Topos festzustellen[62], als gescheitert betrachtet werden muß.[63] Die Erklärung hierfür liegt in der Funktion des Gesetzgebers. Er steht

---

Menger, System, S. 106; *Kleinlein*, VerwArch. Bd 81 (1990), 149 (152); siehe auch noch *Smid*, Rechtsprechung, S. 380.

61 *Stern*, Staatsrecht II, § 43 (S. 897); *Smid*, Rechtsprechung, S. 12.

62 Vgl. nur BVerfGE 11, 139 (145 f.); 13, 261 (270); 30, 367 (386); 51, 356 (362); 57, 361 (391); 68, 287 (306); 69, 272 (309); 72, 175 (196); 74, 129 (155).

63 Zur Kritik siehe *Pieroth*, Rückwirkung, S. 79 ff.; *Götz*, in: BVerfG-FS II, S. 421 ff.; *Leisner*, in: Berber-FS, S. 273 ff.; *Kunig*, Das Rechtsstaatsprinzip, S. 416 ff.

als Rechtssetzer über dem einfachen Recht und hat die Kompetenz, den Beurteilungsmaßstab für die Gliederung von Lebenssachverhalten zu bestimmen und zu verändern. Wird der Beurteilungsmaßstab für die Bestimmung der Abgeschlossenheit geändert, kann die Zulässigkeit dieser Änderung nicht mehr mit Hilfe der Abgeschlossenheit festgestellt werden. Folgerichtig werden mittlerweile die auch für den Gesetzgeber verbindlichen Grundrechte und andere Verfassungsnormen als Maßstab für die Zulässigkeit rückwirkender Gesetzgebung angesehen.[64]

3. Zusammenfassung

Durch Vergewisserung über das verfassungsmäßige Funktionengefüge zwischen Verwaltung und Verwaltungsgerichtsbarkeit konnten bisherige auf das Gewaltenteilungsprinzip gestützte Begründungsversuche für die Maßgeblichkeit der Behördenentscheidung als unzutreffend zurückgewiesen werden. Prozessuale Lösungsansätze sind verfassungsrechtlich danach zu beurteilen, ob sie der subjektivrechtlichen Ausrichtung der Rechtsschutzgarantie gerecht werden. Materiellrechtliche Lösungsansätze müssen ihr Augenmerk auf die Inhalte subjektiver Rechte sowie auf Letztentscheidungsermächtigungen der Verwaltung legen. Darüberhinaus lassen sich zwei Grundregeln festhalten:

Die Einbeziehung nachträglicher Änderungen der Sach- oder Rechtslage ist dem Gericht dann verwehrt, wenn es anderenfalls über Rechtsfolgen entscheiden würde, die die Parteien nicht zur Entscheidung gestellt haben.

Liegt der für die Verwaltung maßgebliche Zeitpunkt der Rechtsfolgenverwirklichung vor der gerichtlichen Entscheidung, ist dies auch für das Gericht der maßgebliche Zeitpunkt; ist das von der Verwaltung angestrebte Ziel zum Zeitpunkt der gerichtlichen Entscheidung noch nicht erreicht, ist für das Gericht der Zeitpunkt seiner Entscheidung maßgeblich.

---

64 So insbesondere *Pieroth*, Rückwirkung, S. 382: "Konzept der Verfassungsnormorientierung"; vgl. auch die neuere Rechtsprechung des 2. Senats des BVerfG, wonach echte Rückwirkung nur dann vorliegt, wenn ein Gesetz vor dem Zeitpunkt seines Inkrafttretens Geltung beansprucht: BVerfGE 63, 343 (353); 72, 200 (242); 76, 256 (346); zustimmend *Maurer*, HdbStR III, § 60 Rn. 14; siehe zu dem Problem auch *Muckel*, Kriterien des verfassungsrechtlichen Vertrauensschutzes.

3. Kapitel:
Prozessuale Lösungsansätze

Im Rahmen der verfassungsrechtlichen Vorgaben kann das geltende Prozeßrecht konkrete Bestimmungen über den maßgeblichen Zeitpunkt treffen. Eindeutige Regelungen enthält die VwGO insoweit allerdings nicht.

Unstreitig ist, daß Änderungen der Sachlage in der Revisionsinstanz grundsätzlich keine Berücksichtigung mehr finden können[1], denn § 137 Abs. 2 VwGO bestimmt, daß das Bundesverwaltungsgericht im Revisionsverfahren an die in dem angefochtenen Urteil getroffenen tatsächlichen Feststellungen gebunden ist, außer wenn in bezug auf diese Feststellungen zulässige und begründete Revisionsgründe vorgebracht sind.

Im übrigen ist normative Grundlage im Hinblick auf die Anfechtungsklage § 113 Abs. 1 S. 1 VwGO, im Hinblick auf die Verpflichtungsklage § 113 Abs. 5 VwGO. Gemäß § 113 Abs. 1 S. 1 VwGO hebt das Gericht den Verwaltungsakt und den etwaigen Widerspruchsbescheid auf, soweit der Verwaltungsakt rechtswidrig und der Kläger dadurch in seinen Rechten verletzt ist. Gemäß § 113 Abs. 5 VwGO spricht das Gericht die Verpflichtung der Verwaltungsbehörde aus, die beantragte Amtshandlung vorzunehmen, soweit die Ablehnung oder Unterlassung des Verwaltungsaktes rechtswidrig und der Kläger dadurch in seinen Rechten verletzt ist, vorausgesetzt die Sache ist spruchreif. Andernfalls spricht es die Verpflichtung aus, den Kläger unter Beachtung der Rechtsauffassung des Gerichts zu bescheiden.

Die Wortlautinterpretation dieser Vorschriften trägt für die Frage des maßgeblichen Zeitpunkts allerdings nicht weit. Die Verwendung des Präsens ("rechtswidrig ist" und "in seinen Rechten verletzt ist") ist allenfalls ein Indiz dafür, daß den Gerichten aus prozessualen Gründen die Berücksichtigung von

---

1 Vgl. *Eyermann/Fröhler*, VwGO, § 113 Rn. 4 a; *Grunsky*, Verfahrensrecht, S. 524; zur ausnahmsweisen Berücksichtigung neuer Tatsachen in der Revisionsinstanz unter Bestätigung des Grundsatzes siehe BVerwG, NVwZ 1993, 275 f. = DVBl. 1993, 319 f. = DÖV 1993, 389 f. sowie BVerwG, NVwZ 1993, 781 (782); zur Änderung der Rechtslage in der Revisionsinstanz siehe BVerwGE 41, 227 (230); 48, 305 (313); 50, 49 (51); 89, 296 (298); NVwZ 1993, 782 (785).

Änderungen der Sach- oder Rechtslage nach Erlaß des angegriffenen Verwaltungsakts nicht verwehrt ist.[2] Soweit in der Literatur auch heute noch insbesondere für die Anfechtungsklage eine andere Auffassung vertreten wird, stützt sie sich, anknüpfend an die in § 113 Abs. 1 S. 1 VwGO normierte Aufhebungskompetenz des Gerichts und die ältere Rechtsprechung des Bundesverwaltungsgerichts[3], auf grundsätzliche Überlegungen zum Wesen der Anfechtungsklage.

I. Das "Wesen" der Anfechtungsklage im Gegensatz zum "Wesen" der Verpflichtungsklage

Aus dem Wesen der Anfechtungsklage als Gestaltungsklage bzw. ihrer kassatorischen Natur soll sich ergeben, daß für die Beurteilung der Rechtswidrigkeit des angefochtenen Verwaltungsakts die letzte Behördenentscheidung maßgeblich ist.

1. Die Anfechtungsklage als Gestaltungsklage

a) Die Auffassung von Ule[4]

Nach Auffassung von Ule ist für die Bestimmung der maßgeblichen Sach- und Rechtslage grundsätzlich zwischen Leistungs- und Gestaltungsklagen zu unterscheiden. Der zivilprozessuale Grundsatz von der Maßgeblichkeit der Gerichtsentscheidung sei auf die den Zivilprozeß beherrschenden Leistungsklagen zugeschnitten. Für Gestaltungsurteile und für Feststellungsurteile über Gestaltungsrechte könnten sie jedoch - auch im Zivilprozeß - nicht gelten. Dementsprechend komme es zum Beispiel für die Anfechtungsklage nach §664 ZPO[5] nur darauf an, ob der mit der Klage angefochtene Entmündigungsbeschluß im Zeitpunkt seines Erlasses nach der damals bestehenden Sach- und Rechtslage rechtmäßig war, und sei für eine Klage über die Rechtmäßigkeit

---

2 So *Schenke*, NVwZ 1986, 522 (524); ders., Verwaltungsprozeßrecht, Rn. 789; *Czermak*, BayVBl. 1978, 661 (662); siehe auch BVerwGE 64, 218 (221); 66, 178 (182); 78, 243 (261).

3 Siehe dazu oben 1. Kapitel I 1.

4 *Ule*, Verwaltungsprozeßrecht, § 57 (S. 301 ff.).

5 Mittlerweile aufgehoben mit Wirkung vom 1.1.1993 durch Art. 4 Ziff. 7 des Betreuungsgesetzes vom 12.9.1090, BGBl. I, 2002.

einer arbeitsrechtlichen Kündigung entscheidend, ob die im Zeitpunkt der Kündigung vorhanden gewesenen Gründe die Kündigung rechtfertigten.

Gleiches gelte im Verwaltungsprozeß. Während für die Verpflichtungsklage als Leistungsklage der Sachverhalt und das Recht am Schluß der mündlichen Verhandlung maßgeblich seien, seien für die Anfechtungsklage als Gestaltungsklage ohne Ausnahme der Sachverhalt und die Rechtslage entscheidend, die bei Erlaß des Verwaltungsakts vorgelegen hätten. Mit dieser Klage werde die Aufhebung eines rechtswidrigen Verwaltungakts begehrt. Würde das Gericht nachträgliche Änderungen berücksichtigen, würde es nicht darüber entscheiden, ob die beklagte Verwaltungsbehörde den Verwaltungsakt nach der ursprünglichen Sach- und Rechtslage erlassen durfte, sondern ob sie ihn unter den veränderten Umständen zur Zeit der mündlichen Verhandlung erlassen dürfte. Dies sei aber eine Frage, über die die Parteien gar nicht stritten.

b) Kritik

Ule folgert aus der prozessualen Ausgestaltung der Anfechtungsklage als einer auf ein Gestaltungsurteil gerichteten Klage, daß die Gestaltungswirkung des Urteils notwendig auf den Erlaßzeitpunkt des Verwaltungsakts zurückwirken müsse. Die Tatsache, daß das gerichtliche Urteil gestaltend wirkt, sagt jedoch noch nichts über den Zeitpunkt dieser Gestaltungswirkung aus. So ist das zivilprozessuale Scheidungsurteil ein Gestaltungsurteil, dem die Sach- und Rechtslage zum Zeitpunkt der letzten mündlichen Verhandlung zugrunde gelegt wird.[6] Gleiches gilt für das Eheanfechtungsurteil.[7]

Bei den von Ule zum Beleg seiner Auffassung angeführten zivilprozessualen Beispielen, nämlich der Klage auf Aufhebung eines Entmündigungsbeschlusses gemäß § 664 ZPO und der Kündigungsschutzklage gemäß § 4 Kündigungsschutzgesetz handelt es sich dagegen nicht nur um prozessuale Gestaltungsurteile (bzw. im Falle der Kündigungsschutzklage wegen der besonderen gesetzlichen Ausgestaltung um ein Feststellungsurteil[8]), sondern um Klagen,

---

6 *Diederichsen*, in: Palandt, BGB, § 1564 Rn. 2.

7 *Diederichsen*, in: Palandt, EheG, Einführung vor § 28 Rn. 1 und 2; vgl. auch den Wortlaut des § 29 EheG sowie *Bähr*, Die maßgebliche Rechts- und Sachlage, S. 83.

8 Vgl. zum Streit um die Rechtsnatur der Kündigungsschutzklage *Hueck/v. Hoyningen-Huene*, KSchG, § 4 Rn. 69 ff.; *Herschel/Löwisch*, KSchG, § 4 Rn. 2 und 51 f.

die sich gegen materiellrechtliche Gestaltungsakte des Klagegegners richten. Inhalt der diesen Klagen zugrundliegenden Ansprüche ist die Beseitigung eines materiellen Gestaltungsakts.

Übertragen auf den Verwaltungsprozeß bedeutet dies, daß für die Bestimmung des maßgeblichen Zeitpunkts nicht die Gestaltungswirkung des Urteils entscheidend ist, sondern die materielle Gestaltungswirkung des Verwaltungsakts, die Ule aus der Gestaltungswirkung des Urteils wie selbstverständlich folgert. Es ist aber strikt zu unterscheiden zwischen dem prozessualen Gestaltungsrecht des Gerichts und Beseitigungsanspruch des Klägers gegen einen materiellen Gestaltungsakt des Beklagten.[9] Zwischen beiden besteht keine notwendige Verbundenheit. Dies zeigt sich auch daran, daß die prozessuale Ausgestaltung des Begehrens auf Aufhebung eines Verwaltungsakts nicht notwendig als Gestaltungsklage hätte erfolgen müssen. Für die gerichtliche Durchsetzung des Begehrens auf Aufhebung eines Verwaltungsakts hätte der Gesetzgeber ebensogut die Verpflichtungsklage zur Verfügung stellen können.[10]

Allerdings ließe sich argumentieren, daß aus dem Klageziel der Aufhebung eines Verwaltungsakts - sei es auch durch die Verwaltung - als einem die Rechtslage ändernden und damit gestaltenden Rechtsakt notwendig zu folgern sei, daß auch der Erlaß eines Verwaltungsakts rechtsgestaltende Wirkung[11] haben müsse.[12] In der Tat liegt in der einseitigen verbindlichen Festsetzung einer Rechtsfolge eine Änderung der Rechtslage insoweit, als damit der Rückgriff auf die zugrundeliegenden Normen versperrt wird, solange der Verwaltungsakt Bestand hat. Die darin liegende Rechtsgestaltung ist dem Begriff der Regelung immanent und kommt als sogenannte konstitutive Wirkung jedem

---

9 *Henke*, Das subjektive öffentliche Recht, S. 108: "Daß der Bürger seine Rechte im Wege einer Gestaltungsklage, der Anfechtungsklage geltend machen muß, nötigt nicht zu der Annahme, daß Recht sei ein Gestaltungsrecht.". *Rupp*, Grundfragen, S. 254: "Man verkennt jedenfalls ganz gewiß die materiell-rechtliche Struktur der sich hinter einer Anfechtungsklage verbergenden Ansprüche, wenn man einseitig und isoliert die sog. Gestaltungswirkung des Anfechtungsurteils ins Auge faßt und von ihr auf eine Gestaltungsklage, ja sogar auf ein materielles subjektives Gestaltungsrecht des Anfechtungsklägers zurückschließt."

10 *Schenke*, NVwZ 1986, 522 (524); *ders.*, WiVerw. 1988, 145 (165); ebenso schon *Bettermann*, DVBl. 1953, 163 (164); *Bähr*, Die maßgebliche Rechts- und Sachlage, S. 72 f., 75; *Rupp*, Grundfragen, S. 254 ff.; *Weyreuther*, 47. DJT, Gutachten B, S. 46; *Henke*, Das subjektive öffentliche Recht, S. 107 f.

11 Gestaltende Verwaltungsakte sind solche, die ein konkretes Rechtsverhältnis begründen, verändern oder beseitigen. Siehe statt aller *Maurer*, Allgemeines Verwaltungsrecht, § 9 Rn. 45.

12 So *Seibert*, Bindungswirkung, S. 99.

Verwaltungsakt zu.[13] Sie ist jedoch zu unterscheiden von einem gestaltenden Inhalt der Regelung im Gegensatz zu feststellenden oder befehlenden Regelungsinhalten.[14] Ob die in dem Erlaß eines jeden Verwaltungsakts liegende Gestaltung oder die allein aus dem Regelungsinhalt folgende, im eigentlichen Sinne materielle Gestaltung für die Bestimmung des maßgeblichen Zeitpunkts von Bedeutung ist, ist eine zu klärende Frage[15]; das Prozeßrecht beantwortet sie jedoch nicht.

Aus der Rechtsnatur der Anfechtungsklage als Gestaltungsklage lassen sich somit keine zwingenden Schlüsse auf den maßgeblichen Zeitpunkt für die Beurteilung der Rechtswidrigkeit des angefochtenen Verwaltungsakts ziehen. Dagegen ist im Rahmen der materiellrechtlichen Untersuchung der Bedeutung der Gestaltungswirkung eines Verwaltungsakts weiter nachzugehen.

2. Die kassatorische Natur der Anfechtungsklage

Die Rechtsnatur der Anfechtungsklage wird häufig auch als "kassatorisch" bezeichnet. Ebenso wie durch die Charakterisierung als Gestaltungsklage soll damit zum Ausdruck gebracht werden, daß die Anfechtungsklage auf die gerichtliche Aufhebung eines Verwaltungsakts zielt.[16] Darüber hinaus steht die Kennzeichnung des Anfechtungsurteils als kassatorisch regelmäßig in Verbindung mit der Annahme, daß die gerichtliche Aufhebung notwendig ex-tunc erfolgen müsse.[17] Wie im vorangegangenen Abschnitt dargelegt, folgt aus dem Recht des Gerichts zur Aufhebung des Verwaltungsakts jedoch noch nicht, daß diese ex-tunc wirken muß.

---

[13] Dies gilt auch für feststellende Verwaltungsakte, siehe allgemein und zu feststellenden Verwaltungsakten im besonderen *Seibert*, Bindungswirkung, S. 94 ff.; vgl. auch *Schenke*, Verwaltungsprozeßrecht, Rn. 388.

[14] Siehe zu dieser Unterscheidung *Maurer*, Allgemeines Verwaltungsrecht, § 9 Rn. 44 ff.; *Erichsen*, in: Erichsen/Martens, Allgemeines Verwaltungsrecht, § 11 Rn. 23.

[15] Siehe dazu das 4. Kapitel.

[16] BVerwGE 2, 55 (57); *Bettermann*, DVBl. 1953, 163 (164); *J. Martens*, DÖV 1964, 365 (366); *Schweiger*, DVBl. 1964, 205 (205); *Stern*, Verwaltungsprozessuale Probleme, § 17 I (S. 178); *Schenke*, Verwaltungsprozeßrecht, Rn. 371 und 805.

[17] BVerwGE 1, 35 (37); 2, 55 (57 f.); *Menger*, System, S. 166, 167, 210, 211; ders., DVBl. 1953, 445 (446); *Schweiger*, DVBl. 1964, 205 (205, 211); *Stern*, Verwaltungsprozessuale Probleme, § 17 I (S. 178 f.); krit. schon *Bachof*, JZ 1958, 301 (302); krit. auch *J. Martens*, DÖV 1964, 365 (366); *Buhren*, DVBl. 1976, 68 (68); *Grziwotz*, AöR Bd 113 (1988), 213 (221); *Eyermann/Fröhler*, VwGO, § 113 Rn. 4: "Die kassatorische Natur der Anfechtungsklage hindert nicht, die Rechtswirkungen von einem Zeitpunkt nach Erlaß des Verwaltungsakts aufzuheben."

Es stellt sich deshalb die Frage, weshalb die Bezeichnung der gerichtlichen Aufhebung im Anfechtungsverfahren als Kassation die Vorstellung einer Aufhebung ex-tunc nahelegen soll. Zu ihrer Beantwortung ist den mit dem Begriff Kassation verbundenen Inhalten nachzugehen.

a) Kassationsverfahren im deutschen Recht

Das Recht der Bundesrepublik Deutschland kannte bis zur Wiedervereinigung kein gesetzlich so bezeichnetes Kassationsverfahren mehr. Demgegenüber war in den §§ 311 ff. der Strafprozeßordnung der DDR ein solches Verfahren geregelt. Sein Zweck war ursprünglich die Durchsetzung der sogenannten sozialistischen Gesetzlichkeit und Gerechtigkeit sowie die Leitung einer einheitlichen Rechtsprechung.[18] In der Zeit der "Wende" vor der Wiedervereinigung wurde dieses Verfahren als ein Mittel[19] genutzt, um unter der SED-Herrschaft begangenes Justizunrecht zu beseitigen. Aus diesem Grunde ordnete der Einigungsvertrag die Fortgeltung der entsprechenden Vorschriften der StPO-DDR an.[20] Der Anwendungsbereich dieses, mittlerweile durch das Erste SED-Unrechtsbereinigungsgesetz[21] aufgehobenen Kassationsverfahrens beschränkte sich auf die Beseitigung von Justizunrecht, das durch Verletzung des damals geltenden Strafrechts zugefügt worden war, also durch Fehler auf der Ebene der Rechtsanwendung.[22] Das Kassationsgericht war dabei an die tatsächlichen Feststellungen des angegriffenen Strafurteils gebunden. Eine Beweisaufnahme, insbesondere über die Tat, die zu der Verurteilung geführt hat, fand nicht statt.[23]

Damit ordnet sich dieses Verfahren in die historische Unterscheidung zwischen Appellationsverfahren und Kassationsverfahren ein: Während das Appellationsgericht eine zweite Tatsacheninstanz ist, kontrolliert das Kassations-

---

18 Siehe *Pfister*, NStZ 1991, 165 (167).

19 Am 18. 9. 1990 erließ die Volkskammer der DDR außerdem ein Rehabilitierungsgesetz, GBl. I, 1459.

20 Anlage I, Kapitel III. Justiz/ A. Rechtpflege, Abschnitt III Nr. 14 h); vgl. auch Art. 18 Abs. 2 EVtr. sowie die Vereinbarung vom 18. September 1990 Art. 3 Nr. 6, BGBl. II, 1239 (1240).

21 Vom 29. 10. 1992, BGBl. I, 1814.

22 Siehe *Pfister*, NStZ 1991, 165 (168).

23 *Amelung* u.a., Rehabilitierung und Kassation, § 319 Rn. 2.

gericht allein die Anwendung des Rechts auf einen bereits feststehenden Sachverhalt.[24]

b) Kassationsverfahren im französischen und österreichischen Recht

Die bestehenden Kassationsverfahren im französischen und österreichischen Verwaltungsprozeßrecht sind gleichfalls durch ihre Beschränkung auf eine reine Rechtskontrolle gekennzeichnet. Das französische Recht kennt zwei Verfahren, die auf Aufhebung eines Rechtsakts gerichtet sind[25] : den recours en annullation[26] und den recours en cassation.[27] Im recours en annullation ist das französische Verwaltungsgericht bzw. der Staatsrat (Conseil d'Etat) Tatsachengericht: juge de fond[28]. Dagegen besteht die Aufgabe des "juge de cassation" darin, die genaue Anwendung des Rechts durch den Tatsachenrichter zu überprüfen, um die Einheit der Rechtsauslegung und die Gleichmäßigkeit der Rechtsprechung zu gewährleisten.[29]

Im österreichischen Verwaltungsprozeßrecht[30], das nur eine gerichtliche Instanz kennt, wird die Kassation[31] als die Grundfunktion der Verwaltungsgerichtsbarkeit bezeichnet.[32] Im Gegensatz zum französischen Recht ist hier allerdings nicht die Rechtskontrolle des Tatsachenrichters gemeint, sondern die Kontrolle der Verwaltung. Auch sie ist jedoch eine reine Rechtskontrolle. Gemäß § 41 Abs. 1 des österreichischen Verwaltungsgerichtsgesetzes hat der Verwaltungsgerichtshof den angefochtenen Bescheid auf Grund des von der

---

24 Deutsches Rechts-Lexikon, Bd 1 unter "Appellation", Bd 2 unter "Kassation"; siehe auch Brockhaus-Enzyklopädie in 24 Bänden, 19. Aufl., Bd 1 unter "Appellation", Bd 11 unter "Kassation"; zur Anlehnung der Begriffsbildung an französische Verhältnisse siehe *Bähr*, Die maßgebliche Rechts- und Sachlage, S. 137.

25 *Auby/Drago*, Traité, Bd 2, Rn. 1003; *Fromont*, in: Gerichtsschutz gegen die Exekutive, Bd 1, S. 221 (226).

26 Wichtigstes Verfahren ist insoweit der recours pour exces de pouvoir, der in etwa dem Anwendungsbereich unserer Anfechtungs- und Verpflichtungsklage entspricht. Vgl. *Constantinesco/Hübner*, Einführung in das französische Recht, S. 93; vgl. auch *Schwarze*, Europäisches Verwaltungsrecht Band 1, S. 105.

27 *Auby/Drago*, Traité, Bd 2, Rn. 1397 (zum Begriff "cassation").

28 *Auby/Drago*, Traité, Bd 2, Rn. 1195.

29 *Auby/Drago*, Traité, Bd 2, Rn. 1418.

30 Siehe dazu *Winkler*, in: Gerichtsschutz gegen die Exekutive, Bd 2, S. 835 ff.

31 Im Gegensatz zu meritorisch = streitentscheidend und reformatorisch = verbessernd.

32 *Winkler*, in: Gerichtsschutz gegen die Exekutive, Bd 2, S. 835 (836).

belangten Behörde angenommenen Sachverhalts im Rahmen der Beschwerdepunkte zu überprüfen.[33]

c) Folgerungen

Kassationsverfahren sind somit Verfahren der Rechtskontrolle auf der Grundlage eines feststehenden Sachverhalts. Der Begriff der Rechtskontrolle kennzeichnet insoweit die Rechtsinstanz im Gegensatz zur Tatsacheninstanz und darf nicht verwechselt werden mit der Beschränkung der Verwaltungsgerichte auf die Rechtmäßigkeitskontrolle im Gegensatz zur Zweckmäßigkeitskontrolle. Aus der Beschränkung auf die reine Rechtskontrolle folgt aber ohne weiteres, daß nur die Tatsachen zum Zeitpunkt des Erlasses des zu kassierenden Rechtsaktes Berücksichtigung finden können, spätere Änderungen der Sachlage dagegen unberücksichtigt bleiben müssen. Gleiches gilt für das Revisionsverfahren der deutschen Verwaltungsgerichtsordnung. Auch Änderungen der Rechtslage können nur Beachtung finden, soweit sie sich auf den durch den zu kassierenden Rechtsakt festgelegten Sachverhalt beziehen. Damit erweist sich, daß im Kassationsverfahren die Aufhebung ex-tunc Folge der Beschränkung des Gerichts auf die Rechtskontrolle ist. Dies trifft aber auf das Anfechtungsverfahren gerade nicht zu. Vielmehr ist es gemäß § 86 Abs. 1 VwGO die Pflicht der Verwaltungsgerichte, den Sachverhalt von Amts wegen zu erforschen.[34] Die Aufhebung durch das Gericht kann unter diesen Umständen durchaus auch als meritorisch, d.h. streitentscheidend begriffen werden: Der vom Kläger im Prozeß geltend gemachte, auf Aufhebung des Verwaltungsakts gerichtete Anspruch, der materiellrechtlich gegen die Verwaltung gerichtet ist, wird - den Streit endgültig beschließend - vom Gericht erfüllt. Dies gilt nicht nur für die endgültige Aufhebung gebundener Verwaltungsakte, sondern auch für die Aufhebung eines Verwaltungsakts wegen rechtswidriger Ermessensbetätigung der Verwaltung. Zwar kann die Verwaltung gegebenenfalls einen Verwaltungsakt mit gleichem Regelungsinhalt erneut erlassen. Dies ist jedoch ein neuer und anderer Verwaltungsakt und ändert nichts an der Be-

---

[33] Abgesehen von zwei Ausnahmen: Unzuständigkeit der belangten Behörde und Verletzung von Verfahrensvorschriften, vgl. § 42 Abs. 2 lit. b und c österreichisches Verwaltungsgerichtsgesetz. Zu weiteren Einzelheiten siehe *Winkler*, in: Gerichtsschutz gegen die Exekutive, Bd 2, S. 835 (870 f.).

[34] Zum verfassungsrechtlichen Hintergrund dieser Pflicht siehe oben 2. Kapitel I 2. m.w.N. in Fn. 24.

endigung des vorangegangenen Streits durch die Aufhebung des ermessensfehlerhaften Verwaltungsakts.

Die Charakterisierung der Anfechtungsklage als kassatorisch ist demnach zumindest irreführend. Darüber hinaus hat es sich auch für das Kassationsverfahren bestätigt, daß aus der Aufhebungswirkung der gerichtlichen Entscheidung allein nicht auf den maßgeblichen Zeitpunkt geschlossen werden kann.

II. Der Streitgegenstand

Erhebliche Bedeutung für die Bestimmung des maßgeblichen Zeitpunkts wird in der älteren Literatur dem seinerseits äußerst umstrittenen Begriff des Streitgegenstands beigemessen. Schon aus der Zeit vor Erlaß der Verwaltungsgerichtsordnung lassen sich zwei Grundpositionen unterscheiden.[35]

1. Positionen

Niese hat die Auffassung vertreten, der Anfechtungsklage liege als Streitgegenstand die Rechtmäßigkeit des angefochtenen Verwaltungsakts zugrunde[36], wobei für ihn die Maßgeblichkeit der letzten Behördenentscheidung selbstverständlich war.[37]

Dagegen hat Bettermann den Streitgegenstand der Anfechtungsklage als den vom Kläger behaupteten Anspruch auf Aufhebung des Verwaltungsakts definiert.[38] Indem er das subjektive Anfechtungsrecht des Klägers als den Streitgegenstand der Anfechtungsklage benannte, näherte er ihn dem Streitgegenstand der Leistungsklage (i.w.S.) an. Dies war die Grundlage, auf der sich sodann auch für die Anfechtungsklage die letzte mündliche Verhandlung als maßgeblicher Zeitpunkt begründen ließ.[39]

---

35 Siehe dazu *Eyermann/Fröhler*, VwGO, § 113 Rn. 10 a; *Grunsky*, Verfahrensrecht, S. 40 ff.; *Henke*, Das subjektive öffentliche Recht, S. 139 f.; *Schenke*, Verwaltungsprozeßrecht, Rn. 608 ff.

36 *Niese*, JZ 1952, 353 (358).

37 *Niese*, JZ 1952, 353 (354).

38 *Bettermann*, DVBl. 1953, 163 ff.; heute ebenso *Kopp*, VwGO, § 90 Rn. 8.

39 Diese Folgerung zog *Bettermann* selbst allerdings nicht, vgl. ders. DVBl. 1953, 202 (202); so aber *Bachof*, JZ 1954, 416 (421); *Witten*, RiA 1954, 123 (125). Zum Streitgegenstand der Anfechtungsklage ausführlich *Bähr*, Die maßgebliche Rechts- und Sachlage, §§ 7 und 8.

Die heute herrschende Meinung folgert aus § 113 Abs. 1 VwGO, Streitgegenstand der Anfechtungsklage sei die Rechtsbehauptung des Klägers, der Verwaltungsakt sei rechtswidrig und greife in seine Rechte ein.[40] Diese Definition wird sowohl zur Begründung der Maßgeblichkeit der letzten Behördenentscheidung[41] wie auch der letzten mündlichen Verhandlung angeführt[42].

2. Nachweis der Bedeutungslosigkeit des Streitgegenstandsbegriffs für die Bestimmung des maßgeblichen Zeitpunkts

Angesichts dieser widersprüchlichen Folgerungen aus derselben Prämisse stellt sich die Frage, ob dem Streitgegenstandsbegriff überhaupt Bedeutung für die Bestimmung des maßgeblichen Zeitpunkts zukommen kann. Zu ihrer Beantwortung muß man sich zum einen die Funktion des Streitgegenstandsbegriffs, zum anderen die Rollen, die Kläger und Gericht bei der Bestimmung des konkreten Streitgegenstands im Prozeß zukommen, vergegenwärtigen.

a) Funktion des Streitgegenstandsbegriffs

Hauptfunktion des Streitgegenstands ist es, den Umfang der Rechtshängigkeit und die Reichweite der materiellen Rechtskraft zu bestimmen.[43] Diese Funktion zu erfüllen wäre unmöglich, wenn der Streitgegenstand von der Klageart und damit von der gerichtlichen Einordnung des klägerischen Begehrens

---

40 *Eyermann/Fröhler*, VwGO, § 121 Rn. 10 c; *Grunsky*, Verfahrensrecht, S. 42; *Redeker*, DVBl. 1992, 1224 (1225); siehe auch BVerwGE 29, 210 (211 f.); 39, 247 (249); 40, 101 (104); *Barbey*, in: Menger-FS, S. 177 (182); a.A. *Kopp*; VwGO, § 90 Rn. 8: Anspruch auf Aufhebung des Verwaltungsakts. Einigkeit besteht dagegen darüber, daß § 79 Abs. 1 Nr. 1 VwGO, wonach Gegenstand der Anfechtungsklage der Verwaltungsakt in der Gestalt des Widerspruchsbescheids ist, keine Aussage über den Streitgegenstand trifft, sondern nur das Objekt der Anfechtungsklage bezeichnet. Siehe dazu *Bähr*, Die maßgebliche Rechts- und Sachlage, S. 110; *Schenke*, NVwZ 1986, 522 (526); *Schweiger*, DVBl. 1964, 205 (210); schon vor Erlaß der VwGO hat *Bettermann* festgestellt, daß Anfechtungsgegenstand und Streitgegenstand nicht identisch sind, siehe *Bettermann*, DVBl. 1953, 163 (163).

41 *Kopp*, in: Menger-FS, S. 693 (700); *Schweiger*, DVBl. 1964, 205 (210).

42 *Czermak*, BayVBl. 1978, 661 (662); *ders.* NVwZ 1987, 116 (117); *Schenke*, NVwZ 1986, 522 (524).

43 *Barbey*, in: Menger-FS, S. 177 (177); *Grunsky*, Verfahrensrecht, S. 26; siehe auch *Rosenberg/Schwab/Gottwald*, Zivilprozeßrecht, § 95 (S. 531).

abhinge. Aus diesen Hauptfunktionen folgt vielmehr, daß der Streitgegenstand sogar rechtswegübergreifend bestimmt werden muß.[44]

b) Die Rolle von Kläger und Gericht bei der Bestimmung des Streitgegenstands

Die Bedeutungslosigkeit der Klageart für den jeweiligen Streitgegenstand bestätigt auch der Blick auf das tatsächliche Prozeßgeschehen, wie es von der VwGO vorgesehen ist. Gemäß § 82 Abs. 1 VwGO muß der Kläger mit Erhebung der Klage den Streitgegenstand bezeichnen. Dies bedeutet, daß er durch Angabe seines Klageziels, also der von ihm begehrten Rechtsfolge, und durch Angabe von Tatsachen, die den Grund seiner Klage erkennen lassen, den Rechtsstreit individualisiert.[45] Hierzu gehören nicht die juristisch korrekte Fassung der Anträge oder die richtige Benennung des Anspruchs (§ 88 VwGO).[46] Die rechtliche Identifizierung des Streitgegenstands, wie ihn der Kläger individualisiert hat, ist vielmehr Aufgabe des Gerichts.[47] Teil dieser rechtlichen Identifizierung ist die Feststellung der richtigen Klageart. Demzufolge kann der Streitgegenstand nicht von der Klageart abhängig sein, die prozessuale Einordnung ist vielmehr abhängig von dem vom Kläger bezeichneten Streitgegenstand. Nach alledem ist eine klageartbezogene Bestimmung des Streitgegenstands ausgeschlossen.[48]

c) Verweis des Streitgegenstands auf das materielle Recht

Darüberhinaus lassen sich weder aus Nieses Bestimmung des Streitgegenstands noch aus der Definition der herrschenden Meinung die behaupteten Folgerungen für den maßgeblichen Zeitpunkt ziehen. Zentraler Begriff in diesen Definitionen ist die Rechtmäßigkeit bzw. Rechtswidrigkeit des Verwal-

---

44 *Barbey*, in: Menger-FS, S. 177 (178): "Eine Ausrichtung der für die Bestimmung des Streitgegenstands maßgeblichen Kriterien auf bestimmte Rechtsbereiche, Prozeßlagen oder Klagearten in dem Sinne, daß ein und dasselbe Kriterium für die Bestimmung des Streitgegenstandes nur hinsichtlich eines bestimmten Rechtsbereichs, einer bestimmten Prozeßlage oder einer bestimmten Klageart erheblich ist, kommt nicht in Betracht."; vgl. auch *Bähr*, Die maßgebliche Rechts- und Sachlage, S. 115 f.

45 *Barbey*, in: Menger-FS, S. 177 (180).

46 *Barbey*, in: Menger-FS, S. 177 (181).

47 *Barbey*, in: Menger-FS, S. 177 (180).

48 Im Ergebnis so auch *Barbey*, in: Menger-FS, S. 177 (187 f.).

tungsakts, der auf das dem Rechtsstreit zugrundeliegende materielle Recht verweist.[49] Unterstellt, ein Verwaltungsakt kann durch eine Änderung der Sach- oder Rechtslage rechtswidrig werden, so ist diese Konstellation von dem Streitgegenstandsbegriff umfaßt.[50] Folgert Niese dagegen aus seiner Bestimmung des Streitgegenstands die Maßgeblichkeit der Behördenentscheidung, so liegt dem unausgesprochen zugrunde, daß sich die Rechtswidrigkeit eines Verwaltungsakts allein nach der Einhaltung des Rechts bei seinem Erlaß bemesse. Dies ist jedoch gerade Gegenstand des Streits.

Gleiches gilt für die in Anlehnung an § 113 VwGO gebildete Definition der herrschenden Meinung: § 113 präzisiert lediglich die materiellrechtlichen Voraussetzungen für die Begründetheit der Anfechtungsklage[51]. Die materiellrechtliche Frage, ob Verwaltungsakte rechtswidrig werden können, beantwortet diese Bestimmung aber gleichfalls nicht. Alle Definitionen verweisen also auf das dem Rechtsstreit zugrundeliegende materielle Recht.

Der Unterschied zwischen Nieses und Bettermanns Bestimmung des Streitgegenstands liegt letztlich darin, daß der erste die objektive Rechtmäßigkeit des Verwaltungsakts, der zweite das subjektive Recht des Klägers in den Blick nimmt. Ob die Verwaltungsgerichte die objektive Rechtswidrigkeit des Verwaltungshandelns oder das subjektive Recht des Klägers zu überprüfen haben, ist eine Frage der Funktion der Verwaltungsgerichtsbarkeit, die bereits zugunsten der letztgenannten Auffassung beantwortet worden ist.[52]

Es kann festgehalten werden, daß der Streitgegenstand auf das dem Rechtsstreit zugrundeliegende materielle Recht verweist. Für die Bestimmung des maßgeblichen Zeitpunkts für die gerichtliche Beurteilung der Rechtswidrigkeit eines Verwaltungsakts ist er ohne eigenständige Bedeutung.[53]

---

[49] *Grunsky*, Verfahrensrecht, S. 32: Der Streitgegenstand ist möglichst nah am materiellen Recht anzusiedeln; vgl. auch *Henke*, Das subjektive öffentliche Recht, S. 139; *Witten*, RiA 1954, 123 (126).

[50] Ähnlich schon *Bachof*, JZ 1954, 416 (421).

[51] BVerwG, NJW 1975, 1373 (1373): "Während das Prozeßrecht regelt, daß ein Verwaltungsakt aufzuheben ist, wenn er rechtswidrig ist, beantwortet sich nach materiellem Recht die Frage, ob er rechtswidrig ist." Vgl. auch *Bähr*, Die maßgebliche Rechts- und Sachlage, S. 111; *Kopp*, in: Menger-FS, S. 693 (697).

[52] Siehe oben 2. Kapitel II.

[53] Dies räumt letztlich auch *Schweiger* (DVBl. 1964, 205 [208]), ein, wenn er zwar einerseits meint, daß man beim Versuch einer Lösung nicht an der Streitgegenstandslehre vorbeigehen könne, andererseits dann aber feststellt, daß sich aus ihr allein die Antwort nicht finden läßt; siehe auch schon *Bachof*, JZ 1954, 416 (421); *Bähr*, Die maßgebende Rechts- und Sachlage, S. 141 f.

III. Die Lehre vom Klageantrag

Anzuspréchen bleibt noch die Lehre vom Klageantrag, nach deren Auffassung der maßgebliche Zeitpunkt von dem Begehren des Klägers abhängt. Entscheidend sei, ob der Kläger die Aufhebung des Verwaltungsakts ex-tunc oder ex nunc begehre.[54] Diese Lehre stimmt insoweit mit den soeben gewonnenen Ergebnissen überein, als ihr die Auffassung zugrunde liegt, daß nicht die Klageart den Streitgegenstand, sondern der Klageantrag den Streitgegenstand und dieser sodann die Klageart bestimmt. Mit der grundsätzlichen Richtigkeit dieses Ansatzes erweist sich aber auch, daß das Prozeßrecht keine dogmatisch befriedigende Antwort auf die Frage nach dem maßgeblichen Zeitpunkt geben kann. Denn ob das klägerische Begehren z.B. auf Aufhebung ex nunc vom materiellen Recht getragen wird, ob das materielle Recht insbesondere die Berücksichtigung nachträglicher Änderungen erlaubt, kann und will die Lehre vom Klageantrag nicht beantworten.[55]

Damit hat sich erwiesen, daß dem Ansatz der Rechtsprechung, die Lösung des Problems im materiellen Recht zu suchen, grundsätzlich zuzustimmen ist. Ihn gilt es nun dogmatisch zu begründen und zu systematisieren.

---

[54] *Eyermann/Fröhler*, VwGO, § 113 Rn. 1 ff.

[55] Siehe *Eyermann/Fröhler*, VwGO, § 113 Rn. 10; so auch schon *Loppuch*, DVBl. 1951, 243 (243); vgl. auch *Piendl*, Studie, S. 103, der darauf hinweist, daß die rechtliche Brisanz eines solchen Antrags darin liege, daß er nur Erfolg haben könne, wenn der Verwaltungsakt rechtswidrig geworden ist.

Zweiter Teil:

Das materielle Recht als Grundlage einer systematischen Lösung

4. Kapitel:
Gegenstand und Inhalt des Rechtswidrigkeitsurteils über einen Verwaltungsakt

I. Notwendigkeit der Klärung des Rechtswidrigkeitsbegriffs

Ein die Kasuistik überwindender materiellrechtlicher Ansatz muß seinen Ausgang bei dem alle Einzelmaterien des Besonderen Verwaltungsrechts überspannenden Begriff der Rechtswidrigkeit nehmen. Dies gilt umso mehr, als auch der positiv-rechtliche Anknüpfungspunkt der Frage nach dem maßgeblichen Zeitpunkt für die gerichtliche Beurteilung der Rechtswidrigkeit eines Verwaltungsakt, § 113 Abs. 1 und 5 VwGO, durch Verwendung der Begriffe Rechtswidrigkeit und Rechtsverletzung diesen Weg in das materielle Recht weist.[1]

Der Begriff der Rechtswidrigkeit läßt sich allgemein definieren als Widerspruch zur Rechtsordnung.[2] Bezogen auf einen Verwaltungsakt besteht jedoch Unklarheit hinsichtlich Gegenstand und Inhalt des Rechtswidrigkeitsurteils.

1. Mögliche Gegenstände und Inhalte des Rechtswidrigkeitsurteils über einen Verwaltungsakt

Entsprechend der Doppeldeutigkeit des Regelungsbegriffs in der Verwaltungsaktsdefinition (§ 35 VwVfG), nämlich zum einen Regelung als verfahrensrechtlicher Erkenntnisakt, zum anderen Regelung im Sinne einer materi-

---

[1] Siehe oben 3. Kapitel II 2 c.

[2] Vgl. nur *P. Kirchhof*, Unterschiedliche Rechtswidrigkeiten, S. 5; *Fischer*, Die Rechtswidrigkeit, S. 110.

ellrechtlichen Ordnung des Rechtsverhältnisses zwischen Verwaltung und Bürger[3], bietet der Verwaltungsakt einen doppelten Anknüpfungspunkt für die Beurteilung seiner Rechtswidrigkeit: nämlich den Erlaßvorgang[4] oder den Regelungsinhalt[5].

Inhaltlich wird die Rechtswidrigkeit eines Verwaltungsakts auf der einen Seite verstanden als Verstoß der Verwaltung gegen die Pflicht zum gesetzmäßigen Handeln[6], auf der anderen Seite als Folge der Verletzung in subjektiven Rechten.[7]

2. Beziehungen zwischen Gegenstand und Inhalt des Rechtwidrigkeitsurteils über einen Verwaltungsakt

Die verschiedenen Bestimmungen von Gegenstand und Inhalt des Rechtswidrigkeitsurteils über einen Verwaltungsakt stehen weder beziehungslos nebeneinander noch sind sie beliebig kombinierbar. So hat Kleinlein in einer eingehenden Untersuchung zum Problem des maßgeblichen Zeitpunkts[8] zutreffend festgestellt, daß sich diesbezügliche Meinungsvielfalt letztlich auf zwei Grundpositionen zurückführen lasse. Für die erste Grundposition hängt das Urteil über die Rechtmäßigkeit von Verwaltungsakten unmittelbar mit der Gesetzmäßigkeit der Verwaltung zusammen. Maßgebend für die Rechtmäßigkeit eines Verwaltungsakts ist danach die Frage, ob die Verwaltung zu seinem Erlaß berechtigt war; Gegenstand des Rechtswidrigkeitsurteils ist folglich der Erlaßvorgang. Die zweite Grundposition stellt demgegenüber die Rechtsschutzfunktion der Verwaltungsgerichtsbarkeit und die subjektiv-rechtliche Qualität der Grundrechte in den Mittelpunkt. Dem rechtswidrigen Erlaß eines Verwaltungsakts stehe es materiellrechtlich gleich, wenn die Behörde aufgrund einer Änderung der Sach- oder Rechtslage zu seiner Aufhebung ver-

---

3 *Maurer*, Allgemeines Verwaltungsrecht, § 9 Rn. 7; *Lerche* unterscheidet - für die weitere Diskussion um den maßgeblichen Beurteilungszeitpunkt grundlegend - zwischen Befehlsvorgang und Befehlsinhalt, siehe *Lerche*, DVBl. 1955, 776 (777).

4 So *Kleinlein*, VerwArch. Bd 81 (1990), 149 (159); *Schweiger*, DVBl. 1964, 205 (210); *ders.*, DVBl. 1966, 317 (318); im Ergebnis auch *Ule*, Verwaltungsprozeßrecht, § 57 (S. 304).

5 So *Bähr*, Die maßgebliche Rechts- und Sachlage, S. 49; *Schenke*, NVwZ 1986, 522 (524); *Ossenbühl*, JZ 1970, 348 (349); *Sachs*, in: Stelkens/Bonk/Sachs, VwVfG, § 44 Rn. 6; *Lerche*, DVBl. 1955, 776 (777).

6 *Rupp*, in: Rechtsschutz im Sozialrecht, S. 173 (181 ff.).

7 *Bähr*, Die maßgebliche Rechts- und Sachlage, S. 61.

8 *Kleinlein*, VerwArch. Bd 81 (1990), 149 ff.

pflichtet sei; nach noch weitergehender Auffassung soll aus der Existenz eines Aufhebungsanspruchs unmittelbar die Rechtswidrigkeit des Verwaltungsakts zu folgern sein. Für diese Auffassung bezieht sich das Rechtmäßigkeitsurteil zumindest auch auf die in dem Verwaltungsakt getroffene Regelung.[9]

Dieser Begründungszusammenhang wird auch in den folgenden Erörterungen des Rechtswidrigkeitsbegriffs sichtbar werden. Die dennoch vorgenommene Untergliederung der Untersuchung nach Gegenstand und Inhalt des Rechtswidrigkeitsurteils dient der Strukturierung des Problems. Sie knüpft sachlich an den jeweiligen argumentativen Ausgangspunkt der dargestellten und kritisierten Auffassungen an.

II. Zum Gegenstand des Rechtswidrigkeitsurteils über einen Verwaltungsakt

1. Der Befehlsvorgang als Gegenstand des Rechtswidrigkeitsurteils: Die Auffassung von Kleinlein

Um eine grundlegende dogmatische Lösung für das Problem des maßgeblichen Zeitpunkts zur Beurteilung der Rechtswidrigkeit eines Verwaltungsakts hat sich in jüngerer Zeit Kleinlein bemüht. Er leitet Gegenstand und Inhalt des Rechtswidrigkeitsurteils aus dem Wesen des Verwaltungsakts als Rechtserkenntnisakt ab und folgert hieraus die grundsätzliche Maßgeblichkeit der Behördenentscheidung.[10]

a) Der Verwaltungsakt als Rechtserkenntnisakt

Nach Auffassung von Kleinlein gehört zu den notwendigen Bestandteilen des Verwaltungsakts nicht nur der Entscheidungssatz, sondern auch der ihm zugrundeliegende Sachverhalt und das darauf anzuwendende Recht. In dieser Dreiteilung spiegele sich der logische Aufbau der Subsumtion. Der Verwaltungsakt erweise sich damit als Rechtserkenntnisakt und entspreche in seiner Grundstruktur einem Urteil.[11] Dementsprechend könne der Befehlsinhalt ei-

---

9 *Kleinlein*, VerwArch. Bd 81 (1990), 149 (155 ff.)

10 *Kleinlein*, VerwArch. Bd 81 (1990), 149, 165.

11 *Kleinlein*, VerwArch. Bd 81 (1990), 149 (158); zur Vergleichbarkeit von Verwaltungsakt und Urteil differenzierend *Maurer*, Allgemeines Verwaltungsrecht, § 9 Rn. 42. *Seibert* (Die Bindungswirkung, S. 155 f.) hält die Übertragung von Erkenntnissen der Urteilslehre auf die Verwaltungsaktslehre

nes Verwaltungsakts nicht isoliert zum Gegenstand des Rechtmäßigkeitsurteils gemacht werden. Dies gehe daran vorbei, daß der Verwaltungsakt das Ergebnis eines logischen Schließens sei. Gegenstand des Rechtmäßigkeitsurteils sei vielmehr der in dem Verwaltungsakt enthaltene Subsumtionsschluß.[12] "Ein Verwaltungsakt ist rechtmäßig", so Kleinlein wörtlich, "wenn die getroffene Regelung das Ergebnis fehlerfreier Subsumtion darstellt; er ist rechtswidrig, wenn der Subsumtionsschluß objektiv unrichtig ist."[13] Damit verfüge die Position, die für die Frage des maßgeblichen Zeitpunkts auf den Erlaßvorgang abstelle, über einen Rechtmäßigkeitsmaßstab, der den Besonderheiten eines Rechtserkenntnisakts angemessen sei.[14]

b) Irrelevanz des Regelungsinhalts und seiner Verwirklichung in der Zeit

Demgegenüber sei es ohne Bedeutung, ob die Regelung des Verwaltungsakts noch gegenwärtig oder für die Zukunft rechtliche Wirkungen äußere. Denn das Gesetz habe die Verwaltung ermächtigt, aufgrund der zu einer bestimmten Zeit vorliegenden Sach- und Rechtslage eine in die Zukunft wirkende Rechtsfolge auszusprechen.[15] Der Verwaltungsakt sei daher auch dann vom Gesetz gewollt, wenn er aufgrund einer späteren Sach- und Rechtslage nicht mehr erlassen werde dürfte oder sogar wieder aufgehoben werden müßte. Die Rechtswidrigkeit eines Verwaltungsaktes sei etwas grundsätzlich anderes als die Rechtswidrigkeit seiner Aufrechterhaltung. Dies belegten die zahlreichen gesetzlichen Vorschriften, die den Widerruf eines Verwaltungsakts zwingend anordnen, wie etwa die §§ 15 Abs. 2 Gaststättengesetz, 42 Abs. 2 Satz 4 Beamtenrechtsrahmengesetz, 16 Abs. 1 Satz 1 Asylverfahrensgesetz, 17 Abs. 4 und 5 Atomgesetz. Aus der Existenz solcher Widerrufsvorschriften folge, daß die Rechtswidrigkeit eines Verwaltungsakts nicht mit dem Bestehen einer Aufhebungspflicht begründet werden könne.[16]

---

eher für irreführend als erhellend. Nach Auffassung von *Niese*, JZ 1952, 353 (355) ist "der Verwaltungsakt nicht wesentlich Entscheidung, sondern Tat; mehr ein Willens- als ein Erkenntnisakt".

12 *Kleinlein*, VerwArch. Bd 81 (1990), 149 (158 ff.)

13 *Kleinlein*, VerwArch. Bd 81 (1990), 149 (160).

14 *Kleinlein*, VerwArch. Bd 81 (1990), 149 (159).

15 *Kleinlein*, VerwArch. Bd 81 (1990), 149 (163).

16 *Kleinlein*, VerwArch. Bd 81 (1990), 149 (165); ebenso *Piendl*, Studie, S. 148.

2. Kritik

Kleinlein ist zuzustimmen, soweit er zum Ausgangspunkt einer dogmatisch überzeugenden Lösung für das Problem des maßgeblichen Zeitpunkts zur Beurteilung der Rechtswidrigkeit eines Verwaltungsakts die Bestimmung von Gegenstand und Inhalt des Rechtswidrigkeitsurteils macht. Sein Lösungsansatz im einzelnen bedarf jedoch der kritischen Überprüfung. Hierfür soll in einem ersten Schritt die Prämisse, der Verwaltungsakt sei ein Rechtserkenntnisakt und als solcher dem Urteil vergleichbar, als richtig unterstellt und die Folgerichtigkeit der darauf aufbauenden Argumentation geprüft werden. In einem zweiten Schritt ist dann diese Prämisse zu untersuchen.

a) Prüfung der Argumentation Kleinleins unter der Prämisse, der Verwaltungsakt sei ein Rechtserkenntnisakt

aa) Kritik an der Ableitung von Art und Weise der gerichtlichen Überprüfung aus der Rechtsnatur des Verwaltungsakts

Da Gegenstand des Rechtwidrigkeitsurteils der Subsumtionsschluß der Verwaltung sein soll, kann die im Verwaltungsakt angeordnete Rechtsfolge für die Beurteilung der Rechtswidrigkeit keine Rolle spielen. Inhaltlich kennzeichnet Kleinlein die Rechtswidrigkeit jedoch als Widerspruch zu einer höherrangigen Rechtsfolgenanordnung.[17] Die nicht unmittelbar einsichtige Verbindung zwischen Gegenstand und Inhalt des Rechtswidrigkeitsurteils stellt Kleinlein folgendermaßen her: "Die im Gesetz angeordnete Rechtsfolge ist durch das tatsächliche Vorliegen der gesetzlichen Tatbestandsvoraussetzungen bedingt. *War* die Bedingung erfüllt, so durfte der Verwaltungsakt die gesetzlich vorgesehene Rechtsfolge aussprechen. *War* sie nicht erfüllt, so widerspricht der Rechtsfolgenausspruch dem Gesetz."[18] Die Rechtswidrigkeit der Regelung wird also aus der Rechtswidrigkeit der Subsumtion der Verwaltung gefolgert. Das Gericht prüfe nur *nach*, ob die Verwaltung den Sachverhalt richtig unter den Tatbestand des Gesetzes subsumiert habe.[19]

Diese Art der Rechtmäßigkeitsprüfung durch Nachprüfung eines fremden Subsumtionsschlusses ist für Rechtserkenntnisakte jedoch nicht zwingend. Es

---

[17] *Kleinlein*, VerwArch. Bd 81 (1990), 149 (161).

[18] *Kleinlein*, VerwArch. Bd 81 (1990), 149 (160); Hervorhebungen nicht im Original.

[19] *Kleinlein*, VerwArch. Bd 81 (1990), 149 (160).

besteht logisch die Möglichkeit, die im Verwaltungsakt ausgesprochene Rechtsfolge auf ihre Vereinbarkeit mit der im Gesetz angeordneten höherrangigen Rechtsfolge in der Weise zu überprüfen, daß das Gericht - unbeeinflußt von den Subsumtionsüberlegungen der Verwaltung - durch eigene Subsumtion (und die erforderliche Tatsachenermittlung) unter den gesetzlichen Tatbestand die Rechtmäßigkeit des Rechtsfolgenausspruchs im Verwaltungsakt prüft.[20]

Als Beispiele für die beiden dargestellten Arten der Rechtmäßigkeitsüberprüfung können die Rechtsmittel gegen Urteile, Berufung und Revision, herangezogen werden. In der Berufung nimmt die zweite Tatsacheninstanz eine originäre Prüfung des von den Parteien zur Entscheidung gestellten Streitfalls vor. Der Rechtsstreit wird in den Grenzen der Anträge neu verhandelt.[21] Das Berufungsgericht prüft also die Richtigkeit des Urteilstenors der ersten Instanz, indem es durch eine eigenständige Subsumtion zu einer Rechtsfolge gelangt und diese sodann mit dem Tenor des erstinstanzlichen Urteils vergleicht.

Die Form der Rechtmäßigkeitskontrolle durch Nachprüfung eines fremden Subsumtionsschlusses findet sich dagegen - wenn auch nicht in ganz reiner Durchführung[22] - im Revisionsverfahren. Streitgegenstand ist hier nicht das Rechtsverhältnis der Parteien als solches, sondern die Prüfung bestimmter Gesetzesverletzungen durch das angefochtene Urteil.[23] Zwar dient das Revisionsverfahren auch den Parteiinteressen, in erster Linie hat es aber den Zweck, die Einheitlichkeit der Rechtsprechung zu sichern.[24] Hierauf beruht sein eingeschränkter sachlicher Prüfungsumfang. Die Beschränkung auf die Nachprüfung der Subsumtion des Tatsachengerichts ist des weiteren notwendige Folge

---

20 So *J. Martens*, DVBl. 1970, 260 (262 f.) für die verwaltungsgerichtliche Prüfung eines Verwaltungsakts.

21 Siehe § 128 VwGO: "Das Oberverwaltungsgericht prüft den Streitfall innerhalb des Berufungsantrags im gleichen Umfang wie das Verwaltungsgericht. Es berücksichtigt neu vorgebrachte Tatsachen und Beweismittel." § 525 ZPO: "Vor dem Berufungsgericht wird der Rechtsstreit in den durch die Anträge bestimmten Grenzen von neuem verhandelt."

22 Siehe § 144 Abs. 3 Nr. 1 VwGO: "Ist die Revision begründet, so kann das Bundesverwaltungsgericht in der Sache selbst entscheiden." § 144 Abs. 4 VwGO: "Ergeben die Entscheidungsgründe zwar eine Verletzung des bestehenden Rechts, stellt sich die Entscheidung aber aus anderen Gründen als richtig dar, so ist die Revision zurückzuweisen."; siehe auch die vergleichbaren Vorschriften §§ 563, 565 Abs. 3 ZPO.

23 Siehe § 137 VwGO: "Die Revision kann nur darauf gestützt werden, daß das angefochtene Urteil auf einer Verletzung von 1. Bundesrecht oder 2. ... beruht." § 549 ZPO: "Die Revision kann nur darauf gestützt werden, daß die Entscheidung auf der Verletzung des Bundesrechts ... beruht, ...".

24 *Kopp*, VwGO, § 132 Rn. 1; *Jauernig*, Zivilprozeßrecht, § 74 (S. 269).

der grundsätzlichen Bindung an die tatsächlichen Feststellungen des angefochtenen Urteils[25].

Es zeigt sich, daß aus der Einordnung des Verwaltungsakts als Rechtserkenntnisakt keine Folgerungen für die Art der Rechtmäßigkeitsprüfung gewonnen werden können. Es kommt vielmehr auf die jeweilige Verfahrensgestaltung an. Nach Auffassung von Kleinlein wäre die Funktion des Verwaltungsgerichts der eines Revisionsgerichts vergleichbar, mit der Merkwürdigkeit des Rechts zur eigenen Sachverhaltsermittlung.

Soweit Kleinlein, um Rechtsschutzbedenken zu begegnen, darauf hinweist, daß Veränderungen der Sach- und Rechtslage noch im Vollstreckungsverfahren geltend gemacht werden können[26] und zur Bekräftigung die Rechtslage beim zivilprozessualen Urteil anführt, ist diese Rechtslage nur vermeintlich vergleichbar. Im Zivilprozeß steht dem Kläger nämlich - solange das Urteil noch anfechtbar ist - neben der Vollstreckungsabwehrklage grundsätzlich die Berufung zur Wahl.[27] Darüber hinaus ist die Verweisung in das Vollstreckungsverfahren nicht sachgerecht. Gegenstand des Vollzugsverfahrens ist nur noch die Durchsetzung bereits getroffener Regelungen, deren Rechtmäßigkeit nicht mehr zu prüfen ist.[28]

bb) Kritik an der Auffassung von der Irrelevanz des Regelungsinhalts

Auch die Begründung dafür, daß die rechtlichen Wirkungen, welche die Regelung des Verwaltungsakts für die Zukunft entfaltet, irrelevant seien, ist nicht überzeugend. Sie beruht auf der unzutreffenden Annahme, die auf den Befehlsinhalt des Verwaltungsakts und auf die subjektiven Rechte des Klägers abstellende Auffassung behaupte, aus einem Anspruch auf Aufhebung eines Verwaltungsakts folge stets dessen Rechtswidrigkeit.[29] Sodann falsifiziert

---

[25] Siehe § 137 Abs. 3 VwGO, § 561 ZPO.

[26] *Kleinlein*, VerwArch. Bd 81 (1990), S. 149 (168); ähnlich *Piendl*, Studie, S. 148, der die Auffassung vertritt, daß die Rechtswidrigkeit der Vollstreckung nicht die Rechtswidrigkeit des Verwaltungsakts induziere und auf die Verpflichtung der Verwaltung zum Widerruf hinweist. Dem ist entgegenzuhalten, daß Verwaltungsakt und Vollzug eine Einheit bilden, vgl. dazu unten in diesem Kapitel II 2 b.

[27] *K. Schmidt*, in: Münchener Kommentar, ZPO, § 767 Rn. 14; *Hartmann*, in: Baumbach/Lauterbach, ZPO, § 767 Rn. 8.

[28] BVerwGE 5, 351 (353); ebenso BVerwG, GewArch. 1980, 61 (62); vgl. auch *Schenke/Baumeister*, NVwZ 1993, 1 (6 ff.).

[29] Siehe *Kleinlein*, VerwArch. Bd 81 (1990), 149 (156, 164).

Kleinlein diese - so gar nicht vertretene[30] - Auffassung, indem er Beispiele anführt, in denen sie nicht zutrifft. Aus den von ihm vorgebrachten Beispielen, bei denen es sich durchweg um begünstigende, gestaltende Verwaltungsakte handelt, folgert er nun seinerseits, daß die von dem Verwaltungsakt für die Zukunft gesetzten Rechtsfolgen stets irrelevant für die Beurteilung der Rechtswidrigkeit eines Verwaltungsakts seien.[31] In dieser Absolutheit ist der Satz aber ebenso falsch wie der zunächst kritisierte. Seine Geltung für begünstigende bzw. nichtgestaltende Verwaltungsakte bleibt unbewiesen.

Letztlich wird in Kleinleins eigener Argumentation deutlich, daß seine Auffassung, die Regelung eines Verwaltungsakts sei irrelevant für das Rechtswidrigkeitsurteil, nicht zu halten ist. Er selbst stellt fest, daß für die Beurteilung der Rechtmäßigkeit einer Polizeiverfügung[32] der Zeitpunkt maßgeblich ist, in dem das ausgesprochene Gebot oder Verbot zu erfüllen ist.[33] Um diesen Fall seinem System einzugliedern, konstruiert er einen "Verwaltungsakt mit verfahrensrechtlicher Prognose"[34]. Hierunter sei ein Verwaltungsakt zu verstehen, dessen Subsumtionsschluß sich auf eine in der Zukunft liegende Sach- und Rechtslage erstrecke und bei dem der Eintritt einer solchen Änderung die von Anfang an bestehende Teilrechtswidrigkeit erkennbar werden lasse. Den grundsätzlichen Unterschied zwischen (gewöhnlichen) Verwaltungsakten, deren Subsumtionsschluß sich auf einen abgeschlossenen Sachverhalt beziehe und solchen, deren Subsubsumtionsschluß sich auf eine in der Zukunft liegende Sach- und Rechtslage erstrecke, meint Kleinlein aus dem systematischen Verhältnis von Art. 49 VwVfG und Art. 51 VwVfG ableiten zu können. Für den Widerruf eines Verwaltungsakts infolge einer Änderung der Sach- oder Rechtslage gemäß § 49 Abs. 2 S. 1 Nr. 3 und 4 VwVfG sei die Unanfechtbarkeit des Verwaltungsakts ohne Bedeutung. Das habe seinen Grund darin, daß sich der Subsumtionsschluß und damit die materielle Bestandskraft des Verwaltungsakts ohnehin nicht auf die spätere Sach- oder Rechtslage erstrecke. Demgegenüber setze § 51 Abs. 1 VwVfG die Unanfechtbarkeit des Verwaltungsakts voraus. Die materielle Bestandskraft werde durchbrochen, weil die tatsächlichen oder rechtlichen Grundlagen des Verwaltungsakts erschüttert

---

30 Klargestellt bei *Schenke*, NVwZ 1991, 522 (525, 530).

31 *Kleinlein*, VerwArch. Bd 81 (1990), 149 (163, 165).

32 Z.B. Anordnung einer erkennungsdienstlichen Maßnahme nach § 81 b 2. Alt. StPO, siehe dazu BVerwGE 66, 192 (198); siehe zur Polizeiverfügung auch unten 5. Kapitel I 1. und insbesondere 6. Kapitel I 2 a.

33 *Kleinlein*, VerwArch. Bd 81 (1990), 149 (170).

34 Siehe *Kleinlein*, VerwArch. Bd 81 (1990), 149 (166 f., 170).

seien. Bei der Variante des § 51 Abs.1 Nr.1 VwVfG rühre diese Erschütterung daher, daß sich der Subsumtionsschluß auf eine zukünftige Sach- und Rechtslage beziehe, in der eine Änderung eingetreten sei.[35]

Dieser Argumentation ist entgegenzuhalten, daß § 51 VwVfG deshalb ausdrücklich die Unanfechtbarkeit des Verwaltungsakts erwähnt, weil er - anders als die §§ 48, 49 VwVfG, die in erster Linie eine im Ermessen stehende Befugnis der Verwaltung beinhalten - einen gebundenen Anspruch des Bürgers auf Wiederaufgreifen normiert, der vor Eintritt der Unanfechtbarkeit nicht nötig ist. Unzutreffend ist auch die Feststellung, die "materielle Bestandskraft"[36] von Verwaltungsakten, die der Regelung des § 49 Abs. 2 S. 1 Nr. 3 und 4 VwVf unterfallen, erstrecke sich nicht auf eine geänderte Sach- oder Rechtslage. Wäre dem so, bedürfte es keines Widerrufs.

Darüber hinaus kann die systematische Ableitung der Unterscheidung zwischen Verwaltungsakten, deren Subsumtionsschluß sich auf abgeschlossene Sachverhalte und solchen, deren Subsumtionsschluß sich auf nicht abgeschlossene Sachverhalte bezieht, schon deshalb nicht gelingen, weil das Kriterium der Unterscheidung, der Begriff der Abgeschlossenheit, unklar bleibt. Dieser Begriff erklärt sich nicht aus sich selbst. Wie oben dargelegt[37], beurteilt sich die Abgeschlossenheit eines Sachverhalts nach dem anzuwendenden Recht und in Abhängigkeit von der Funktion des Rechtsanwenders. Indem Kleinlein den Verwaltungsakt als Rechtserkenntnisakt charakterisiert und dem Urteil gleichstellt, kommt als Maßstab für die Beurteilung der Abgeschlossenheit folgerichtig nur der Tatbestand der Ermächtigungsnorm in Betracht. Wie aus dem Beispiel der Polizeiverfügung ersichtlich, erkennt Kleinlein jedoch auch, daß die Verwaltung durch den Erlaß eines Verwaltungsakts - anders als das Gericht kraft seiner Funktion durch den Erlaß eines Urteils[38] - nicht stets den Sachverhalt zum Abschluß bringt. Als Folge der Charakterisierung des Verwaltungsakts als Rechtserkenntnisakt hat Kleinlein sich andererseits aber die Möglichkeit genommen, die Bedeutung der Rechtsfolge und ihrer Verwirkli-

---

35 Siehe *Kleinlein*, VerwArch. Bd 81 (1990), 149 (166 f.)

36 Zur Problematik dieses Begriffs siehe *Seibert*, Die Bindungswirkung, S. 132 ff. Sein Fazit (S. 168): "Die materielle Bestandskraft ist daher als Institut und Begriff nicht nur überflüssig, sondern verschleiert die wahren Zusammenhänge und verführt zu unzutreffenden Folgerungen."

37 2. Kapitel III 2 c.

38 Es sei noch einmal hervorgehoben, daß der Begriff der Abgeschlossenheit eine rechtlich relevante Zäsur bezeichnet (siehe oben 2. Kapitel III 2 c). Auch ein gerichlich beurteilter Sachverhalt kann sich tatsächlich weiterentwickeln und verändern. Diese Änderungen sind für das jeweilige Gericht nach seiner Entscheidung jedoch ohne Bedeutung (siehe oben 2. Kapitel III 2 c) bb).

chung als entscheidendes Kriterium für die Abgeschlossenheit eines Sachverhalts aus der Sicht der Verwaltung in Betracht zu ziehen. Damit fehlt dem Begriff der Abgeschlossenheit der Maßstab.

b) Kritik an der Charakterisierung des Verwaltungsakts als Rechtserkenntnisakt

Mit den vorangegangen Ausführungen ist die Grundlage von Kleinleins dogmatischem Ansatz angesprochen und auch schon kritisiert: Die Einordnung des Verwaltungsakts als Rechtserkenntnisakt wird der Funktion der Verwaltung, Staatszwecke gemäß den gesetzlichen Vorgaben in die Wirklichkeit umzusetzen, nicht gerecht. Für die Verwaltung ist nicht die Subsumtion unter den Tatbestand, sondern die Verwirklichung der Rechtsfolge die charakteristische Tätigkeit. Der Verwaltungsakt gehört auf die Rechtsfolgenseite der Norm, die die Verwaltung zur Durchsetzung eines bestimmten Ziels in der Handlungsform des Verwaltungsakts ermächtigt.[39] Als Mittel zum Zweck bildet der Verwaltungakt mit den ggf. weiter erforderlichen Vollzugsakten zur Verwirklichung der Rechtsfolge eine Einheit.[40] Die dem Verwaltungsakt innewohnende und vom Gesetz gewollte Macht zur Verwirklichung wird ignoriert, wenn man die Rechtmäßigkeit des Subsumtionsvorgangs, nicht aber die der tatsächlichen Verwirklichung des Verwaltungsakts als alleinigen Prüfungsmaßstab auffaßt. Wenn Kleinlein demgegenüber allein die Entscheidung der Verwaltung als Rechtserkenntnisakt in den Blick nimmt, reduziert er die Doppelrolle der Verwaltung - einerseits Entscheidungsträger, andererseits interessierte Partei[41] - gerade um ihren charakteristischen Teil. Die Funktion der Verwaltung als Entscheidungsträger ist nichts anderes als die Umschreibung ihrer Macht zu einseitigem Handeln, d.h. ihrer Hoheitsgewalt. Hoheitsgewalt kommt aber allen drei staatlichen Gewalten zu. Prägend ist, wie diese Hoheitsgewalt eingesetzt wird.

---

[39] Demgegenüber ist das Urteil niemals die Rechtsfolge des Gesetzes, unter das das Gericht zur Entscheidung des Rechtsstreits subsumiert.

[40] *Bachof*, Die verwaltungsgerichtliche Klage, S. 106; zustimmend *Henke*, Das subjektive öffentliche Recht, S. 106; siehe auch *J. Martens*, DVBl. 1970, 260 (263) "Wesentlich ist vielmehr zu welchem Zeitpunkt oder für welchen Zeitraum nach den Normen des materiellen Rechts die im Verwaltungsakt bezeichnete Rechtsfolge ihre Wirksamkeit entfaltet."; ähnlich schon *Menger*, System, S. 106; vgl. auch *Weyreuther*, 47. DJT, Gutachten B, S. 47 ff. mit Hinweis auf die Rechtsprechung des PrOVG.

[41] Siehe nur *Maurer*, Allgemeines Verwaltungsrecht, § 9 Rn. 43; *Seibert*, Bindungswirkung, S. 126.

Kleinleins Einordnung des Verwaltungsakt als Rechtserkenntnisakt kann somit nicht gefolgt werden. Der Verwaltungsakt ist vielmehr Folge eines Rechtsanwendungsakts und Mittel zum Zweck exekutiver Aufgabenerfüllung.

3. Ergebnis

Es hat sich gezeigt, daß es der verfassungsmäßigen Funktion der Verwaltung widerspricht, den Gegenstand des Rechtswidrigkeitsurteils auf den Erlaßvorgang zu reduzieren. Gegenstand des Rechtswidrigkeitsurteils muß vielmehr auch der Regelungsinhalt des Verwaltungsakts sein. Seine Verwirklichung entscheidet über die Abgeschlossenheit des zugrundeliegenden Sachverhalts und setzt damit die äußere Grenze für die Beachtung nachträglicher Änderungen der Sach- oder Rechtslage.

III. Zum Inhalt des Rechtswidrigkeitsurteils über einen Verwaltungsakt

Dieser Befund könnte im Hinblick auf den nun zu bestimmenden Inhalt des Rechtswidrigkeitsurteils allerdings noch zu revidieren sein.

1. Rechtswidrigkeit als Pflichtverletzung : Die Auffassung von Rupp

Insbesondere Rupp hat vertreten, daß die richtige inhaltliche Bestimmung des Rechtswidrigkeitsbegriffs Voraussetzung für eine konsequente Lösung der Frage nach dem maßgeblichen Zeitpunkt für die Beurteilung der Rechtswidrigkeit eines Verwaltungsakts sei.[42]

Nach seiner Auffassung ist notwendiger Bestandteil des Rechtswidrigkeitsbegriffs die Pflichtwidrigkeit. Nur diese Bestimmung werde dem Zweck des Rechts als Steuerungsinstrument gerecht.[43] Daraus folge, daß das Rechtswidrigkeitsurteil an eine pflichtwidrige Handlung des Amtsträgers und damit an

---

42 *Rupp*, in: Rechtsschutz im Sozialrecht, S. 173 ff.

43 *Rupp*, in: Rechtsschutz im Sozialrecht, S. 173 (181); *Baur*, AcP 160 (1961), 465 (469): Beruhe auf ethischem Prinzip und sei deshalb so überzeugend; *Olivet*, Handlungs- und Erfolgsunrecht, S. 8: Kern jedes Rechtswidrigkeitsurteils bestehe in der Auffassung von Rechtswidrigkeit als rechtswidriger menschlicher Handlung.

den rechtswidrigen Erlaß des Verwaltungsakts knüpfen müsse.[44] Später hinzutretende rechtliche oder tatsächliche Umstände könnten ihrerseits vielleicht neue Pflichten auslösen, an der Pflichtmäßigkeit oder Pflichtwidrigkeit des behördlichen Handelns vermöchten sie nichts zu ändern.[45] Ein Zustand könne niemals rechtswidrig sein. Darüberhinaus bestehe keine generelle Pflicht der Verwaltung, einmal erlassene Verwaltungsakte unter Kontrolle zu halten.[46]

2. *Kritik*

a) Die Ebene der allgemeinen Rechtslehre

Mit dem Verständnis der Rechtswidrigkeit als Pflichtwidrigkeit erscheint Rupp als ein Anhänger der Imperativentheorie[47]. Nach dieser Auffassung besteht die gesamte Rechtsordnung ausschließlich aus Ge- oder Verbotsnormen; Rechtswidrigkeit ist die Folge eines Verstoßes gegen solche Normen.

Dieser Theorie wird entgegengehalten, daß sie das Recht, indem sie es auf Ge- und Verbote beschränkt, nicht erschöpfend erfasse, denn als dritte Kategorie enthalte das objektive Recht Gewährungen, also subjektive Rechte.[48] Deren besondere Stellung "im weiten Raum des Unverbotenen"[49] vermöge die Imperativentheorie nicht zu erklären. Auf der anderen Seite wird vertreten, daß subjektive Rechte letztlich nichts anderes seien als eine "façon de parler" für eine besonders geartete Konstellation von Imperativen.[50]

In der Tat lassen sich subjektive Rechte imperativisch aus dem einem Subjekt Unverbotenen sowie an Dritte gerichtete Ge- und Verbote konstruieren. Die verbleibende Kritik an der Imperativentheorie ist jedoch die, daß eine Ab-

---

44 *Rupp*, in: Rechtsschutz im Sozialrecht, S. 173 (181); *ders.*, Grundfragen, S. 226; ebenso *Schweiger*, DVBl. 1966, 317 (318).

45 *Rupp*, in: Rechtsschutz im Sozialrecht, S. 173 (183).

46 *Rupp*, in: Rechtsschutz im Sozialrecht, S. 173 (187); *Scheiger*, DVBl. 1964, 205 (214); siehe auch BVerwGE 2, 55 (60); a. A. für Dauerverwaltungsakte und noch nicht vollzogene Verwaltungsakte *Bachof*, JZ 1954, 416 (419); a. A. auch *Ule* für den Bereich der Sozialverwaltung, ohne daraus jedoch die Möglichkeit des Rechtswidrigwerdens zu folgern, siehe *Ule*, in: Rechtsschutz im Sozialrecht, 247 (271); wie *Ule* auch *Knoke*, Rechtsfragen der Rücknahme, S. 28.

47 Siehe zur Imperativentheorie und ihrer Kritik ausführlich *Fischer*, Rechtswidrigkeit, S. 20 ff., 46 ff.; siehe auch *Engisch*, Einführung in das juristische Denken, S. 22 ff.; *Larenz*, Methodenlehre, S. 243 ff.; *Esser*, Vorverständnis, S. 36 ff.

48 *Fischer*, Rechtswidrigkeit, S. 46 ff.; siehe auch *Scherzberg*, DVBl. 1988, 129 (130).

49 *Fischer*, Rechtswidrigkeit, S. 49.

50 *Engisch*, Einführung in das juristische Denken, S. 26.

grenzung zwischen einer dem Subjekt direkt eingeräumten Befugnis im Sinne eigener rechtlicher Macht und dem Subjekt nur nicht Verbotenem nicht möglich ist.[51] "Die Imperativentheorie respektiert nicht das Subjekt des subjektiven Rechts."[52] Einer Rechtsordnung, die Freiheiten der Rechtssubjekte in vielfältiger Weise - als Gestaltungsrechte, politische Mitwirkungsrechte oder Freiheitsrechte - positiv einräumt, wird die Konstruktion dieser Theorie jedenfalls kaum gerecht.[53]

Gehören zum Recht auch subjektive Rechte, so muß ein Verstoß gegen sie ebenfalls als rechtswidrig bezeichnet werden. Sowohl die Annahme von Rupp, ein Zustand könne niemals rechtswidrig sein als auch seine Auffassung, die Verwaltung treffe nicht die Pflicht, einmal erlassene Verwaltungsakte unter Kontrolle zu halten, sind also nur haltbar, soweit subjektive Rechte dem nicht entgegenstehen.

b) Die Ebene des öffentlichen Rechts

Dem öffentlichen Recht ist das Verständnis der Rechtswidrigkeit als Folge einer Verletzung in subjektiven Rechten insbesondere in dem Begriff der Grundrechtsverletzung geläufig. Eine Grundrechtsverletzung ist ein verfassungsrechtlich nicht gerechtfertigter Eingriff in den Schutzbereich eines Grundrechts.[54] Ob im grundrechtsrelevanten Bereich auch Zustände rechtswidrig sein können, hängt somit ab von dem Verständnis des Grundrechtseingriffs.

Nach klassischem Verständnis setzte ein Grundrechtseingriff durch die Verwaltung eine finale und unmittelbare Grundrechtsbeeinträchtigung durch einseitig-hoheitlichen Befehl in Form eines Rechtsakts voraus.[55] Diese Definition hat sich jedoch als zu eng erwiesen für eine Vielzahl von Grundrechtsbeeinträchtigungen, die der fürsorgende Sozialstaat mit sich bringt und deren

---

51 *Fischer*, Rechtswidrigkeit, S. 50.

52 *Fischer*, Rechtswidrigkeit, S. 50.

53 *Scherzberg*, DVBl. 1988, 129 (130).

54 Siehe nur *Pieroth/Schlink*, Grundrechte, Rn. 256; *Held*, Der Grundrechtsbezug, S. 229.

55 *Pieroth/Schlink*, Grundrechte, Rn. 271; Roth, Verwaltungshandeln mit Drittbetroffenheit, S. 134 ff.

Erfassung der Rechtsstaat fordert.[56] Mit fortschreitender Aufgabe der formalen Eingriffskriterien im Interesse eines effektiven Grundrechtsschutzes ist nur der freiheitswidrige benachteiligende Effekt als Anknüpfungspunkt des Eingriffsbegriffs geblieben[57], wobei als einzige Einschränkung dieser Effekt der öffentlichen Gewalt zurechenbar sein muß.[58] Da mithin der Grundrechtseingriff losgelöst vom Handeln der Verwaltung definiert ist, kann nicht das gesetzwidrige Handeln der Verwaltung alleiniger Anknüpfungspunkt des Rechtswidrigkeitsurteils über einen Verwaltungsakt sein. Die Beurteilung eines grundrechtsbeeinträchtigenden Zustands als grundrechtswidrig ist unabhängig davon, ob er durch gesetzwidrigen oder gesetzmäßigen Erlaß eines Verwaltungsakt herbeigeführt wurde.[59] Folglich ist die Auffassung, ein Zustand könne niemals rechtswidrig sein, jedenfalls im grundrechtsrelevanten Bereich des öffentlichen Rechts nicht haltbar.

Aber auch das Polizeirecht kennt z.B. einen rechtswidrigen Zustand, der unabhängig von pflichtwidrigem Verhalten die Störereigenschaft einer Person begründet. Dies zeigt, daß der Begriff der Rechtswidrigkeit im öffentlichen Recht nicht denknotwendig gesetzwidriges Handeln voraussetzt. Vielmehr bestätigt sich, was auch für andere Rechtsbereiche gilt, daß nämlich der Gesetzgeber den Begriff der Rechtswidrigkeit rechtsgebietsadäquat und damit auch in unterschiedlichen Rechtsgebieten unterschiedlich bestimmen kann.[60]

Imperativisch gesprochen, läßt sich die Möglichkeit, die Rechtswidrigkeit eines Verwaltungsakts auch als Folge einer Verletzung in subjektiven Rechten zu definieren, als Verstoß der Verwaltung gegen ihre Pflicht fassen, jeden Verwaltungsakt bis zum endgültigen Eintritt der mit ihm bezweckten Wirkungen insoweit unter Kontrolle zu halten, daß eine Verletzung in subjektiven Rechten der Betroffenen verhindert wird. Hierbei handelt es sich nicht um die

---

56 Eine Zusammenfassung der Entwicklung des Eingriffsbegriffs mit zahlreichen Nachweisen aus Literatur und Rechtsprechung gibt Roth, Verwaltungshandeln mit Drittbetroffenheit, S. 138 ff.; siehe auch *Pieroth/Schlink*, Grundrechte, Rn. 272 ff.

57 *Roth*, Verwaltungshandeln mit Drittbetroffenheit, S. 160.

58 *Pieroth/Schlink*, Grundrechte, Rn. 274; *Olivet*, Handlungs- und Erfolgsunrecht, S. 53.

59 Dies ist für den Folgenbeseitigungsanspruch mittlerweile h. M.; vgl. grundlegend *Weyreuther*, 47. DJT, Gutachten B, S. 67 ff., S. 70: "Für den Folgenbeseitigungsanspruch ist der Zustand entscheidend."; siehe auch *Ossenbühl*, Staatshaftungsrecht, § 37 (S. 261 f.); *Schoch*, VerwArch. Bd 79 (1988), 1 (38, 42 f.).

60 Vgl. *P. Kirchhof*, Unterschiedliche Rechtswidrigkeiten, S. 32 ausdrücklich und passim; *Bettermann*, in: Huber-FS, S. 25 (28); vgl. auch *Baur*, AcP Bd 160 (1961), 465 (483); *H. Westermann*, JZ 1960, 692 (694).

von Rupp[61] wegen Unmöglichkeit ihrer Erfüllung zu Recht abgelehnte Pflicht, sämtliche Verwaltungsakte dauernd unter Kontrolle zu behalten, sondern um eine Pflicht, die der Reichweite des jeweils betroffenen subjektiven Rechts im Einzelfall entspricht.[62]

IV. Der zweigliedrige Rechtswidrigkeitsbegriff: Rechtswidrigkeit als Gesetzesverstoß oder als Verletzung subjektiver Rechte

Im öffentlichen Recht kann Inhalt des Rechtswidrigkeitsurteils folglich sowohl der Verstoß gegen das Gebot richtigen Verwaltungshandelns (Einhaltung des Gesetzmäßigkeitsprinzips) als auch der nicht gerechtfertigte Eingriff in die rechtlich geschützte Sphäre des Betroffenen sein. Die eine wie die andere Form stellt einen Widerspruch zur Rechtsordnung dar und rechtfertigt die Beurteilung eines Verwaltungsakts als rechtswidrig.

1. Vereinbarkeit des zweigliedrigen Rechtswidrigkeitsbegriffs mit § 113 VwGO

Gegen ein Verständnis des Rechtswidrigkeitsbegriffs sowohl als Verstoß gegen das Gesetzmäßigkeitsprinzip als auch als Verletzung in subjektiven Rechten könnte sprechen, daß in § 113 Abs. 1 und 5 VwGO neben der Rechtswidrigkeit auch die Rechtsverletzung als Voraussetzung für die Begründetheit einer Klage genannt werden. Wenn jede Rechtsverletzung die Rechtswidrigkeit des Verwaltungsakts auslöst, bedarf es einer Erklärung für die besondere Erwähnung der Rechtswidrigkeit.[63] Sie ergibt sich aus der Entstehungsgeschichte der Vorschrift. Von seinem Sinngehalt sollte der jetzige § 113 Abs. 1 und 5 VwGO nichts anderes aussagen als seine Vorgängervorschriften, nämlich § 79 Abs. 1 der Verwaltungsgerichtsgesetze in den Ländern

---

61 *Rupp*, in: Rechtsschutz im Sozialrecht, S. 173 (187).

62 Siehe dazu ausführlich das 6. Kapitel.

63 *Henke*, Das subjektive öffentliche Recht, S. 98 stellt mit Recht fest: "Die doppelte Voraussetzung eines gesetzwidrigen Verwaltungsakts und einer Verletzung des Bürgers in seinen Rechten in § 113 Abs. 1 Satz 1 und 42 Abs. 2 VwGO war der Ausgangspunkt aller Schwierigkeiten." Auch hierin spiegelt sich der schwierige Übergang vom historischen Verständnis der Anfechtungsklage als objektive Beanstandungsklage zum Verständnis einer Klage, der ein materiellrechtlicher Anspruch des Klägers zugrunde liegt. *Schenke* (Verwaltungsprozeßrecht, Rn. 730 Fn. 1) hält die gesonderte Erwähnung der Rechtswidrigkeit für überflüssig.

der amerikanischen Zone[64] und § 75 Abs. 1 der Verordnung Nr. 165 der britischen Militärregierung[65], wonach das Gericht den angefochtenen Bescheid aufzuheben hatte, soweit es die Klage für begründet hielt. Es war aber das Bestreben des Gesetzgebers klarzustellen, daß das Gericht allein die Rechtmäßigkeit, nicht auch die Zweckmäßigkeit des angefochtenen Verwaltungsakts nachzuprüfen hat, weshalb die Rechtswidrigkeit neben der Rechtsverletzung ausdrücklich Erwähnung fand.[66] Darüber hinaus ist die Formulierung des § 113 Abs. 1 S. 1 VwGO erklärlich im Hinblick auf die Auseinandersetzung um die richtige Bestimmung des Streitgegenstands der Anfechtungsklage.[67] Ohne insoweit Stellung zu beziehen, wird durch die ausdrückliche Erwähnung der Rechtswidrigkeit des Verwaltungsakts deutlich gemacht, daß sich die Rechtskraft des Urteils auch für den Fall, daß Streitgegenstand der Anfechtungsklage der Aufhebungsanspruch der Klägers sei, auf die Beurteilung der Rechtswidrigkeit des angefochtenen Verwaltungsakts erstreckt.[68] Diese Umstände erklären hinreichend die gesonderte Erwähnung der Rechtsverletzung neben der Rechtswidrigkeit in § 113 VwGO, so daß der Wortlaut dieser Vorschrift dem hier vertretenen zweigliedrigen Rechtswidrigkeitsbegriff nicht mit Erfolg entgegengehalten werden kann.

2. Rechtmäßigwerden von Verwaltungsakten?

Da der gesetzwidrige Erlaß eines Verwaltungsakts dessen Rechtswidrigkeit wegen Verstoßes der Verwaltung gegen die Pflicht gesetzmäßigen Handelns nach sich zieht und da dieser gesetzwidrige Erlaßvorgang auch nicht rückgängig gemacht werden kann, folgt hieraus notwendig, daß ein ursprünglich rechtswidriger Verwaltungsakt nicht rechtmäßig werden kann.[69] Kein Recht-

---

64 Bayern, GVBl. 1946, 281 ff.; Württemberg-Baden: RegBl. 1946, 221 ff.; Hessen, GVBl. 1946, 194 ff.; Bremen, GVBl. 1947, 117 ff.; siehe auch *Eyermann/Fröhler*, Verwaltungsgerichtsgesetz, § 79.

65 Verordnungsblatt britische Zone 1948, Nr. 41, S. 263 ff.; siehe auch *Klinger*, Verwaltungsgerichtsbarkeit in der britischen Zone, § 75.

66 Siehe *Bähr*, Die maßgebliche Rechts- und Sachlage, S. 111; vgl. auch BT-Drs. 3/55, S. 43, 54, 74.

67 Siehe dazu oben 3. Kapitel II 1.

68 Dies hatte *Niese* (JZ 1952, 353 [354]) an *Bettermanns* Auffassung vom Streitgegenstand kritisiert; dagegen *J. Martens*, DÖV 1964, 365 (368) mit weiteren Nachweisen zum damaligen Streitstand in Fn. 20.

69 *J. Martens*, DÖV 1964, 365 (366): Befehlsvorgang kann nicht aus der Welt geschafft werden; *Lerche*, DVBl. 1955, 776 (777); *Eyermann/Fröhler*, VwGO, § 113 Rn. 13; siehe auch OVG Münster, NJW 1991, 912 (912); zweifelnd jetzt auch *Schenke*, Verwaltungsprozeßrecht, Rn. 804;

mäßigwerden ist die Fiktion der Rechtmäßigkeit von Anfang an infolge rückwirkender gesetzlicher Anordnung.[70]

Eine Sonderregelung trifft allerdings § 45 VwVfG für den Fall, daß bestimmte zunächst versäumte Verfahrenshandlungen bis zum Abschluß des Widerspruchverfahrens nachgeholt werden, mit der Folge, daß der Verwaltungsakt dann als rechtmäßig anzusehen ist.[71]

Demgegenüber stellt § 46 VwVfG nach einhelliger Auffassung keine Durchbrechung des hier aufgestellten Grundsatzes dar.[72] Nach dieser Vorschrift kann die Aufhebung eines Verwaltungsakts nicht allein deshalb beansprucht werden, weil er unter Verletzung von Vorschriften über das Verfahren, die Form oder die örtliche Zuständigkeit zustande gekommen ist, wenn keine andere Entscheidung in der Sache hätte getroffen werden können. Strittig ist insoweit nur, ob durch § 46 VwVfG die für die Anfechtungsklage neben der Rechtswidrigkeit erforderliche Rechtsverletzung entfällt[73] oder ob die Vorschrift "nur" einen für den Erfolg der Klage zusätzlich zu fordernden Aufhebungsanspruch ausschließt.[74] Dieser Streit macht darauf aufmerksam, daß die Beurteilung eines Verwaltungsakts als rechtswidrig für den Erfolg einer Klage zwar notwendige aber nicht hinreichende Bedingung ist. Dies verweist wiederum auf die entscheidende Bedeutung der subjektiven Rechte für die Frage der Aufhebbarkeit eines Verwaltungsakts im Verwaltungsprozeß. Zunächst ist jedoch nur festzuhalten, daß eine Änderung der Sach- oder Rechtslage einen ursprünglich rechtswidrigen Verwaltungsakt nicht rechtmäßig machen kann.

3. Rechtswidrigwerden von Verwaltungsakten?

Fraglich ist, ob dieser Satz ohne weiteres dahingehend umkehrbar ist, daß ein rechtmäßiger Verwaltungsakt auch niemals rechtswidrig werden könne.

---

a.A. *Haueisen*, NJW 1956, 201 (202); *Bettermann*, in: Huber-FS, S. 25 (35, 38); *Piendl*, Studie, S. 163.

70 *Schenke*, Verwaltungsprozeßrecht, Rn. 802.

71 *Kopp*, VwVfG, § 45 Rn. 1; *Sachs*, in: Stelkens/Bonk/Sachs, VwVfG, § 45 Rn. 11; *Hufen*, Fehler im Verwaltungsverfahren, S. 390 (Rn. 613).

72 Siehe nur *Hill*, Das fehlerhafte Verfahren, S. 102 m.z.N.; *Kopp*, VwVfG, § 46 Rn. 7.

73 So BVerwGE 65, 287 (289 f.); *Badura*, in: Erichsen/Martens, Allgemeines Verwaltungsrecht, § 41 III 3 (Rn. 38); *Sachs*, in: Stelkens/Bonk/Sachs, VwVfG, § 46 Rn. 1; *Krebs*, DVBl. 1984, 109 (111); *Messerschmidt*, NVwZ 1985, 877 (880); *v. Mutius*, in: Menger-FS, S. 575 (600).

74 So *Hill*, Das fehlerhafte Verfahren, S. 103 f.; *Hufen*, Fehler im Verwaltungsverfahren, S. 400 (Rn. 630); *Schenke*, DÖV 1986, 305 (311); *Meyer*, in: Meyer/Borgs, VwVfG, § 46 Rn. 10.

Da nach dem zweigliedrigen Rechtswidrigkeitsbegriff die Rechtswidrigkeit eines Verwaltungsakts auch aus der Verletzung in subjektiven Rechten folgen kann, ist das Rechtswidrigwerden eines gesetzmäßig erlassenen Verwaltungsakts logisch möglich. Es ist allerdings dann ausgeschlossen, wenn das subjektive Recht sich in einer Subjektivierung des Prinzips gesetzmäßigen Handelns erschöpft. Die materiellrechtliche Bestimmung des maßgeblichen Zeitpunkts erfordert also eine nähere Betrachtung der subjektiven Rechte.[75]

4. Zwischenergebnis

Die Untersuchung von Gegenstand und Inhalt des Rechtswidrigkeitsurteils hat ergeben, daß ersterer sich sowohl auf den Erlaßvorgang als auch auf den Regelungsinhalt bezieht, letzterer sowohl den Verstoß gegen die Pflicht der Verwaltung zu gesetzmäßigem Handeln wie auch die Verletzung in subjektiven Rechten umfaßt. Hieraus folgt, daß ein schon bei Erlaß rechtswidriger Verwaltungsakt ohne besondere gesetzliche Anordnung nicht rechtmäßig werden kann, während die Möglichkeit des Rechtswidrigwerdens eines ursprünglich rechtmäßigen Verwaltungsakts vom Regelungsinhalt und den betroffenen subjektiven Rechten abhängt. Beide Kriterien und die zwischen ihnen bestehenden Beziehungen sind im folgenden 5. und 6. Kapitel weiter zu konkretisieren.

---

75 Siehe dazu ausführlich das 6. Kapitel.

5. Kapitel:

Die Bedeutung der Kategorien "Dauerverwaltungsakt" und "noch nicht vollzogener Verwaltungsakt"

Als Typen von Verwaltungsakten, die im Hinblick auf ihren über den Erlaßzeitpunkt hinaus Wirkungen entfaltenden Regelungsinhalt rechtswidrig werden können, werden insbesondere in der Literatur die Dauerverwaltungsakte und die noch nicht vollzogenen Verwaltungsakte genannt.[1]

I. Der Dauerverwaltungsakt

Als Beispiel für einen Dauerverwaltungsakt gilt seit der bekannten gewerberechtlichen Entscheidung des Bundesverwaltungsgericht aus dem Jahre 1965[2] die Gewerbeuntersagung. An dieser Qualifizierung hat das Bundesverwaltungsgerichts auch dann noch festgehalten[3], als es seine Rechtsprechung zum maßgeblichen Zeitpunkt für die Beurteilung der Rechtswidrigkeit einer Gewerbeuntersagung revidiert hat[4] und seither die letzte Behördenentscheidung für maßgeblich hält. Demgegenüber wird in der Literatur nunmehr zum

---

1 *Bachof*, JZ 1954, 416 (419); *Bähr*, Die maßgebliche Rechts- und Sachlage, S. 52 f.; *Sachs*, in: Stelkens/Bonk/Sachs, VwVfG, § 44 Rn. 11; *Stern*, Verwaltungsprozessuale Probleme, § 17 (S. 192); *Schmitt Glaeser*, Verwaltungsprozeßrecht, Rn. 525; *Schwabe*, Verwaltungsprozeßrecht, S. 84; *Pietzner/Ronellenfitsch*, Öffentliches Recht, § 20 Rn. 22; *Frank/Langrehr*, Verwaltungsprozeßrecht, S. 201; *Bosch/Schmidt*, Verwaltungsprozeßrecht, § 39 II; *Schenke*, NVwZ 1986, 522 (530 f.); siehe auch *Günther*, DÖD, 1993, 9 (13 ff.); OVG Münster, NVwZ 1987, 727 (727); VGH Kassel, NVwZ 1990, 381 (381) und 383 (385); differenzierend *Kleinlein*, VerwArch. Bd 81 (1990), 149 (169 ff.); ablehnend *Kopp*, in: Menger-FS, S. 693 (703); *Ule*, Verwaltungsprozeßrecht, § 57 (S. 305); *Piendl*, Studie, S. 132 ff.

2 BVerwGE 22, 16 ff; Vorbereitung in der Literatur durch *Menger*, System, S. 214; *ders.*, DVBl. 1953, 441 (447); *Bachof*, JZ 1954, 416 (419). Siehe zu dieser Entscheidung und zur weiteren Entwicklung der Rechtsprechung auch oben 1. Kapitel I 2 b.

3 Siehe BVerwG, NVwZ 1991, 372 (373). Eine Trendwende in der Rechtsprechung hinsichtlich der Bedeutung des Dauerverwaltungsakts konstatiert *Schenke*, Verwaltungsprozeßrecht, Rn. 784 Fn. 31.

4 BVerwGE 65, 1 ff.

Teil vertreten, die Gewerbeuntersagung sei ein gestaltender Verwaltungsakt.[5] Dies wirft die Frage nach den Merkmalen eines Dauerverwaltungsakts und nach der Aussagekraft dieser Kategorie für die Bestimmung des maßgeblichen Zeitpunkts auf.

1. Definitionen des Dauerverwaltungsakts

Die Kategorie des Dauerverwaltungsakts als Kriterium für die Bestimmung des maßgeblichen Zeitpunkts ist entscheidend von Bachof mitgeprägt worden. Nach seiner Definition handelt es sich um solche Verwaltungsakte, deren Rechtswirkungen sich nicht in einem einmaligen Verbot oder Gebot oder in einer einmaligen Gestaltung der Rechtslage erschöpfen, die also nicht mit ihrem Erlaß alle möglichen Rechtswirkungen äußern und sich selbst mit dem Erlaß verzehren, sondern die ein auf Dauer berechnetes Rechtsverhältnis zum Entstehen bringen und zwar ein Rechtsverhältnis, das dem öffentlichen Recht unterstellt bleibt.[6]

Bähr kritisiert die Unbestimmtheit des Begriffs "Rechtsverhältnis"[7] und präzisiert: Dauerwirkung komme solchen Rechtsfolgen zu, deren Herbeiführung und Aufrechterhaltung Inhalt der durch den Verwaltungsakt getroffenen Regelung sei, dagegen nicht Rechtswirkungen, deren Entstehen oder Wegfall unmittelbar auf dem Gesetz beruhe oder für deren Eintritt der Erlaß des Verwaltungsakts nur eine von mehreren tatbestandlichen Voraussetzungen sei.[8]

Weitere Umschreibungen des Verwaltungsakts mit Dauerwirkung sind: Verwaltungsakte, deren Regelung einen längeren Zeitraum betreffen[9]; Entscheidungen, die zwar einmal erlassen werden, deren Wirkung aber fortbesteht[10]; Verwaltungsakte mit fortdauernd von ihnen ausgehenden Rechtsbe-

---

5 Siehe zur Frage der Rechtsnatur der Gewerbeuntersagung ausführlich unten 6. Kapitel I 4.

6 *Bachof*, JZ 1954, 416 (419); ähnlich die Begründung der Bundesregierung zu § 43 des Entwurfs zum SGB-X, siehe BT-Drs. 8/2034, S. 34; ebenso noch BVerwG, DVBl. 1993, 781 (782).

7 *Haueisen* (NJW 1956, 201 [201]) subsumiert unter die Definition von *Bachof* Genehmigungen, Erlaubnisse, Zuerkennung von Status, Rentengewährung und wiederkehrende Leistungen.

8 *Bähr*, Die maßgebliche Rechts- und Sachlage, S. 55.

9 *K.-H. Klein*, NVwZ 1991, 633 (634).

10 *Redeker/v.Oertzen*, VwGO, § 108 Rn. 19; *Wiesner*, in: Schröder-Printzen, SGB-X, § 48 Anm. 2; *Kocher*, in: *Jahn*, SGB-X, § 48 Rn. 3; *Schneider-Danwitz*, in: SGB SozVers.-Geskom. Bd 4, SGB-X, § 48 Anm. 63.

einträchtigungen[11]. Allen aufgeführten Definitionen ist gemeinsam, daß sie das Besondere des Verwaltungsakts mit Dauerwirkung allein in Bezug auf seinen Regelungsinhalt formulieren.

Demgegenüber hat Manssen zum Begriff des Dauerverwaltungsakts in § 48 SGB-X herausgearbeitet, daß neben der Regelung auch der Tatbestand der Ermächtigungsgrundlage für die Einordnung als Dauerverwaltungsakt von Bedeutung sei.[12] Während bei einem normalen Verwaltungsakt nach den zugrundeliegenden Vorschriften die tatsächlichen Voraussetzungen nur im Augenblick des Erlasses gegeben sein müßten, verlangten die materiellrechtlichen Voraussetzungen bei einem Dauerverwaltungsakt die ständige Rückkoppelung zu den tatbestandlichen Voraussetzungen.[13] Diese Definition kann sich auf die Ursprünge des "Dauerverwaltungsakts" in der Rechtsprechung des Preußischen Oberverwaltunggerichts stützen, wo es heißt, eine dauernd wirkende polizeiliche Verfügung habe den Fortbestand der Vorbedingungen ihres Erlasses zur tatsächlichen Voraussetzung.[14] Allerdings folgerte das Preußische Oberverwaltungsgericht daraus nicht das Rechtswidrigwerden des Verwaltungsakts im laufenden Anfechtungsprozeß. Es stellte vielmehr fest, daß über das Fortbestehen der Erlaßvoraussetzungen zunächst diejenige Behörde zu befinden habe, von welcher die Anordnung ausgegangen war.[15] Diese Auffassung ist für die heutige Diskussion allerdings deshalb ohne Bedeutung, weil sie sich zwingend aus dem damals geltenden Prozeßrecht ergab, das die Gerichte im Falle von Polizeiverfügungen darauf beschränkte, die Rechtmäßigkeit des Erlasses zu kontrollieren.[16]

---

[11] *Schenke*, NVwZ 1986, 522 (530).

[12] *Manssen*, ZfSH/SGB 1991, 225 ff.; ebenso jetzt auch *Frohn*, Jura 1993, 393 ff.; *Kleinlein* betont zutreffend die Bedeutung des Tatbestands, vernachlässigt gemäß seinem dogmatischen Ansatz (siehe oben 4. Kapitel II) aber die notwendige Dauerwirkung der Rechtsfolgenanordnung und spricht ungenau von Geltung des Verwaltungsakts (siehe *Kleinlein*, ebenda, 172 f.).

[13] *Manssen*, ZfSH/SGB 1991, 225 (234, 238); siehe auch *Frohn*, Jura 1993, 393 (395).

[14] PrOVGE 15, 413 (414 f.); vgl. auch PrOVGE 21, 350 (351 f.); 29, 429 (438).

[15] PrOVGE 15, 413 (415).

[16] Die Klage gegen den endgültigen Bescheid des Regierungspräsidenten bzw. Oberpräsidenten konnte gemäß § 127 Abs. 3 des preußischen Landesverwaltungsgesetzes nur darauf gestützt werden, daß der angefochtene Verwaltungsakt durch Nichtanwendung oder unrichtige Anwendung des bestehenden Rechts den Kläger in seinen Rechten verletzt und daß die tatsächlichen Voraussetzungen nicht vorhanden sind, welche die Polizeibehörde zum Erlaß der Verfügung berechtigt haben würden. (Zitiert nach *Stump*, Preußische Verwaltungsgerichtsbarkeit, S. 180 f.). Unzutreffend deshalb *Witten* (RiA 1955, 123 [124]) und *Grziwotz* (AöR Bd 113 [1988], 213 [221]), die meinen, den Zeitpunkt der Behördenentscheidung aus dem Wesen der Polizeiverfügung ableiten zu können; wie hier *Loppuch*, DVBl. 1951, 243 (243); *Menger*, DVBl. 1953, 445 (446).

2. Stellungnahme

Die notwendigen Merkmale eines Dauerverwaltungsakts als Typus eines Verwaltungsakts, dessen Beurteilung von nachträglichen Änderungen der Sach- oder Rechtslage abhängt, lassen sich ermitteln, indem man sich den gerichtlichen Beurteilungsprozeß vergegenwärtigt.

Gegenstand des Rechtswidrigkeitsurteils ist (jedenfalls auch) die materiellrechtliche Regelung des Verwaltungsakts.[17] Das Mittel zur Feststellung der Rechtswidrigkeit dieser Regelung ist die gerichtliche Prüfung, ob deren gesetzliche Voraussetzungen vorliegen. Änderungen der Sach- oder Rechtslage können zum Zeitpunkt der letzten mündlichen Verhandlung nur dann zu berücksichtigen sein, wenn die Wirkungen der materiellrechtlichen Regelung noch andauern, denn andernfalls ist der Sachverhalt abgeschlossen.[18]

Für die Subsumtion unter den gesetzlichen Tatbestand können nachträgliche Änderungen der Sach- oder Rechtslage jedoch nur dann relevant sein, wenn der Tatbestand das dauerhafte und damit aktuelle Vorliegen bestimmter Tatsachen fordert, mit anderen Worten, wenn der Tatbestand einen Zustand umschreibt wie z.B. "Gefahr", "(Un)Zuverlässigkeit", "Übereinstimmung mit öffentlich-rechtlichen Vorschriften". Ist Tatbestandsvoraussetzung dagegen ein punktuelles Ereignis wie z.B. das Vorliegen eines Dienstunfalls[19], so läßt sich an diesem Ereignis nichts mehr ändern. Möglich sind allein Rechtsänderungen, die an das Ereignis eine andere Rechtsfolge knüpfen als bisher.

Mit der Kategorie des Dauerverwaltungsakts sind also nur dann die notwendigen Voraussetzungen für die Möglichkeit des Rechtswidrigwerdens eines Verwaltungsakts bezeichnet, wenn nicht nur von der Regelung des Verwaltungsakts andauernde Wirkungen ausgehen, sondern wenn darüber hinaus der Tatbestand der Ermächtigungsgrundlage diese Rechtsfolge vom dauerhaften Vorliegen der Erlaßvoraussetzungen abhängig macht.

Antwort auf die Frage, weshalb in der Literatur, die sich mit dem Dauerverwaltungsakt in der sozialen Leistungsverwaltung befaßt, die Besonderheit des gesetzlichen Tatbestands deutlich gemacht wird, während sie bei den Autoren, die diesen Begriff als Kategorie für die Bestimmung des maßgeblichen

---

17 Siehe oben 4. Kapitel II 2 a) bb) und 3.

18 Zum Begriff der Abgeschlossenheit siehe oben 2. Kapitel III 2 c) sowie 4. Kapitel II 2 a) bb) und b).

19 Siehe zum Dienstunfallrecht BVerwGE 16, 59 (61); 16, 103 (104); 17, 59 (60); 19, 44 (45).

Zeitpunkts im Anfechtungsprozeß verwenden, aus der Definition verlorengegangen ist, gibt die folgende Überlegung: Während der Gesetzgeber in der Leistungsverwaltung einen weiten Regelungsspielraum bei der Schaffung von Leistungstatbeständen hat, folgt in der Eingriffsverwaltung aus der grundrechtlichen Vermutung für die Freiheit notwendig, daß eine andauernde Belastung durch Verwaltungsakt nur solange gerechtfertigt ist, wie dies wegen einer tatbestandlich umschriebenen Sondersitutation erforderlich ist. Der sich hier andeutende Zusammenhang zwischen der Kategorie des Dauerverwaltungsakts und der Möglichkeit des Rechtswidrigwerdens als Folge einer Verletzung in Grundrechten wird im folgenden Kapitel weiter vertieft.

II. Der noch nicht vollzogene Verwaltungsakt

Den Dauerverwaltungsakten gleichgestellt werden die noch nicht vollzogenen Verwaltungsakte. Da die Rechtsfolgenverwirklichung durch den Suspensiveffekt in der Schwebe gehalten werde, stehe sie noch aus und sei deshalb zukünftig.[20] Gegen die Relevanz dieser Kategorie für die Bestimmung des maßgeblichen Zeitpunkts wird vorgebracht, daß die Erhebung von Widerspruch oder Klage keinen Einfluß auf das Rechtswidrigkeitsurteil haben dürfe, da andernfalls der zunächst zu Unrecht Klagende besser stünde, als derjenige, der den ursprünglich rechtmäßigen Verwaltungsakt unanfechtbar werden lasse.[21]

Kritisch zu prüfen ist die These, daß der Suspensiveffekt auf den Zeitpunkt oder Zeitraum Einfluß nehmen kann, in dem sich die in der Regelung des Verwaltungsakts konkretisierte gesetzliche Rechtsfolge verwirklicht. Anders als in der Literatur vielfach angenommen wird[22], ist insoweit zwischen gestaltenden und befehlenden Verwaltungsakten zu unterscheiden.

---

20 Auf die noch ausstehende Vollziehung stellt insbesondere *Bähr* (Die maßgebende Rechts- und Sachlage, S. 52, 138) ab; siehe auch *Günther*, DÖD 1993, 9 (15); in der Rechtsprechung siehe z.B. VGH Kassel, NVwZ 1990, 383 (385); hinsichtlich der von ihm besprochenen Fälle jeweils ablehnend *Piendl*, Studie, S. 147 ff.

21 *Schweiger*, DVBl. 1966, 317 (317).

22 *Bähr*, Die maßgebliche Rechts- und Sachlage, S. 52; *Bachof*, JZ 1954, 416 (419); *Redeker/ v. Oertzen*, VwGO, § 108 Rn. 20.

1. Die Wirkung des Suspensiveffekts auf den gestaltenden Verwaltungsakt

a) Die Rechtswirkungen des gestaltenden Verwaltungsakts

Die mit einem gestaltenden Verwaltungsakt intendierten Wirkungen bestehen in der Umgestaltung einer Rechtslage, die mit dem wirksamen Erlaß des Verwaltungsakts automatisch eintritt und keiner weiteren Umsetzungsakte bedarf.[23] Ein gestaltender Verwaltungsakt vollzieht sich gleichsam selbst.[24] Dementsprechend ist mit Erlaß eines gestaltenden Verwaltungsakts der Sachverhalt für die Verwaltung im oben ausgeführten Sinne[25] abgeschlossen. Maßgeblicher Zeitpunkt für die Beurteilung seiner Rechtswidrigkeit ist der Erlaßzeitpunkt.[26]

b) Die Wirkung der Suspendierung

Fraglich ist, ob der mit Widerspruch und Klage verbundene Suspensiveffekt zu einer Verschiebung dieses Beurteilungszeitpunkts führt. Dem soll am Beispiel eines vom Bundessozialgericht entschiedenen Falles nachgegangen werden, den auch Bähr untersucht hat, wobei er im Ergebnis dem Bundessozialgericht beipflichtet.[27]

aa) Der Kassenarztfall des Bundessozialgerichts

Ein Arzt hatte die Entziehung (Widerruf) seiner kassenärztlichen Zulassung angefochten. Grund für die Entziehungsverfügung war die Rauschgiftsucht des Arztes, der sich zu diesem Zeitpunkt bereits in einer Entziehungskur befand. Während des Prozesses schloß er die Entziehungskur erfolgreich ab.

Das Bundessozialgericht entschied, daß die Gerichte bei der Entscheidung über die Rechtmäßigkeit der noch nicht vollzogenen Zulassungsentziehung ei-

---

[23] Für die Definition des gestaltenden Verwaltungsakts siehe statt aller *Maurer*, Allgemeines Verwaltungsrecht, § 9 Rn. 45: "Gestaltende Verwaltungsakte begründen, verändern oder beseitigen ein konkretes Rechtsverhältnis."

[24] *Finkelburg/Jank*, Vorläufiger Rechtsschutz, Rn. 488.

[25] Siehe 2. Kapitel III 2 c) aa).

[26] Auf die gestaltende Wirkung von Verwaltungsakten stellt das Bundesverwaltungsgericht maßgeblich ab in BVerwGE 28, 292 (294); 51, 359 (362); NJW 1975, 1373 (1373); BayVBl. 1991, 631 (631); siehe auch *Günther*, DÖD 1993, 9 (22); *K.-H. Klein*, NVwZ 1990, 633 (634).

[27] BSG 7, 129 ff.; *Bähr*, Die maßgebliche Rechts- und Sachlage, S. 143.

ne Änderung der Sachlage, insbesondere eine im Laufe des Rechtsstreits eingetretene Heilung des Klägers, grundsätzlich zu berücksichtigen haben. Zur Begründung führte es aus, daß von dem noch nicht vollzogenen Verwaltungsakt noch Rechtswirkungen ausgingen, mit der Folge, daß der Verwaltungsakt noch nicht abgeschlossen sei. Dabei mache es keinen Unterschied, ob der noch nicht vollzogene Verwaltungsakt im Falle seines Vollzuges fortdauernde Rechtswirkungen äußere oder sich in der Herbeiführung eines einmaligen rechtlichen Erfolges (Rechtsgestaltung) erschöpfe. Zu den noch nicht vollzogenen Verwaltungsakten gehörten daher auch gestaltende Verwaltungsakte, solange sie ihre Gestaltungswirkung nicht entfaltet hätten, wenngleich bei diesen Akten von einer Vollziehung im eigentlichen Sinne nicht gesprochen werde könne.[28]

bb) Eigene Auffassung

Es stellt sich die Frage, ob die Ansicht, die Entziehungsverfügung werde erst mit dem gerichtlichen Urteil und Wegfall der Suspendierung wirksam, die Bedeutung des Suspensiveffekts zutreffend erfaßt.

Zur Rechtsnatur des Suspensiveffekts werden unterschiedliche Auffassungen vertreten. Nach der Lehre von der Vollzugshemmung entfaltet ein Verwaltungsakt mit seinem Erlaß volle Wirksamkeit. Folge der aufschiebenden Wirkung ist allein, daß hieraus für die Dauer des Suspensiveffekts keine rechtlichen oder tatsächlichen Folgerungen gezogen werden dürfen.[29] Die Umgestaltung der Rechtslage durch einen gestaltenden Verwaltungsakt findet nach dieser Auffassung also mit seinem Erlaß statt.

Nach der Theorie von der Wirksamkeitshemmung hat die aufschiebende Wirkung zur Folge, daß der Verwaltungsakt zunächst keinerlei Wirkung entfaltet. In einer strengen Variante dieser Theorie wird vertreten, daß die Wirksamkeit des angefochtenen Verwaltungsakts erst zum Zeitpunkt der rechtskräftigen Entscheidung mit ex-nunc Wirkung eintrete.[30] Die Vertreter der so-

---

[28] BSG 7, 129 (135 f.); ebenso *Bähr*, Die maßgebliche Rechts- und Sachlage, S. 52.

[29] *Finkelnburg/Jank*, Vorläufiger Rechtsschutz, § 44 Rn. 494: Fortbestand der ursprünglichen Rechtslage wird durch die aufschiebende Wirkung nur fingiert; siehe auch BVerwGE 13, 1 (5 ff.); 24, 92 (98); 66, 218 (222): "Rechtswirkungen eines Verwaltungsakts, die vor Anfechtung eingetreten waren, bleiben aufschiebend bedingt wirksam."; zur Bedeutungslosigkeit der Nichtinanspruchnahme vorläufiger Vollziehung siehe BVerwGE 72, 300 (312).

[30] *Erichsen/Klenke*, DÖV 1976, 833 ff.; siehe dazu auch *Schenke*, Verwaltungsprozeßrecht, Rn. 950; *Pietzner/Ronellenfitsch*, Öffentliches Recht, § 53 Rn. 5.

genannten eingeschränkten Wirksamkeitstheorie sind dagegen der Auffassung, daß Widerspruch und Klage die Wirksamkeit eines Verwaltungsakts nur vorläufig hemmen. Mit der rechtskräftigen abweisenden Gerichtsentscheidung entfalle die Wirksamkeitshemmung ex-tunc.[31]

Sowohl nach der Lehre von der Vollzugshemmung als auch nach der Lehre von der eingeschränkten Wirksamkeitshemmung tritt die in der Entziehungsverfügung liegende Gestaltung also unbeschadet des Suspensiveffekts gemäß dem materiellen Recht im Zeitpunkt der Bekanntgabe des Verwaltungsakts ein. Zu einem anderen Ergebnis kommt allein die strenge Wirksamkeitstheorie. Gegen diese bestehen jedoch gewichtige Einwände. Sie hat die Konsequenz, daß die Einlegung eines unbegründeten, in gewissem Umfang sogar eines unzulässigen Rechtsbehelfs[32] prozeßrechtlich ein Ergebnis herbeiführen würde, das nach materiellem Recht unzulässig wäre. Hierfür besteht kein sachlicher Grund.[33] Darüberhinaus steht sie im Widerspruch zu § 43 Abs. 1 S. 1 VwVfG, wonach ein Verwaltungsakt gegenüber demjenigen, für den er bestimmt ist oder der von ihm betroffen wird, zum Zeitpunkt seiner Bekanntgabe wirksam wird.[34] Die strenge Wirksamkeitstheorie ist folglich abzulehnen.

Einer Entscheidung zwischen der eingeschränkten Wirksamkeitstheorie und der Lehre von der Vollzugshemmung ist für die hier aufgeworfene Frage nicht erforderlich, da beide Auffassungen zu dem Ergebnis kommen, daß die Gestaltungswirkung eines Verwaltungsakts mit dessen Erlaß eintritt.

Richtig ist allerdings, daß den Kläger die Auswirkungen dieser Gestaltung faktisch erst mit der Abweisung der Klage treffen: Der klagende Arzt darf erst ab Rechtskraft des Urteils keine Kassenpatienten mehr behandeln. Dieses Verbot ist jedoch nicht Inhalt der Entziehungsverfügung. Es ist vielmehr Folge des Gesetzes, das die Behandlung von Kassenpatienten ohne Zulassung verbietet. Ob von einem noch nicht vollzogenen Verwaltungsakt noch gegenwärtige Wirkungen ausgehen, bestimmt sich aber allein nach dem Inhalt seiner Regelung. Nicht zu berücksichtigen sind dagegen Rechtswirkungen, deren

---

31 *Schoch*, Vorläufiger Rechtsschutz, S. 1180; *Seibert*, Bindungswirkung, S. 175; *Schenke*, Verwaltungsprozeßrecht, Rn. 950, 953; *Pietzner/Ronellenfitsch*, Öffentliches Recht, § 53 Rn. 7 ff.; *Kopp*, VwGO, § 80 Rn. 16.

32 Siehe zu den Anforderungen an den Widerspruch für den Eintritt der Suspensivwirkung *Kopp*, VwGO, § 80 Rn. 29 f. m. w. N.

33 *Schenke*, Verwaltungsprozeßrecht, Rn. 953.

34 *Schenke*, Verwaltungsprozeßrecht, Rn. 953; kritisch auch *Pietzner/Ronellenfitsch*, Öffentliches Recht, § 53 Rn. 5 ff.

Entstehen oder Wegfall unmittelbar auf dem Gesetz beruht oder für deren Eintritt der Erlaß des Verwaltungsakts nur eine von mehreren tatbestandlichen Voraussetzungen ist. Der Kläger kann sich mit der Anfechtungsklage allein gegen den Verwaltungsakt und dessen Regelungsinhalt wenden. Dies ist hier der Entzug der Erlaubnis, nicht das Verbot der Behandlung von Kassenpatienten. Dieses unmittelbar aus dem Gesetz folgende Verbot kann demgegenüber nur durch Wiedererlangung einer Zulassung überwunden werden.

Der maßgebliche Zeitpunkt für die Beurteilung der Rechtswidrigkeit eines gestaltenden Verwaltungsakts bestimmt sich folglich nach dem Zeitpunkt seines Erlasses. Hieran kann die Erhebung von Widerspruch oder Klage nichts ändern.

2. Die Wirkung des Suspensiveffekts auf den befehlenden Verwaltungsakt

Anders stellt sich die Rechtslage bei befehlenden Verwaltungsakten dar. Befehlende Verwaltungsakte sind nur ein notwendiger Zwischenschritt auf dem Wege zur Verwirklichung des von der Verwaltung angestrebten Ziels. Da mit ihnen nicht nur Veränderungen der Rechtslage, sondern Änderungen in der Wirklichkeit angestrebt werden, bedürfen sie weiterer Umsetzungsakte, sei es durch freiwillige Befolgung, sei es durch Verwaltungszwang. Dementsprechend ist der Sachverhalt nicht bereits mit Erlaß des befehlenden Verwaltungsakts, sondern erst mit seiner tatsächlichen Verwirklichung abgeschlossen.[35] Ob dies die Folgerung erlaubt, daß für befehlende Verwaltungsakte stets der Zeitpunkt der gerichtlichen Entscheidung maßgebend ist, soll an zwei weiteren Beispielsfällen überprüft werden.

a) Beispiel : Abrißverfügung

Gegenüber dem Eigentümer eines ungenehmigt errichteten Gebäudes ergeht eine Abrißverfügung. Während des Anfechtungsprozesses wird der Bebauungsplan in einer Weise geändert, die die Legalisierung des Schwarzbaus ermöglicht.

---

[35] *Bachof*, Die verwaltungsgerichtliche Klage, S. 106: "Verwaltungsakt und Vollzug stellen eine Einheit dar."; siehe auch schon oben 4. Kapitel II 2 b).

Der Verwaltungsakt enthält die Verpflichtung des Eigentümers, ein Gebäude abzureißen. Diese Verpflichtung wird mit Zugang wirksam. Die Rechtsfolge erschöpft sich jedoch nicht in dieser Verpflichtung. Sie zielt vielmehr auf Erfüllung, d.h. auf Verwirklichung der Verpflichtung. Durch den Suspensiveffekt wird zwar nicht die Existenz der Verpflichtung, aber ihre Fälligkeit aufgeschoben. Damit hat sich die von der Verwaltung angestrebte Rechtsfolge zum Zeitpunkt der gerichtlichen Entscheidung noch nicht verwirklicht. Der Sachverhalt ist für sie noch nicht abgeschlossen. Auch wenn die Verpflichtung zum Abriß ursprünglich rechtmäßig war, ist es für die Erfüllung der Verpflichtung - auf die der Verwaltungsakt letztlich zielt - eine beachtliche Frage, ob dies nach wie vor der Fall ist, denn die Behörde darf nach der gesetzlichen Ermächtigungsgrundlage nur dann den Abriß verlangen, wenn die bauliche Anlage im Widerspruch zu öffentlich-rechtlichen Vorschriften errichtet worden ist und nicht auf andere Weise rechtmäßige Zustände hergestellt werden können.[36] Diese Regelung ist Ausdruck des grundrechtlichen Bestandsschutzes nach Art. 14 Abs. 1 GG.[37] Maßgeblich für die Beurteilung der Rechtswidrigkeit der Abrißverfügung ist danach der Zeitpunkt der gerichtlichen Entscheidung.[38]

b) Beispiel : Ausweisungsverfügung

Auch die Ausweisungsverfügung gemäß § 45 AuslG ist ein befehlender Verwaltungsakt. Sie enthält das Gebot, das Land zu verlassen. Erst mit der tatsächlichen Ausreise ist das mit dem Verwaltungsakt verfolgte Ziel erreicht. Dennoch ist für die Beurteilung der Rechtswidrigkeit einer Ausweisungsverfügung nach ganz herrschender Meinung der Zeitpunkt der (letzten) Verwaltungsentscheidung maßgeblich.[39] Grund hierfür ist § 44 Abs. 1 Nr. 1 AuslG,

---

36 Siehe z.B. § 70 Abs. 1 S. 1 BauO Bln; Art. 82 S. 1 BayBauO; § 64 S. 1 LBauO Bad.-Württ.

37 Vgl. *Grundei*, in: Förster u.a., Bauordnung für Berlin, § 70 Rn. 4 und 7; *Simon*, BayBauO, Art. 82 Rn. 21.

38 *Grundei*, in: Förster u.a., Bauordnung für Berlin, § 70 Rn. 7; *Simon*, BayBauO, Art. 82 Rn. 21; *Schenke*, NVwZ 1986, 522 (531); BVerwGE 5, 351 (352); BVerwG, NJW 1986, 1186 (1187); OVG Lüneburg, BRS 42 (1984), Nr. 218; VGH Mannheim, NJW 1989, 603 (603 f.); a.A. *Kleinlein*, VerwArch. Bd 81 (1990), 149 (175 f.); a. A. nunmehr in einem obiter dictum anscheinend auch BVerwG, NVwZ 1993, 476 (477) mit dem Hinweis, daß nachträgliche Änderungen der Rechtslage gemäß § 51 Abs. 1 Nr. 1 VwVfG in einem gesonderten Verwaltungsverfahren zu berücksichtigen seien, was allerdings nur richtig sein kann, sofern der Verwaltungsakt bereits unanfechtbar ist. Ob dies der Fall war, wird aus der Entscheidungswiedergabe nicht deutlich.

39 BVerwGE 60, 133 (136); BVerwG, VBlBW 1990, 223 (223); *Kemper*, NVwZ 1990, 1122 (1129).

wonach eine Ausweisungsverfügung zum Verlust der Aufenthaltsberechtigung führt. Da es für Ausländer ein Grundrecht auf Aufenhalt in der Bundesrepublik Deutschland nicht gibt[40], nach ganz überwiegender Auffassung insbesondere auch nicht aus Art. 6 Abs. 1 und 2 GG[41], kann der Ausländer, wenn die Ausweisungsverfügung im Zeitpunkt ihres Zugangs rechtmäßig ist und damit die Aufenthaltsberechtigung entzieht, keine Verletzung eines subjektiven Rechts durch die Ausweisungsverfügung mehr geltend machen. Er muß sich um einen neuen Aufenthaltstitel bemühen. Infolge einer Ausweisungsverfügung tritt also von Gesetzes wegen eine Umgestaltung im Rechtsstatus des Ausländers ein. Demzufolge müssen die Voraussetzungen für die Ausweisungsverfügung auch nur zum Zeitpunkt ihres Erlasses vorliegen.

Dieses Beispiel zeigt, daß auch bei befehlenden Verwaltungsakten der noch ausstehende Vollzug nicht notwendig zur Folge hat, daß für die Beurteilung der Rechtswidrigkeit des Verwaltungsakts der Zeitpunkt der gerichtlichen Entscheidung maßgeblich ist. Vielmehr bestätigt sich, daß für das Rechtswidrigwerden eines Verwaltungsaktes neben der noch andauernden Regelungswirkung eine gegenwärtige Verletzung in subjektiven Rechten erforderlich ist.

III. Ergebnis

Als Ergebnis kann festgehalten werden, daß die Kategorie des noch nicht vollzogenen Verwaltungsaktes für die Bestimmung des maßgeblichen Zeitpunkts zur Beurteilung der Rechtswidrigkeit eines Verwaltungsakts untauglich ist. Es ist zu unterscheiden zwischen gestaltenden und befehlenden Verwaltungsakten. Die Rechtswidrigkeit gestaltender Verwaltungsakte bestimmt sich stets nach dem Zeitpunkt ihres Erlasses. Demgegenüber läßt sich für befehlende Verwaltungsakte allein aus dem Regelungsinhalt keine einheitliche Aussage über den maßgeblichen Beurteilungszeitpunkt ableiten. Die Untersu-

---

[40] Siehe nur *Stern*, Staatsrecht III/1, § 70 (S. 1036 f.).

[41] Grundlegend BVerfGE 76, 1 (47); ihm folgend VGH Kassel, NVwZ 1993, 799 (800 f.); VGH München, NVwZ 1993, 802 (803); *Stern*, Staatsrecht III/1, § 70 (S. 1039); *Meyer-Teschendorf*, DÖV 1989, 105 (107); *Weides/Zimmermann*, NJW 1988, 1414 (1416 f); a.A. *Zuleeg*, DÖV 1988, 587 (588); *Huber*, NJW 1988, 609 (609). Auch diese Auffassung änderte allerdings letztlich nichts an der Bestimmung des maßgeblichen Zeitpunkts. Voraussetzung und Inhalt eines zunächst gegen den Entzug einer Aufenthaltserlaubnis gerichteten einfachrechtlich gewährten subjektiven Rechts und eines aus Art. 6 Abs. 1 oder 2 GG folgenden subjektiven Rechts (Unterlassungsanspruch) sind nicht identisch. Demzufolge ist es dem Gericht verwehrt, über einen derartigen neu entstandenen Anspruch mitzuentscheiden. Siehe oben 2. Kapitel III 2 b; vgl. auch 6. Kapitel I 2.

chung der Kategorie Dauerverwaltungsakt hat vielmehr gezeigt, daß notwendige Voraussetzung für das Rechtswidrigwerden von Verwaltungsakten nicht nur das Andauern - für befehlende Verwaltungsakte ist zu ergänzen Noch-Ausstehen - der Rechtsfolgenverwirklichung ist, sondern daß darüber hinaus der gesetzliche Tatbestand das dauerhafte Vorliegen der Erlaßvoraussetzungen fordern muß.

6. Kapitel:

Die materiellrechtliche Bestimmung des maßgeblichen Zeitpunkts mit Hilfe der subjektiven Rechte

Im 4. Kapitel ist festgestellt worden, daß das Rechtswidrigwerden eines Verwaltungsakts im Hinblick auf den Gegenstand des Rechtswidrigkeitsurteils nicht ohne Berücksichtigung des Regelungsinhalts, im Hinblick auf den Inhalt des Rechtswidrigkeitsurteils nur als Folge einer Verletzung in subjektiven Rechten denkbar ist. Im 5. Kapitel hat sich erwiesen, daß das Andauern der Regelungswirkungen eines Verwaltungsakts zwar eine notwendige, nicht aber eine hinreichende Voraussetzung für das Rechtswidrigwerden eines Verwaltungsakts darstellt. Es bleibt die Bedeutung der subjektiven Rechte für die Bestimmung des maßgeblichen Zeitpunkts zu untersuchen.

Im allgemeinen Verwaltungsrecht wird das subjektive Recht definiert als die dem einzelnen kraft öffentlichen Rechts verliehene Willensmacht, vom Staat zur Verfolgung eigener Interessen ein bestimmtes Verhalten verlangen zu können.[1] Ist Inhalt dieses einforderbaren staatlichen Verhaltens nichts anderes als gesetzmäßiges Handeln und Beseitigung der Folgen gesetzwidrigen Handelns, kommt eine Verletzung in subjektiven Rechten infolge einer Änderung der Sach- oder Rechtslage und damit das Rechtswidrigwerden eines Verwaltungsakts allerdings nicht in Betracht. Es kommt also darauf an, ob es subjektive Rechte mit weiterreichendem Inhalt gibt.

I. Der Bereich der Eingriffsverwaltung

Im Bereich der Eingriffsverwaltung können sich weitergehende subjektive Rechte aus den Grundrechten ergeben.

---

[1] Zur Definition vgl. nur *Maurer*, Allgemeines Verwaltungrecht, § 8 Rn. 2; *Erichsen*, in: Erichsen/Martens, Allgemeines Verwaltungsrecht, § 10 Rn. 52 ff.; grundlegend zum subjektiven öffentlichen Recht *G. Jellinek*, System, S. 41 ff.; *Bachof*, in: GS f. W. Jellinek, S. 287 (292); siehe auch *W. Henke*, Das subjektive öffentliche Recht, S. 1 ff.; *Schmidt-Preuß*, Kollidierende Privatinteressen, S. 186; kritisch zum Element der "Willensmacht" *Preu*, Subjektivrechtliche Grundlagen, S. 121 ff.

1. Die Grundrechte als subjektive Rechte

Die Einordnung der Grundrechte als subjektive öffentliche Rechte ist für die Verfassungsrechtsprechung und Verfassungslehre heute eine Selbstverständlichkeit.[2] Dennoch hat es große Schwierigkeiten bereitet, diese Erkenntnis für die Frage fruchtbar zu machen, welcher Art das Recht ist, mit dem sich der Bürger gegen einen gesetzwidrigen Verwaltungsakt wehren kann.[3]

a) Argumente gegen die Grundrechte als subjektive öffentliche Rechte im Sinne des Verwaltungsrechts

Ein wesentlicher Grund für die Schwierigkeit, Grundrechte als subjektive öffentliche Rechte im Sinne des Verwaltungsrechts anzuerkennen, liegt in der herkömmlichen Definition des subjektiven öffentlichen Rechts als Anspruch[4] gegenüber einem Verständnis der Grundrechte als Rechtsstellung (status). Nach dieser auf G. Jellinek[5] zurückgehenden Auffassung bezeichnen die Grundrechte nur einen durch ein Bündel normativer Enthaltungspflichten der Verwaltung gesetzlich umrissenen Zustand (status), der als solcher kein subjektives öffentliches Recht (Anspruch!) sei, sondern - ähnlich § 903 BGB - eine Rechtsstellung normiere[6]. Die rechtliche Grundlage eines § 1004 BGB vergleichbaren Abwehranspruchs mußte danach außerhalb der Grundrechte gefunden werden. Rupp folgerte das Bestehen eines solchen, die Gesetzesbindung der Verwaltung subjektivierenden Abwehranspruchs aus der rechtlichen Verbürgung individueller Klagemöglichkeiten in Nachahmung des "glossatorischen Schlusses von der actio auf das jus"[7]. Nach dieser Auffassung konstituieren also erst die Verwaltungsgesetze den Status. Ein Gesetzesverstoß stellt

---

2 Siehe nur *Dürig*, in: Maunz/Dürig, GG, Art. 1 Rn. 96; *Maurer*, Allgemeines Verwaltungsrecht, § 8 Rn. 11; *Erichsen*, in: Erichsen/Martens, Allgemeines Verwaltungsrecht, § 10 Rn. 53; *Schenke*, Verwaltungsprozeßrecht, Rn. 498; *Schmidt-Preuß*, Kollidierende Privatinteressen, S. 37.

3 Vgl. nur *Rupp*, Grundfragen, S. 112; *Zuleeg*, DVBl. 1976, 509 ff.; *Schwabe*, DÖV 1973, 623 (628).

4 Daß subjektiv-öffentliche Rechte nur als Anspruch zu denken sind, betont *G. Jellinek*, System, S. 86, ebenso *Rupp*, Grundfragen, S. 160 ff.; vgl. auch *Henke*, Das subjektive öffentliche Recht, S. 94 ff.

5 *G. Jellinek*, System, S. 81 ff., zum status negativus S. 94 ff.

6 So im Anschluß an *G. Jellinek* insbes. *Rupp*, Grundfragen, S. 162 ff.

7 *Rupp*, Grundfragen, S. 174 f.

eine Verletzung in diesem Status dar, der mit einem Anspruch auf Beseitigung der Folgen des gesetzwidrigen Handelns abgewehrt werden kann.

An dieser Auffassung ist zu kritisieren, daß die der Verwaltung obliegenden Enthaltungspflichten und der ihnen entsprechende Status ausschließlich vom Eingriffsgesetz her entwickelt werden.[8] Macht man aber den Inhalt des grundrechtlichen Status von der einfachgesetzlichen Ausformung abhängig, so ist eine Bindung des Gesetzgebers an die Grundrechte nicht denkbar - eine Konsequenz, die für G. Jellinek noch selbstverständlich ist[9], die mit der ausdrücklichen Bindung des Gesetzgebers an die Grundrechte gemäß Art. 1 Abs. 3 GG jedoch nicht mehr in Übereinstimmung zu bringen ist.[10] Eine einklagbare Grundrechtsbindung des Gesetzgebers fordert notwendig die Existenz von Abwehransprüchen, deren Quelle unmittelbar die Grundrechte sind. Demnach ist die Auffassung, Grundrechte verbürgten nur einen Status unter der Verfassung des Grundgesetzes nicht haltbar.

Dies bedeutet allerdings noch nicht, daß die Grundrechte auch die Quelle der Abwehransprüche gegen rechtswidriges Handeln der Verwaltung sein müssen. Nach Auffassung von Henke ist das allgemeine Freiheitsrecht (auf die speziellen Grundrechte geht er nicht ein) als das Recht auf Freiheit vor ungesetzlichem Zwang zu unbestimmt, um die Grundlage für einen Abwehranspruch gegen einen rechtswidrigen Verwaltungsakt abgeben zu können. Von diesem Recht (verstanden als Rechtsstellung) führe kein systematisch gangbarer Weg zu einem hinreichend individualisierten subjektiven Recht (Abwehranspruch) mit konkretem Inhalt.[11] Grundlage der Abwehransprüche sind für Henke die Verwaltungsgesetze selbst, die ein Rechtsverhältnis zwischen Verwaltung und Bürger konstituieren und damit "wenn man den rechtsstaatlichen Charakter dieser Gesetze ernst nimmt", "zwanglos" auch subjektive Rechte normieren.[12] Dem ist entgegenzuhalten, daß dem Rechtsstaatsprinzip ein eigenständiger Erklärungswert nicht ohne weiteres zukommt.[13] Diese Herleitung subjektiver Rechte erweist sich darüber hinaus als problematisch im

---

8 *Schwabe*, DÖV 1973, 623 (629).

9 *G. Jellinek*, System, S. 97, siehe auch S. 103.

10 Siehe *Hesse*, Grundzüge, Rn. 281.

11 *Henke*, Das subjektive öffentliche Recht, S. 97.

12 *Henke*, Das subjektive öffentliche Recht, S. 102.

13 Grundlegend *Kunig*, Das Rechtsstaatsprinzip, S. 109 f., 457 ff. und passim, grundsätzlich zustimmend *Schmidt-Aßmann*, HdbStR I, § 24 Rn. 7; siehe auch *Schnapp*, in: v. Münch/Kunig, GGK I, Art. 20 Rn. 21.

Falle gänzlich gesetzlosen Handelns, weil dann das Substrat für das subjektive Recht fehlt.[14] Henke will in diesen Fällen das subjektive Recht in Rechtsgrundsätzen verankern[15], deren Ursprung jedoch unklar bleibt.[16]

b) Die Begründung subjektiv-öffentlicher Abwehrrechte gegen rechtswidriges Verwaltungshandeln aus den Grundrechten

Die dargestellten Schwierigkeiten, die Grundrechte als Quelle von Abwehransprüchen gegen rechtswidriges Verwaltungshandeln zu begreifen, lassen sich überwinden, wenn man erkennt, daß es weder zwingend geboten ist, subjektive öffentliche Rechte nur als Ansprüche noch Grundrechte nur als status zu verstehen.[17]

Alexy hat dargelegt, daß das "subjektive Recht" vielmehr Oberbegriff für im einzelnen sehr unterschiedliche Rechtspositionen ist, die sich in Freiheiten[18], Ansprüche (Rechte auf etwas) und Kompetenzen[19] gliedern lassen. Das Grundrecht als Ganzes ist wiederum zu verstehen als die Zuordnung eines Bündels der verschiedenen Kategorien subjektiver Rechte zu einer Grundrechtsbestimmung[20]: Die in den Freiheitsgrundrechten den Bürgern zur Selbstbestimmung überlassenen Lebensbereiche sind rechtlich anerkannt und als (rechtlich anerkannte) Freiheiten subjektive öffentliche Rechte.[21] Hieraus können Rechte auf Nichthinderung der Ausübung und Nichtbeseitigung dieser

---

[14] So die Kritik von *Schwabe*, DÖV 1973, 623 (630).

[15] *Henke*, Das subjektive öffentliche Recht, S. 110.

[16] Siehe die Kritik von *Schwabe*, DÖV 1973, 623 (630).

[17] *Alexy*, Theorie der Grundrechte, S. 237 Fn. 40 in Auseinandersetzung mit *Rupp*; vgl. auch *Weyreuther*, 47. DJT, Gutachten B, S. 83; gegen ein Verständnis des subjektiven Rechts ausschließlich als Anspruch bereits *Bachof*, in: GS f. W. Jellinek, S. 287 (293).

[18] Definition von *Alexy*, Theorie der Grundrechte, S. 205: Unbewehrte Freiheiten als Negation des Sollens. Sie beinhalten nicht, an der Ausübung der Freiheit gehindert zu werden. Ein solches Recht ist vielmehr ein Recht auf etwas (ein Anspruch). Tritt ein solches Recht hinzu, wird aus der unbewehrten eine bewehrte Freiheit.

[19] *Alexy*, Theorie der Grundrechte, S. 170 f. Eine grundrechtlich verbürgte Kompetenz enthält Art. 19 Abs. 4 GG der den Bürgern die Rechtsmacht verleiht, den Staat in ein Gerichtsverfahren zu ziehen. Siehe dazu *Alexy*, Theorie der Grundrechte, S. 210, 220. Hier ist jedoch nur von Interesse, welchen Einfluß das einfache Recht auf die grundrechtlichen Abwehransprüche hat.

[20] *Alexy*, Theorie der Grundrechte, S. 224.

[21] *Alexy*, Theorie der Grundrechte, S. 206 f.: "Ihr besonderer rechtlicher Gehalt als grundrechtliche Erlaubnisnormen besteht darin, daß sie im Rahmen des Stufenbaus der Rechtsordnung die Funktion haben, bezogen auf niederere Stufen dem Sollen Grenzen zu setzen. Diese Funktion kann durch die bloße Abwesenheit von Gebots- oder Verbotsnormen nicht erfüllt werde."; vgl. auch *Scherzberg*, DVBl. 1989, 1128 (1135).

Freiheiten (Ansprüche) zwar nicht logisch, aber doch teleologisch zwingend gefolgert werden: Wenn dem einzelnen ein Freiheitsraum auf möglichst sichere Weise gewährt werden soll, dann ist es erforderlich, ihn durch Rechte auf Unterlassen von Beeinträchtigungen zu bewehren. Auch diese Ansprüche sind in den Grundrechten angelegte subjektive öffentliche Rechte.[22] Die Unterscheidung zwischen Rechtsstellung (Freiheit) und Anspruch ist also zutreffend. Beide Arten von Rechten haben ihre normative Grundlage aber in den Grundrechten.

Die Grundrechte sind bekanntlich nicht vorbehaltslos gewährt, sondern in verfassungsmäßiger Weise einschränkbar. Das heißt, der Gesetzgeber darf die grundsätzlich umfassend gegebene Gewährung nach Inhalt und Umfang - nicht aber nach seinem Belieben - beeinflussen. Damit spezifiziert er zugleich die nach Inhalt und Umfang zunächst unbestimmten Abwehransprüche. Der Umfang der jeweils als verletzt behaupteten subjektiv-öffentlichen Freiheitsgewährung ergibt sich also nicht allein aus dem einschlägigen Grundrecht, sondern er folgt erst aus einer Zusammenschau des betroffenen Grundrechts und der gesetzlichen Einschränkung, auf deren Grundlage die Verwaltung handelt. Das einfache Gesetz hat also eine dreifache Funktion: Es beschränkt die grundrechtliche Freiheitsgewährung, konkretisiert damit den grundrechtlichen Abwehranspruch und ist Ermächtigungsnorm für die Verwaltung.

2. Ableitung des Inhalts subjektiver Rechte aus den verschiedenen Formen von Eingriffsermächtigungen

Ist die einfachgesetzliche Ermächtigungsgrundlage die Grenze bzw. negative Seite der grundrechtlichen Freiheitsgewährung und des zugehörigen Abwehranspruchs, so muß es möglich sein, die dem allgemeinen Verwaltungsrecht bekannte Klassifizierung von grundrechtseinschränkenden Ermächtigungsgrundlagen als Hilfsmittel für die Erarbeitung eines Systems subjektiver Rechte zu nutzen.

Rechtstechnisch gibt es für den Gesetzgeber zwei grundsätzliche Möglichkeiten, Freiheitsbetätigungen im Interesse des Gemeinwohls einzuschränken:

---

[22] *Alexy*, Theorie der Grundrechte, S. 209, 236 f.; *Weyreuther*, 47. DJT, Gutachten B, S. 83 f.; siehe dazu auch *Ossenbühl*, Staatshaftungsrecht, § 35 (S. 252 f.); *Schoch*, VerwArch. Bd 79 (1988), 1 (35 ff.); *Zuleeg*, DVBl. 1976, 509 (514); *Held*, Der Grundrechtsbezug, S. 235; *Kraft*, BayVBl. 1992, 456 (457); *Scherzberg*, DVBl. 1989, 1128 (1135); im Ergebnis so auch *Schenke*, Verwaltungsprozeßrecht, Rn. 503; *Erichsen*, in: Erichsen/Martens, Allgemeines Verwaltungsrecht, § 10 Rn. 53.

Das Verbot für den Einzelfall bei generellem Erlaubtsein einer Tätigkeit auf der einen Seite, die Einzelfallerlaubnis bei vorgeschaltetem generellem Verbot auf der anderen Seite.[23] Dementsprechend unterscheidet man im allgemeinen Verwaltungsrecht zwischen Eingriffsvorbehalten und Erlaubnisvorbehalten.[24]

a) Der Eingriffsvorbehalt

Mit der Kategorie des Eingriffsvorbehalts werden Gesetze bezeichnet, durch die der Gesetzgeber die grundrechtlich geschützte Handlungs- und Entscheidungsbefugnis des Bürgers generell unangetastet läßt, aber die Verwaltung ermächtigt, Grundrechtseingriffe vorzunehmen, wenn aus der Freiheitsbetätigung Gefahren für die Allgemeinheit oder für Dritte entstehen.[25] Typischer Fall ist die Polizeiverfügung. Regelungsinhalt eines solchen Verwaltungsakts ist stets der Befehl, daß tatbestandlich näher umschriebene gefährliche Tun zu unterlassen bzw. gesetzmäßige Zustände herzustellen. Dieser Befehl und die Möglichkeit seiner zwangsweisen Durchsetzung stellen einen Grundrechtseingriff dar, der nur gerechtfertigt ist, solange die gesetzlichen Tatbestandsvoraussetungen für die Eingriffsermächtigung vorliegen. Liegen sie nicht vor, wird der Bürger in seiner grundrechtlich verbürgten Freiheit verletzt und hat einen unmittelbar aus dem betroffenen Grundrecht folgenden Abwehranspruch. Dieser grundrechtliche Abwehranspruch ist also konkretisiert durch das Nichtvorliegen der Voraussetzungen der Eingriffsermächtigung. Der Tatbestand der Ermächtigungsgrundlage ist sozusagen negatives Tatbestandsmerkmal des grundrechtlichen Abwehranspruchs, der mit der Beseitigung der rechtlichen Beeinträchtigung auf die Unterlassung der tatsächlichen Beeinträchtigung des grundrechtlich geschützten Gutes zielt[26]. Dieser Anspruch ist die subjektivrechtliche Antwort darauf, daß Verwaltungsakt und

---

23 So prägnant *Schwabe*, Jus 1973, 133 (133).

24 *Kloepfer* (Umweltrecht, § 4 Rn. 33) führt als weitere Unterteilung noch die Auskunftspflichten und Überwachungsermächtigungen an. Bei ersteren handelt es sich um spezielle gesetzliche Verpflichtungen, deren Mißachtung Sanktionen oder Eingriffbefugnisse der Verwaltung auslösen. Letztere enthalten ebenfalls spezielle Eingriffsermächtigungen, denen Duldungs- oder Mitwirkungspflichten korrespondieren. Beide Formen enthalten also Ermächtigungen, die ihrer Struktur nach den Eingriffsvorbehalten zuzuordnen sind.

25 *Maurer*, Allgemeines Verwaltungsrecht, § 9 Rn. 54; *Schwabe*, JuS 1973, 133 (133); *Held*, Der Grundrechtsbezug, S. 163; *Grabitz*, AöR Bd 98 (1973), 568 (612).

26 Vgl. *Weyreuther*, 47. DJT, Gutachten B, S. 46 f.; *Ossenbühl*, Staatshaftungsrecht, § 35 (S. 252 f.); *Held*, Grundrechtsbezug, S. 236; *Schoch*, VerwArch. Bd 79 (1988), 1 (37). Ist es bereits zu tatsächlichen Beeinträchtigungen gekommen, ist der Folgenbeseitigungsanspruch die Fortsetzung eben dieses grundrechtlichen Unterlassungsanspruchs. Vgl. die genannten Autoren, ebenda.

Vollzug eine rechtliche und tatsächliche Einheit bilden, wobei die Vollziehung als Realakt die Umsetzung des das Gebot oder Verbot enthaltenen Formalaktes in die Wirklichkeit ist.[27] Da im Falle eines Eingriffsvorbehalts die gesetzlichen Tatbestandsvoraussetzungen auch und gerade im Zeitpunkt der Vollziehung, das heißt des tatsächlichen Grundrechtseingriffs, vorliegen müssen, können befehlende noch nicht vollzogene Verwaltungsakte, die auf der Grundlage eines Eingriffsvorbehalts ergangen sind, infolge Wegfalls der Tatbestandsvoraussetzungen wegen Grundrechtsverletzung rechtswidrig werden. Damit wird nicht in Frage gestellt, daß die von der Behörde als Voraussetzung des Erlasses der Verfügung vorgenommene Gefahrprognose vom Gericht auf der Grundlage einer ex-ante Betrachtung zu prüfen ist.[28] Dies betrifft jedoch die Unbeachtlichkeit nachträglicher besserer Kenntnis von Umständen, die bereits bei Erlaß der Polizeiverfügung vorgelegen haben. Hier geht es aber um die nachträgliche Änderung der Sachlage, die zum Wegfall der Gefahr führt. Diese kann die Rechtmäßigkeit des Erlasses gleichfalls nicht berühren, führt jedoch zum Rechtswidrigwerden durch die beschriebene Verletzung in Grundrechten. Als Beispiel sei neben den polizeilichen Maßnahmen[29] die Untersagung der Fortsetzung des Betriebs nach § 16 Abs. 3 Handwerksordnung[30] oder die Untersagung des Einstellens und Ausbildens gemäß § 24 Handwerksordnung[31] sowie der Fall der Abrißverfügung zur Beseitigung eines Schwarzbaus genannt.[32]

---

27 *Bachof*, Die verwaltungsgerichtliche Klage, S. 106; zustimmend *Henke*, Das subjektive öffentliche Recht, S. 106; *Menger*, System, S. 106; *Weyreuther*, 47. DJT, Gutachten B, S. 47 ff. mit Hinweis auf das PrOVGE 34, 178, 181: "... das Ziel der gegen die Heranziehung zu Gemeindelasten gegebenen Klage ist nicht bloß die Erlangung eines Richterspruchs über die Rechtmäßigkeit der Heranziehung, sondern zugleich die Beseitigung ihrer rechtlichen Folgen". Siehe auch schon oben 4. Kapitel II 2 b.

28 Siehe nur *Drews/Wacke/Vogel/Martens*, Gefahrenabwehr, § 13, 2 b (S. 223); *Götz*, Allgemeines Polizeirecht, Rn. 127 u. Rn. 134.

29 Z. B. Vornahme einer erkennungsdienstlichen Maßnahme nach § 81 b 2. Alt. StPO. Siehe dazu BVerwGE 66, 192 (198). Vgl. auch § 11 Abs. 3 ASOG Bln: "Eine Maßnahme ist nur solange zulässig, bis ihr Zweck erreicht ist oder sich zeigt, daß er nicht erreicht werden kann." § 33 Abs. 1 Nr. 1 ASOG Bln: Die festhaltene Person ist zu entlassen, sobald der Grund für die Maßnahme weggefallen ist." § 41 Abs. 1 ASOG Bln.: "Sobald die Voraussetzungen für die Sicherstellung weggefallen sind, sind die Sachen an ... herauszugeben, ...". Siehe zum maßgeblichen Zeitpunkt für die Beurteilung der Rechtswidrigkeit von Polizeiverfügungen auch *Eyermann/Fröhler*, VwGO, § 113 Rn. 2; *Schenke*, NVwZ 1986, 522 (530); im Ergebnis auch *Kleinlein*, VerwArch. Bd 81 (1990), 149 (169 f.).

30 BVerwGE, 59, 5 (7 ff.); vgl. zur Mitteilung der Löschung in der Handwerksrolle BVerwG, Buchholz 451.45 § 13 HwO; hierbei handelt es sich um einen feststellenden Verwaltungsakt, der aber auch dem eigentlichen Grundrechtseingriff (der Löschung) vorgeschaltet ist.

31 VGH Mannheim, GewArch. 1980, 386 f.

32 Siehe oben 5. Kapitel II 2 a. In diesem Zusammenhang ist es unerheblich, daß die Bauerlaubnis zum Typ des präventiven Verbots mit Erlaubnisvorbehalt gehört (dazu sogleich unter b). Betroffen

b) Der Erlaubnisvorbehalt

Bei den Erlaubnisvorbehalten wird allgemein unterschieden zwischen präventiven Verboten mit Erlaubnisvorbehalt und repressiven Verboten mit Ausnahmevorbehalt.[33]

aa) Herkömmliche Unterscheidung zwischen präventiven und repressiven Verboten[34]

Als repressives Verbot mit Ausnahmevorbehalt bezeichnet man Gesetze, durch die der Gesetzgeber ein bestimmtes Verhalten als unerwünscht generell verbietet, in besonders gelagerten Ausnahmefällen jedoch die Verwaltung ermächtigt, eine - grundsätzlich als Ermessensentscheidung ausgestaltete - Ausnahme von diesem generellen Verbot zu gewähren. Zu dieser Art Erlaubnisvorbehalt werden z.B. die waffenrechtlichen Erlaubnisse, die Ausnahmen von den grundsätzlichen Waldrodungs- und Umwandlungsverboten des § 9 BWaldG sowie die wasserrechtliche Erlaubnis und Bewilligung gezählt.

Demgegenüber soll das präventive Verbot mit Erlaubnisvorbehalt nicht Ausdruck einer generellen Mißbilligung der erlaubnispflichtigen Tätigkeit sein, sondern nur die vorherige Kontrolle der Rechtmäßigkeit eines beabsichtigten Verhaltens ermöglichen. Es ist insofern zunächst nur ein formelles Verbot. Ergeben sich im Erlaubnisverfahren keine Versagungsgründe, so ist die Erlaubnis zu erteilen. Es handelt sich um eine gebundene Erlaubnis, die bei Vorliegen der gesetzlichen Voraussetzungen erteilt werden muß und auf die ein Rechtsanspruch besteht.[35] Allein wenn die Genehmigungsvoraussetzungen nicht vorliegen, erweist sich das zunächst formelle Verbot als materielles Verbot. Als typisches Beispiel dieser Art gilt die Bauerlaubnis, die Fahrerlaubnis, die Anlagengenehmigung nach dem Bundesimmissionsschutzgesetz, die Gaststättenerlaubnis sowie andere gewerbe- und umweltrechtliche Erlaubnisse, ungeachtet ihrer jeweiligen gesetzlichen Bezeichnung.

---

ist hier der vom Verbot des spontanen Bauens unberührt gebliebene grundrechtliche Bestandsschutz. Gegen ihn wird verstoßen, wenn das errichtete Bauwerk abgerissen werden muß, obwohl es in Übereinstimmung mit dem materiellen Baurecht steht. Siehe *Grundei*, in: Förster u.a., Bauordnung für Berlin, § 70 Rn. 4 und 7; *Simon*, BayBauO, Art. 82 Rn. 21.

[33] Vgl. *Maurer*, Allgemeines Verwaltungsrecht, § 9 Rn. 51 ff.; *Battis*, Allgemeines Verwaltungsrecht, Rn. 116 ff.; *Kloepfer*, Umweltrecht, § 4 Rn. 45 ff.; siehe auch *Henke*, DVBl. 1983, 982 (983 f.).

[34] Die folgenden Ausführungen beruhen maßgeblich auf *Maurer* und *Kloepfer*, a.a.O. (Fn. 33).

[35] Grundlegend BVerfGE 20, 150 (155) - Sammlungsgesetz.

bb) Kritik

Die Tragfähigkeit dieser herkömmlichen Unterscheidung ist nicht unumstritten. So fällt es z.B. im Umweltrecht schwer, zwischen einer sozial erwünschten und generell akzeptierten Luftverschmutzung und einer generell mißbilligten Wasserverunreinigung zu unterscheiden.[36] Tatsächlich will der Gesetzgeber sowohl beim präventiven wie beim repressiven Verbot das Gefährliche dauerhaft unterbinden, das Ungefährliche und Erwünschte dagegen zulassen.[37] Auch die Unterscheidung nach der Rechtsfolge - gebundener Anspruch oder Ermessen - ist nicht durchgängig möglich.[38] Zwar darf bei einem präventiven Verbot fast nie nach Ermessen über die Erlaubnis entschieden werden, beim repressiven Verbot dagegen häufig.[39] Als Ausnahme im ersten Fall ist jedoch die atomrechtliche Genehmigung zu nennen[40], im zweiten wird im Einzelfall durch Ermessensreduzierung auf Null[41] ein gebundener Anspruch angenommen.[42]

Nach Auffassung von Schwabe ist der Unterschied zwischen präventivem und repressivem Verbot denn auch nur ein quantitativer bezogen auf das Regel- Ausnahme-Verhältnis zwischen vorläufigem und endgültigem Verbot einer Betätigung, das sich auch in der Gesetzestechnik spiegele. Während beim präventiven Verbot das unbedenkliche Tun und folglich die Erlaubnis und das nur vorläufige Verbot die Regel sei, das endgültige Verbot bei Nichtvorliegen der Genehmigungsvoraussetzungen die Ausnahme, stehe beim repressiven Verbot das gefährliche und schädliche einer Betätigung und damit das endgültige Verbot im Vordergrund, und das vorläufige Verbot sei die Ausnahme.[43]

Sowohl das grundsätzlich vorläufige wie auch das grundsätzlich endgültige Verbot sind an den Grundrechten zu messen und müssen sich generell wie im Einzelfall als verhältnismäßig erweisen. Für den Inhalt des subjektiven öffentlichen Rechts ist ausschlaggebend, ob Grundrechte bestimmte Ausnahmeregelungen zwingend verlangen oder ob sie auch ein ausnahmsloses Verbot zulas-

---

36 *Kloepfer*, Umweltrecht, § 4 Rn. 48.

37 *Schwabe*, JuS 1973, 133 (134).

38 *Schwabe*, JuS 1973, 133 (134); *Gusy*, JA 1981, 80 (81).

39 *Schwabe*, JuS 1973, 133 (134).

40 Zur Begründung siehe BVerfGE 49, 89 (145); siehe auch *Kloepfer*, Umweltrecht, § 8 Rn. 24 ff.; kritisch *Lecheler*, ZRP 1977, 241 (244).

41 Siehe dazu *Maurer*, Allgemeines Verwaltungsrecht, § 7 Rn. 24 f.

42 BVerwGE 47, 280 (283); 62, 206 (210).

43 *Schwabe*, JuS 1973, 133 (134).

sen. Im ersten Fall darf der Gesetzgeber die Erteilung der Genehmigung nicht in das Ermessen der Verwaltung stellen. Auch wenn das Verbot als ein repressives Verbot mit Ausnahmevorbehalt formuliert ist, kann es unter diesen Umständen nur vorläufig sein. Durchbrechungen eines auch ausnahmslos zulässigen Verbotes kann der Gesetzgeber demgegenüber dem pflichtgemäßen Ermessen der Verwaltung überlassen.[44]

Gemessen an den Grundrechten verläuft die Trennlinie also zwischen dem Bereich des grundsätzlich vorläufigen und dem Bereich des grundsätzlich endgültigen Verbots.

(1) Das endgültige Verbot

Im Bereich des endgültigen Verbots hat der Gesetzgeber durch seine Schrankenkonkretisierung eine bestimmte Freiheitsbetätigung vollständig der grundrechtlichen Gewährleistung entzogen.[45] Bestand und Inhalt subjektiver Rechte muß deshalb dem einfachen Recht entnommen werden.[46]

Geht es um den Entzug einer einmal eingeräumten Rechtsstellung, folgt die Subjektivierung der Gesetzesbindung der Verwaltung aus dieser Rechtsstellung selbst. Wird diese Rechtsstellung rechtmäßigerweise entzogen, ist ihre Verletzung im Falle einer Änderung der Sach- oder Rechtslage nicht mehr möglich. Maßgeblicher Zeitpunkt für die Beurteilung der Rechtmäßigkeit des entziehenden Verwaltungsakts ist die Behördenentscheidung.[47]

Ob auch der Ermächtigung zur pflichtgemäßen Ermessensentscheidung über die Erteilung von Ausnahmebewilligungen ein subjektives Recht korrespondiert, ist durch Auslegung zu ermitteln. Dafür sind von der sogenannten Schutznormlehre - und in Auseinandersetzung mit ihr - Kriterien entwickelt worden[48], die insbesondere bei der Frage Anwendung finden, ob Drittbetrof-

---

44 *Schwabe*, JuS 1973, 133 (138).

45 Beispiel: An Altersgrenzen geknüpfte Berufsverbote, siehe z.B. BVerfGE 9, 338 ff.; 64, 72 ff.

46 *Zuleeg* (DVBl. 1976, 509 [518]) vertritt, daß auch im Bereich des repressiven Verbots die subjektiven Rechte aus dem eingeschränkten Grundrecht folgen. Er unterscheidet aber nicht zwischen dem Bereich des endgültigen und dem des nur vorläufigen Verbots. *Schwabe* (JuS 1973, 133 ff.) äußert sich nicht zu dieser Frage. Für den maßgeblichen Zeitpunkt entscheidend ist ohnehin der Inhalt des subjektiven Rechts. Insoweit bestehen keine Divergenzen.

47 Siehe z.B. BVerwG, DÖV 1993, 354 (354) = BayVBl. 1993, 89 (89) zum maßgeblichen Zeitpunkt bei Widerruf einer Waffenbesitzkarte.

48 Siehe die Zusammenfassung des Diskussionsstandes und die weiterführenden Hinweise bei *Schmidt-Aßmann*, in: Maunz/Dürig, GG, Art. 19 IV Rn. 128 ff.; siehe auch *Ramsauer*, AöR Bd 111 (1986), 501 (503 ff.); *Marburger*, 56 DJT, Gutachten C, S. 18 ff.; *Bauer*, Schutznormtheorie, in: Ge-

fenen subjektive Rechte zukommen[49]; die Geltung der Schutznormlehre ist aber nicht auf diese Frage beschränkt.[50] Maßgebliches Kriterium für das Bestehen eines subjektiven Rechts ist danach, daß die zugrunde liegende einfachrechtliche Norm nicht nur den Interessen der Allgemeinheit, sondern auch dem privaten Interesse eines eingeschränkten, individualisierbaren Personenkreises zu dienen bestimmt ist.[51] Wenn auch insoweit eine grundsätzliche Vermutung für das Bestehen subjektiver Rechte mittlerweile überwiegend abgelehnt wird[52], ist eine solche Auslegungsregel für zweipolige Verwaltungsrechtsverhältnisse nach wie vor anerkannt.[53] Es ist die für das Menschenbild des Grundgesetzes konstitutive Eigenverantwortlichkeit des Menschen, die hinter der Möglichkeit der Verwaltung, private Interessen zu berücksichtigen, ein Recht vermuten läßt, diese Interessen zur Geltung zu bringen.[54] Auf dieses Weise läßt sich darüber hinaus die willkürfreie Ermessensausübung am besten sichern.

Besteht ein subjektives Recht, ist der Anspruchsinhalt auf die ermessensfehlerfreie Entscheidung über den Antrag auf Erteilung einer Ausnahmebewilligung gerichtet. Hat die Verwaltung in fehlerfreier Ermessensbetätigung die Erteilung versagt, ist der klägerische Anspruch erfüllt. Die Berücksichtigung neuer Umstände durch das Gericht bedeutete die Entscheidung über einen neuen eigenständigen Anspruch und wäre deshalb unzulässig. Maßgeblicher Zeitpunkt für die Entscheidung über den Antrag und damit über die Rechtmäßigkeit des versagenden Verwaltungsakts ist folglich auch hier derjenige der Behördenentscheidung.

---

genwartsfragen, S. 113 ff.; zur Kritik siehe die Darstellung bei *Schmidt-Preuß*, Kollidierende Privatinteressen, S. 190 ff.

49 Siehe dazu *Kunig*, in: GS f. W. Martens, S. 599 (601); *Marburger*, 56. DJT, Gutachten C, S. 29.

50 *Schmidt-Preuß*, Kollidierende Privatinteressen, S. 193. Er belegt die Ausrichtung dieser Theorie auf bipolare Rechtsverhältnisse (a.a.O., S. 186 ff.) und unternimmt ihre Fortentwicklung für mehrpolige Rechtsverhältnisse (a.a.O., S. 205 ff., 211 ff., 247 ff.).

51 Siehe zu diesem Kriterium nur *Bachof*, in: GS f. W. Jellinek, S. 287 (299 ff.); *Erichsen*, in: Erichsen/Martens, Allgemeines Verwaltungsrecht, § 10 Rn. 57; *Kunig*, in: GS f. W. Martens, S. 599 (606); *Marburger*, 56. DJT, Gutachten C, S. 20; *Ramsauer*, AöR Bd 111 (1986), 501 (503, 509); *Schmidt-Aßmann*, in: Maunz/Dürig, GG, Art. 19 IV Rn. 118; *Schmidt-Preuß*, Kollidierende Privatinteressen, S. 189.

52 *Schmidt-Aßmann*, in: Maunz/Dürig, GG, Art. 19 IV Rn. 143 f.; *Schmidt-Preuß*, Kollidierende Privatinteressen, S. 205 ff., 208 ff.

53 *Bachof*, in: GS f. W. Jellinek, S. 287 (296); *Schmidt-Aßmann*, in: Maunz/Dürig, GG, Art. 19 IV Rn. 145; siehe auch *Schmidt-Preuß*, Kollidierende Privatinteressen, S. 201 ff.

54 *Bachof*, in: GS f. W. Jellinek, S. 287 (301); *Schmidt-Aßmann*, in: Maunz/Dürig, GG, Art. 19 IV Rn. 145.

(2) Das vorläufige Verbot

In dem gegenüber dem endgültigen Verbot erheblich bedeutenderen Bereich des vorläufigen Verbots entzieht der Gesetzgeber nur die spontane Betätigungsfreiheit der grundrechtlichen Gewährleistung und stellt sie unter einen Verfahrensvorbehalt.[55]

Indem die Versagung aus dem vorläufigen ein endgültiges Verbot macht, stellt sie einen Grundrechtseingriff dar, der nur gerechtfertigt ist, wenn die Voraussetzungen für die Erlaubniserteilung nicht vorliegen.[56] Treten die Anspruchsvoraussetzungen im Laufe des Prozesses ein, verletzt die Versagung den Kläger in seiner Grundrechtsposition[57]. Der grundrechtsgebotene einfachgesetzliche Anspruch auf Erlaubniserteilung erscheint, gegen die Versagung gerichtet, als grundrechtlicher Abwehranspruch, der durch den Tatbestand der Erlaubnisnorm konkretisiert ist. Da der Anspruch auf die Herstellung der grundrechtlichen Betätigungsfreiheit gerichtet ist, hat der versagende Bescheid - auch wenn er zunächst rechtmäßig war - diesen Anspruch jedenfalls nicht erfüllt. Treten die Anspruchsvoraussetzungen infolge einer Änderung der Sach- oder Rechtslage ein, entscheidet das Gericht nicht über einen neuen, sondern über den von Anfang an geltend gemachten Anspruch auf Erlaubniserteilung. Weigert sich die Behörde, den Anspruch zu erfüllen, ist die gerichtliche Entscheidung nicht nur aus Gründen der Verfahrensökonomie, sondern grundrechtsgeboten. Eine Durchbrechung der Funktionenordnung liegt darin nicht, denn die Identität des klägerischen Anspruchs bleibt von der Änderung der Sach- oder Rechtslage unberührt.[58]

Geht es dem Bürger nicht um die Erteilung einer solchen Erlaubnis, sondern wendet er sich gegen ihre Entziehung, so stellt sich die Rechtslage folgendermaßgen dar: Durch die Entziehung stellt die Verwaltung das vorläufige Verbot des Gesetzgebers wieder her. Sie setzt damit den Betroffenen in den Stand zurück, in dem sich alle befinden, die keine Erlaubnis haben.[59] Anders als beim befehlenden Verwaltungsakt auf der Grundlage einer Eingriffser-

---

[55] *Held*, Grundrechtsbezug, S. 163 ff.

[56] *Maurer*, Allgemeines Verwaltungsrecht, § 9 Rn. 52; *Held*, Der Grundrechtsbezug, S. 163; *Forsthoff*, Verwaltungsrecht, § 13 (S. 267).

[57] *Held*, Der Grundrechtsbezug, S. 162, siehe auch S. 170: "Je länger das Verfahren dauert, desto stärker wird der Betroffene in seiner Grundrechtsausübung beschränkt. Die kürzestmögliche Dauer ist also grundrechtsgeboten."

[58] Zu den Forderungen der Funktionenordnung siehe oben 2. Kapitel III 2 b.

[59] Vgl. BayVGH, VerwRspr. Bd 25, Nr. 119 (S. 498).

mächtigung, der das grundrechtsbeeinträchtigende Ge- oder Verbot selbst enthält, folgt die andauernde Grundrechtsbeeinträchtigung beim entziehenden Verwaltungsakt aus der gesetzgeberischen Entscheidung, das Handeln des Bürgers unter einen Genehmigungsvorbehalt zu stellen. Der Grundrechtseingriff der Verwaltung erschöpft sich darin, die grundrechtliche Betätigungsfreiheit wieder in einen grundrechtsgebotenen Anspruch auf Betätigungserlaubnis umzugestalten. Der durch den Tatbestand der Entziehungsermächtigung konkretisierte grundrechtliche Abwehranspruch gegen den Grundrechtseingriff der Verwaltung kann sich folglich nur gegen eine in der Umgestaltung liegende Verletzung richten. War die Umgestaltung rechtmäßig, ist die materielle Grundrechtsposition in einen Leistungsanspruch umgewandelt; ein Abwehranspruch kann auch infolge einer Änderung der Sach- oder Rechtslage nicht mehr entstehen.

Hiermit ist es nicht zu vereinbaren, wenn Czermak für den Fall der Fahrerlaubnisentziehung vertritt, maßgeblich sei die Sach- und Rechtslage zum Zeitpunkt der Gerichtsentscheidung[60]. Er begründet dies damit, daß auch in den Fällen der strafgerichtlichen Fahrerlaubnisentziehung gemäß § 69 Abs. 1 StGB auf diesen Zeitpunkt abgestellt werde.[61] Diesem Argument ist jedoch entgegenzuhalten, daß im Falle einer Änderung der Sachlage zugunsten des Kraftfahrers im Verwaltungsprozeß die Fahrerlaubnis bereits rechtmäßig entzogen ist, während im Strafprozeß das Gericht über die Entziehung erst noch zu entscheiden hat.

Sind allerdings die Tatbestandsvoraussetzungen für die Entziehung einer Erlaubnis identisch mit denen der Erlaubniserteilung - wie z.B. gemäß § 15 Abs. 2 GastG[62] -, der grundrechtliche Abwehranspruch also an dieselben Voraussetzungen geknüpft wie der grundrechtsgebotene Leistungsanspruch, läßt sich in der Regel der Klageantrag dahingehend auslegen, daß der Kläger neben dem Abwehranspruch von Anfang an hilfsweise den Leistungsanspruch geltend macht, das Gericht demgemäß über beide Ansprüche zu entscheiden hat.[63] Diese Auffassung trägt nicht nur der Funktionenordnung ebenso Rech-

---

60 Für die Maßgeblichkeit der Behördenentscheidung BVerwGE 51, 359 (362).

61 *Czermak*, BayVBl. 1978, S. 661 (662); ders., NVwZ 1987, 116 f.

62 § 15 Abs. 2 GastG: "Die Erlaubnis ist zu widerrufen, wenn nachträglich Tatsachen eintreten, die die Versagung nach § 4 Abs. 1 rechtfertigen würden."

63 A.A. BVerwGE 59, 205 (208) : "Der Senat hat nicht darüber zu befinden, ob nach der neuen Sachlage ein Anspruch auf erneute Erteilung der Gaststättenerlaubnis besteht." Auf die Bedeutung von Voraussetzungsidentität oder Voraussetzungsdivergenz weist dagegen auch *Ossenbühl* (JZ 1970, 348 [350 ff.]) hin.

nung wie dem Willen des Klägers, sie führt auch - anders als die Annahme, der Verwaltungsakt werde rechtswidrig und die Anfechtungsklage sei erfolgreich - zu einer angemessenen Verteilung der Prozeßkosten.[64]

3. Zwischenergebnis

Damit läßt sich die Ausgangsfrage nach der Existenz von subjektiven Rechten, deren Inhalt weitergeht als die Gesetzesbindung der Verwaltung, bejahen.

Gegen auf der Grundlage eines Eingriffsvorbehalts erlassene befehlende Verwaltungsakte, die unmittelbar in Grundrechte eingreifen, wehrt sich der Adressat mit einem grundrechtlichen Unterlassungsanspruch, der auf Beseitigung der durch den Verwaltungsakt bestehenden rechtlichen und auf Unterlassen der auf der Grundlage des Verwaltungsakts drohenden faktischen Grundrechtsbeeinträchtigung gerichtet ist. Maßgeblicher Zeitpunkt für die Beurteilung der Rechtswidrigkeit des Verwaltungsakts ist im Rahmen der Anfechtungsklage die Gerichtsentscheidung.

Bei nur vorläufigen gesetzlichen Verboten ist der Verpflichtungsanspruch von Grundrechts wegen auf die Erlaubnis selbst gerichtet, bei endgültigen Verboten gewährt das einfache Recht nur einen Anspruch auf ermessensfehlerfreie Entscheidung. Im ersten Fall ist maßgeblicher Beurteilungszeitpunkt im Rahmen der Verpflichtungsklage die Gerichtsentscheidung, im zweiten die Behördenentscheidung. Die Rechtsnatur der Versagung als feststellender Verwaltungsakt erlaubt allein keine Rückschlüsse auf den maßgeblichen Beurteilungszeitpunkt.

Der Anfechtungsklage gegen die gestaltende Entziehungsverfügung liegt ein grundrechtsgebotenes (beim vorläufigen Verbot) oder einfachrechtlich gewährtes (beim dauernden Verbot) Recht auf gesetzmäßiges Handeln zugrunde, das durch einen Anspruch auf Beseitigung des gesetzwidrigen Verwaltungsakts bewehrt ist. Maßgeblicher Beurteilungszeitpunkt ist die Behördenentscheidung.

---

[64] Zu den Problemen der Prozeßkostenverteilung im Falle einer Änderung der Sach- oder Rechtslage siehe BVerwGE 28, 202 (208); *Ule/Sellmann*, JuS 1967, 308 (309); *Bähr*, Die maßgebliche Rechts- und Sachlage, S. 105 ff.

Entscheidend für die Beurteilung der Rechtswidrigkeit des angegriffenen Verwaltungsakts ist also der Inhalt des geltend gemachten Anspruchs, nicht die Klageart.

4. Anwendung auf den Fall der Gewerbeuntersagung

Die Vielfalt gesetzgeberischer Gestaltungsmöglichkeiten läßt sich allerdings nicht auf die Formen des Eingriffsvorbehalts und der Erlaubnisvorbehalte beschränken. Die Untersuchung dieser Grundtypen von Verwaltungsermächtigungen hat aber die für die Bestimmung des maßgeblichen Beurteilungszeitpunkts entscheidendenden Parameter und die zwischen ihnen bestehenden Beziehungen aufgezeigt. Mit der Einsicht in die Zusammenhänge zwischen subjektivem Recht, Ermächtigungsnorm und Regelungsinhalt des Verwaltungsakts läßt sich auch für untypische Formen gesetzlicher Ermächtigungen der maßgebliche Zeitpunkt bestimmen. Dies soll beispielhaft am Fall der Gewerbeuntersagung dargestellt werden, deren maßgeblicher Beurteilungszeitpunkt zumindest in der Literatur nach wie vor umstritten ist.

a) Die Auffassung der Rechtsprechung

Das Bundesverwaltungsgericht[65] hatte zunächst aus der Charakterisierung der Gewerbeuntersagung als Dauerverwaltungsakt gefolgert, daß die Gerichtsentscheidung maßgeblicher Beurteilungszeitpunkt sei.[66] Infolge der Änderung der Gewerbeordnung vom 13.2.1974[67], mit der die Wiedergestattung des Gewerbeausübung von einer vorherigen Antragstellung bei der zuständigen Behörde abhängig gemacht wurde, änderte das Gericht seine Rechtsprechung dahingehend, daß es nunmehr die Behördenentscheidung für maßgeblich erachtete.[68] Es begründete dies damit, daß die Neuregelung die bisherige Auslegung, daß der Gewerbetreibende nach Wegfall der Unzulässigkeitsgründe einen antragsunabhängigen Anspruch auf Wiederausübung des Gewerbes besitze, nicht mehr zulasse. Der von der neuen Regelung angestrebte Entlastungs-

---

65 Siehe zur Rechtsprechung schon oben 1. Kapitel I 2 b.

66 BVerwGE 22, 16 (22 f.).

67 BGBl. I, S. 161.

68 BVerwGE 65, 1 (3 f.).

effekt[69] würde verfehlt, wenn die Behörde nach wie vor während des gerichtlichen Verfahrens die Berechtigung ihrer Entscheidung fortlaufend anhand der gegebenenfalls veränderten Verhältnisse überprüfen müsse. Es sei nunmehr strikt zwischen dem Untersagungsverfahren und dem Wiedergestattungsverfahren zu unterscheiden. An der Einordnung der Gewerbeuntersagung als Dauerverwaltungsakt hielt das Gericht jedoch fest.[70]

b) Auffassungen in der Literatur

aa) Befürworter der neuen Rechtsprechung

Diese Rechtsprechungsänderung wird in der Literatur teilweise nur als Korrektur einer schon vor der Gesetzesänderung fehlerhaften Rechtsprechung bewertet.[71] Mit der (alten) Annahme, die letzte mündliche Verhandlung sei maßgeblich, habe das Bundesverwaltungsgericht nicht nur die Aufgabenteilung zwischen Verwaltung und Verwaltungsgerichtsbarkeit, sondern insbesondere die bereits vor Gesetzesänderung geltende Regelung mißachtet, daß eine Wiedergestattung regelmäßig nicht vor Ablauf eines Jahres nach Durchführung der Untersagungsverfügung möglich ist.

Einhellig folgen die Befürworter der Rechtsprechungsänderung den verfahrensrechtlichen Überlegungen des Bundesverwaltungsgerichts, wonach - entsprechend dem Gesetzeszweck der Behördenentlastung - nunmehr streng zwischen Untersagungs- und Wiedergestattungsverfahren zu unterscheiden sei.[72] Anders als das Bundesverwaltungsgericht ziehen sie daraus jedoch regelmäßig den Schluß, daß es sich bei der Gewerbeuntersagung nun nicht mehr um einen Verwaltungsakt mit Dauerwirkung, sondern um einen gestaltenden Verwaltungsakt handele[73], und erhalten auf diese Weise die Kategorie des Dauerver-

---

69 Vgl. dazu BT-Drs. 7/111, S. 6.

70 Vgl. BVerwG, NVwZ 1991, 372 (373).

71 So *Heß*, in: Friauf, GewO, § 35 Rn. 164.

72 *Heß*, in: Friauf, GewO, § 35 Rn. 164; *Diefenbach*, GewArch. 1991, 281 (282); *Dickersbach*, WiVerw. 1982, 65 (68 f.); *Marcks*, in: Landmann/Rohmer, GewO, § 35 Rn. 20 a; *ders.*, GewArch. 1982, 316 (316); *Barbey*, WiVerw. 1982, 82 (98).

73 *Marcks*, in: Landmann/Rohmer, GewO, § 35 Rn. 20 a; *ders.*, GewArch. 1982, 316 (316); *Barbey*, WiVerw. 1982, 82 (92); a.A. *Heß*, in: Friauf, GewO, § 35 Rn. 152; *Diefenbach*, GewArch. 1991, 281 (282): "... daß sich allein aus der Rechtsnatur eines Verwaltungsakts als Dauerverwaltungsakt noch keine zwingenden Schlüsse hinsichtlich der Frage des maßgebenden Zeitpunkts ziehen lassen, ...".

waltungsakts als erhebliches Kriterium für die Bestimmung des maßgeblichen Zeitpunkts aufrecht.

bb) Kritiker der neuen Rechtsprechung

Dagegen messen die Kritiker der Rechtsprechungsänderung dem Antragserfordernis nur die Qualität einer Verfahrensvorschrift zu, die den unmittelbar aus Art. 12 Abs. 1 GG folgenden Anspruch auf freie Gewerbeausübung nicht berühren könne[74], und ziehen daraus zum Teil den Schluß, daß § 36 Abs. 6 GewO, der die Wiedergestattung regelt, erst nach Unanfechtbarkeit der Untersagungsverfügung, nicht aber während des Anfechtungsverfahrens gegen die Untersagungsverfügung gelte.[75]

Schenke schließlich will danach unterscheiden, ob die den Antrag auf Wiedergestattung beschränkende Jahresfrist gemäß § 36 Abs. 6 S. 2 GewO bereits abgelaufen ist oder noch nicht.[76] Sei sie noch nicht abgelaufen, stehe dem Kläger, auch im Falle zwischenzeitlich eingetretener Zuverlässigkeit, nur ein Anspruch auf ermessensfehlerfreie Entscheidung zu, nicht aber ein Anspruch auf freie Gewerbeausübung. Dieser Anspruch berühre die Untersagungsverfügung nicht in ihrer Rechtmäßigkeit. Nach Ablauf der Jahresfrist und Antragstellung müsse die Untersagungsverfügung bei Zuverlässigkeit dagegen im laufenden Anfechtungsprozeß aufgehoben werden.

c) Eigene Auffassung

Die Regelung über Untersagung und Wiedergestattung der Gewerbeausübung läßt sich weder dem Eingriffsvorbehalt noch dem präventiven Verbot mit Erlaubnisvorbehalt eindeutig zuordnen. Die Untersagungsverfügung löst kein gesetzliches Verbot aus, sondern enthält selbst das Verbot der Gewerbeausübung. Insofern handelt es sich um einen befehlenden Verwaltungsakt mit andauernden Regelungswirkungen. In dieser Wirkung ähnelt die Gewerbeuntersagung den Verwaltungsakten, zu deren Erlaß die Verwaltung aufgrund ei-

---

[74] *Horn*, GewArch. 1983, 369 (374); *Frotscher*, JuS 1983, 114 (116); *Arndt*, GewArch. 1988, 281 (290 Fn. 56); *ders.*, Wirtschaftsverwaltungsrecht, in: Steiner, Besonderes Verwaltungsrecht, S. 735 (811); *Redeker/v. Oertzen*, VwGO, § 108 Rn. 19.

[75] *Fröhler/Kormann*, GewO, § 35 Rn. 120; *Horn*, GewArch. 1983, 369 (374); *Arndt*, GewArch. 1988, 281 (290); *ders.*, Wirtschaftsverwaltungsrecht, in: Steiner, Besonderes Verwaltungsrecht, S. 735 (811).

[76] *Schenke*, WiVerw. 1988, 145 (167 f.).

nes Eingriffsvorbehalts ermächtigt ist. Darüberhinaus löst die Untersagungsverfügung jedoch auch gesetzliche Wirkungen aus: Ist die Gewerbeausübung zu Recht untersagt, hängt die Wiedererlangung der Gewerbefreiheit von der Durchführung eines antragsgebundenen Verwaltungsverfahrens ab. Damit wird die grundrechtlich geschützte Gewerbefreiheit von aktueller Betätigungsfreiheit in einen Anspruch auf Gewährung der Betätigungsfreiheit umgestaltet. War die Umgestaltung rechtmäßig, können die von der Gewerbeuntersagung ausgehenden andauernden Regelungswirkungen den Adressaten nicht mehr in einer durch einen Abwehranspruch bewehrten grundrechtlichen Freiheit verletzen. Es trifft also nicht zu, daß die Einführung eines antragsgebundenen Wiedergestattungsverfahrens nur Verfahrensrecht sei. Auch Verfahrensrecht ist geeignet, die Grundrechte einzuschränken und zeigt darin materiellrechtliche Wirkungen.[77]

In diese Richtung zielen auch die Überlegungen von Schenke, jedenfalls soweit die Jahresfrist, innerhalb deren die Wiedergestattung an erhöhte Anforderungen geknüpft ist, noch nicht abgelaufen ist. Für die Fälle, in denen der Gewerbetreibende nach Ablauf der Jahresfrist einen Antrag auf Wiedergestattung gestellt hat, vertritt Schenke dann allerdings die Auffassung, daß nunmehr die Untersagungsverfügung im Anfechtungsverfahren wegen nachträglicher Änderung der Sachlage zu Gunsten des Klägers aufzuheben ist. Dieser Auffassung ist zu entgegnen, daß der vom Kläger nach Ablauf der Jahresfrist geltend gemachte Anspruch auf Wiedergestattung nicht identisch ist mit dem ursprünglich von ihm erhobenen Abwehranspruch gegen die Untersagungsverfügung. Schenke bezeichnet die Wiedergestattung zutreffend als einen spezialgesetzlich geregelten Fall des Widerrufs. Gerade aus dieser Charakterisierung folgt jedoch, daß das Gericht die Gewerbeuntersagung nicht unter Übergehung des Verwaltungsverfahrens aufheben kann. Die gerichtliche Kompetenz beschränkt sich auf die Aufhebung rechtswidriger Verwaltungsakte, verwaltungsverfahrensrechtlich gesprochen auf die Rücknahme von Verwaltungsakten. Im Ergebnis ist also der neueren Rechtsprechung des Bundesverwaltungsgerichts zur Frage des maßgeblichen Zeitpunkts für die Beurteilung der Rechtswidrigkeit einer Gewerbeuntersagung zuzustimmen: maßgeblich ist der Zeitpunkt der Behördenentscheidung.

Demgegenüber ist die Einordnung der Gewerbeuntersagung als Dauerverwaltungsakt unzutreffend. Dauerwirkung kommt allein dem Regelungsinhalt

---

[77] *Held*, Der Grundrechtsbezug, S. 162 ff.

zu. Infolge der gleichzeitig bestehenden Gestaltungswirkung der Gewerbeuntersagung müssen die tatbestandlichen Voraussetzungen aber nicht während der gesamten Dauer ihrer Befehlswirkung, sondern nur zum Zeitpunkt des Erlasses vorliegen.

Prozessual muß der Kläger den Anspruch auf Wiedergestattung also im Wege einer Verpflichtungsklage durchsetzen. Einer Verbindung der Anfechtungsklage mit der Verpflichtungsklage - wie für die Fälle des vorläufigen Verbots vorgeschlagen[78] - könnte allerdings die Jahresfrist des § 36 Abs. 6 Satz 2 GewO entgegenstehen. Ihr Beginn wird nach dem Wortlaut der Vorschrift von der "Durchführung" der Gewerbeuntersagung abhängig gemacht, was auf dessen tatsächliche Umsetzung, sei es durch freiwillige Befolgung, sei es durch Vollstreckung zielt.[79] Für denjenigen, der durch Rechtsbehelfe in den Genuß des Suspensiveffekts kommt, hat dieses Verständnis des § 36 Abs. 6 S. 2 GewO zur Folge, daß die Jahresfrist erst mit Abschluß des verlorenen Gerichtsverfahrens einsetzte.[80] Diese Folgerung stellt jedoch eine unverhältnismäßige und sinnwidrige Belastung des Klägers dar, die durch verfassungskonforme Auslegung vermieden werden muß und kann[81]. In der Literatur wird insoweit vertreten, daß die Jahresfrist des § 36 Abs. 6 S. 2 GewO zwar erst mit der Unanfechtbarkeit der Untersagungsverfügung beginne, daß es sich bei der schon vor Ablauf dieser Frist möglichen Wiedergestattung aus besonderen Gründen aber entgegen dem Wortlaut um eine gebundene Entscheidung handele, auf die bei wiedererlangter Zuverlässigkeit und Vorliegen besonderer Gründe ein Rechtsanspruch bestehe.[82] Die Annahme besonderer Umstände sei großzügig zu handhaben.[83] Auch diese Auffassung führt jedoch dazu, daß sie die grundrechtlich verbürgte Gewerbefreiheit über das zur Gefahrenabwehr Erforderliche hinaus einschränkt.[84] Einer rechtfertigenden Interpretation die-

---

78 Siehe oben I 2 b) bb) (2).

79 So *Dickersbach*, (WiVerw. 1982, 65 [70]), für Unanfechtbarkeit *Marcks*, in: Landmann/Rohmer, GewO, § 35 Rn. 162 f.

80 So jedenfalls die Auffassung, die die Unanfechtbarkeit als Fristbeginn annimmt; siehe z.B. *Marcks*, in: Landmann/Rohmer, GewO, § 35 Rn. 162 f.; so aber auch *Dickersbach* (WiVerw. 1982, 65 [70]), wenn der Gewerbetreibende die Untersagung nicht während des Prozesses freiwillig befolgt. Siehe zu dieser Frage auch *Horn*, GewArch. 1983, 369 (378); BVerwG, NVwZ 1991, 372 (373). Das Problem stellt sich nicht für diejenigen, die die neuere Rechtsprechung ablehnen und nach wie vor die Maßgeblichkeit der Gerichtsentscheidung vertreten; siehe oben 4 b) bb).

81 Die Möglichkeit verfassungskonformer Auslegung sieht auch das BVerwG, NVwZ 1991, 372 (373).

82 *Marcks*, in: Landmann/Rohmer, GewO, § 35 Rn. 163; *Heß*, in: Friauf, GewO, § 35 Rn. 181.

83 *Marcks*, in: Landmann/Rohmer, GewO, § 35 Rn. 164; *Heß*, in: Friauf, GewO, § 35 Rn. 181.

84 *Dickersbach*, WiVerw. 1982, 65 (71); *Arndt*, GewArch. 1988, 281 (290).

ses zeitweiligen Berufsverbots als Sanktion[85] steht der Charakter der Gewerbeordnung als Gefahrenabwehrrecht entgegen.

Geht man mit dem Bundesverwaltungsgericht von der Maßgeblichkeit der Behördenentscheidung für die Beurteilung der Untersagungsverfügung aus[86], läßt sich die Vorschrift deshalb nur folgendermaßen verfassungskonform interpretieren: Kommt es wegen des Suspensiveffekts nicht zur Durchführung der Untersagung, ist der Beginn der Jahresfrist für den Zeitpunkt zu fingieren, zu dem die Durchführung der Untersagung bei Nichtanfechtung begonnen hätte. Nur diese Auslegung wird dem prozessualen Charakter des Suspensiveffekts gerecht, der im Interesse des effektiven Rechtsschutzes eine Besserstellung, keinesfalls aber eine materiellrechtliche Schlechterstellung des Klägers bezweckt. Auch der Sinn des § 35 Abs. 6 S. 2 GewO, der zum einen darin besteht, einen Entlastungseffekt zugunsten der Behörde zu bewirken[87], zum anderen vermeiden soll, daß unmittelbar unter dem Eindruck einer Untersagungsverfügung und eines Prozesses gezeigtes Wohlverhalten die Unzuverlässigkeitsprognose der Verwaltung falsifizieren kann[88], wird durch diese Auslegung nicht beeinträchtigt. Für ein Jahr ist das Verhalten des Gewerbetreibenden weder geeignet, die Unzuverlässigkeitsprognose der Verwaltung zu widerlegen, noch ist es geeignet, die Wiedererlangung seiner Zuverlässigkeit zu belegen. Nach Ablauf dieses Jahres ist auf der Grundlage der bestehenden Verhältnisse eine neue Zuverlässigkeitsprognose zu erstellen. Mit dem Ende der so bemessenen Jahresfrist kann der Gewerbetreibende neben der Anfechtungsklage die Wiedergestattung betreiben.[89] Im Falle der Versagung kann die ursprüngliche Anfechtungsklage gegen die Gewerbeuntersagung bei Vorliegen der Sachurteilsvoraussetzungen mit der Verpflichtungsklage auf Wiedergestattung als Hilfsantrag verbunden werden.

---

[85] So *Dickersbach*, WiVerw. 1982, 65 (71).

[86] Zur Interpretation des § 35 Abs. 6 S. 2 GewO durch die andere Auffassung siehe oben 4 b) bb).

[87] BVerwGE 65, 1 (3).

[88] *Marcks*, in: Landmann/Rohmer, § 35 Rn. 20, 164

[89] Vgl. zur Möglichkeit der Verfahrensverbindung BVerwGE 60, 133 (139); BVerwG, NVwZ 1991, 372 (373); befürwortend auch *Dickersbach* (WiVerw. 1982, 65 [70]) unter der Voraussetzung, daß es tatsächlich zu einer einjährigen Durchführung der Untersagungsverfügung gekommen ist.

5. Exkurs: Zur "Heilung" belastender Verwaltungsakte

Während bisher nur die Auswirkungen von Änderungen der Sach- oder Rechtslage zu Gunsten des Klägers behandelt worden sind, soll abschließend für den Bereich der Eingriffsverwaltung untersucht werden, welche Konsequenzen eine Änderung der Sach- oder Rechtslage zu Ungunsten des Klägers auf das von ihm geltend gemachte subjektive Abwehrrecht hat.

a) Die Rechtsprechung zur Heilung von Beitragsbescheiden

Praktisch bedeutsam ist der Fall, daß die Verwaltung einen Beitragsbescheid auf einer fehlerhaften Rechtsgrundlage zunächst rechtswidrig erläßt, im Laufe des Prozesses aber eine einwandfreie Beitragssatzung nachgeschoben wird. Kommt dieser Beitragssatzung ex-tunc Wirkung zu, so ist unumstritten, daß der Verwaltungsakt als von Anfang an rechtmäßig betrachtet werden muß.[90] Das Bundesverwaltungsgericht hat aber auch in den Fällen die "Heilung" des Beitragsbescheids angenommen, in denen die Rechtsgrundlage im Laufe des Prozesses mit ex-nunc Wirkung erlassen worden ist.[91]

b) Die Lösung Scherzbergs

Mit dieser Rechtsprechung hat sich Scherzberg kritisch auseinandergesetzt.[92] Er unterscheidet zwischen der Rechtswidrigkeit des Verwaltungsakts, der Verletzung in subjektiven Rechten und dem der Anfechtungsklage zugrunde liegenden Anspruch. Nach seiner Auffassung dauert die durch den Erlaß des rechtswidrigen Bescheids erfolgte Verletzung in Art. 2 Abs. 1 GG auch im Zeitpunkt der gerichtlichen Entscheidung an. Durch das Inkrafttreten der nachgeschobenen Satzung könne nur der klägerische Anspruch beseitigt sein, dessen Aufhebung jedoch dem Vorbehalt des Gesetzes unterliege. Da die einschlägige Satzungsermächtigung die Gemeinde als Satzungsgeber zur Be-

---

90 BVerwGE 50, 2 (7 f.); VGH Mannheim, NVwZ 1986, 1032 f.; OVG Münster, DÖV 1991, 984 (Nr. 190); siehe auch *Scherzberg*, BayVBl. 1992, 426 (428).

91 BVerwGE 64, 218 (223); BVerwGE 66, 178 (180); BVerwG, NVwZ 1990, 653 f.; BVerwG, NVwZ 1991, 360 f. = BVerwG, JZ 1991, 254 f. = BayVBl. 1990, 666 f.; BVerwG, NVwZ 1993, 361 f.; BVerwG, NVwZ 1993, 979 (979); zustimmend *Driehaus*, Erschließungsbeitragsrecht, Rn. 706, 1181; kritisch VGH München, BayVBl. 1992, 592 (593); *Scherzberg*, BayVBl. 1992, 426 ff.

92 *Scherzberg*, BayVBl. 1992, 426 (429 ff.).

achtung des rechtsstaatlichen Bestimmtheitsgebots verpflichte, sei zumindest zu fordern, daß die Satzung eine ausdrückliche Bestimmung über die Aufhebung bereits entstandener Abwehransprüche enthalte. Sei dies nicht der Fall, sei der Anfechtungsklage stattzugeben. Nach Ansicht von Scherzberg kann also der nachträgliche Erlaß der Rechtsgrundlage an der Rechtswidrigkeit und der dadurch bewirkten Rechtsverletzung nichts ändern. Berührt werden könne allein der Abwehranspruch des Klägers.

c) Kritik und eigene Lösung

Scherzbergs Ausführungen enthalten keine Begründung dafür, weshalb die durch den Erlaß des rechtswidrigen Verwaltungsakts zugefügte Rechtsverletzung auch nach Erlaß der Rechtsgrundlage andauern soll und durch das Nachschieben allein der Abwehranspruch aufgehoben sein könne. Dieser Auffassung ist entgegenzuhalten, daß Grundrechtsverletzung und grundrechtlicher Abwehranspruch in unlöslichem Zusammenhang stehen, denn die Ermächtigungsgrundlage für einen belastenden Verwaltungsakt konkretisiert sowohl die grundrechtliche Freiheit als auch den grundrechtlichen Abwehranspruch.[93] Der von Scherzberg für die Beseitigung des Aufhebungsanspruchs geforderte Gesetzesvorbehalt verliert aber seine Überzeugungskraft, wenn er sich als Gesetzesvorbehalt für die Beseitigung einer Rechtsverletzung entpuppt.

Unter Beachtung dieses Zusammenhangs zwischen Rechtsverletzung und Abwehranspruch wird deutlich, daß "Aufhebung" des Abwehranspruchs zwei Fallkonstellationen bezeichnen kann: zum einen die Beseitigung der Anspruchsgrundlage, die in der Tat dem Vorbehalt des Gesetzes unterliegt, zum anderen aber das Entfallen der Anspruchsvoraussetzungen durch Beseitigung der Rechtsverletzung. Im Fall des nachträglichen Erlasses einer gültigen Rechtsgrundlage wird nicht der grundrechtliche Unterlassungsanspruch als Rechtsgrundlage beseitigt, vielmehr ist das negative Tatbestandsmerkmal "Fehlen einer Rechtsgrundlage" fortan nicht mehr erfüllt.

---

93 Siehe oben 6. Kapitel I 1 b). Ein Auseinanderfallen von Rechtsverletzung und Abwehranspruch wird vertreten für § 46 VwVfG. Siehe *Schenke*, DÖV 1986, 305 (306 ff.) und schon oben 4. Kapitel IV 2. Dies kann der hier vertretenen Auffassung jedoch nicht entgegengehalten werden, denn in den von § 46 VwVfG erfaßten Fällen folgt die Rechtsverletzung nicht aus einem Verstoß gegen die materielle Ermächtigungsgrundlage, sondern allein aus einem Verstoß gegen bei Erlaß des Verwaltungsakts zu beachtende Verfahrens- und Formvorschriften.

Dennoch ist Scherzberg in dem Ergebnis, daß ein Beitragsbescheid nicht durch Nachschieben einer Rechtsgrundlage ex-nunc geheilt werden kann, zuzustimmen. Das von ihm in die Diskussion eingebrachte Argument vom Vorbehalt des Gesetzes ist nur nicht auf den Abwehranspruch, sondern auf den Beitragsbescheid zu beziehen. Angesichts der strikten Gesetzesbindung der Exekutive, zumindest im Bereich der Eingriffsverwaltung[94], ist der Erlaß eines Verwaltungsakts vor Erlaß seiner Rechtsgrundlage verfassungsrechtlich nicht denkbar. Das Festhalten an dem Beitragsbescheid auf der Grundlage einer mit ex-nunc-Wirkung nachgeschobenen Rechtsgrundlage kann deshalb nur als Neuerlaß des Beitragsbescheids angesehen werden.

Mit dem Neuerlaß stellt sich die Frage nach der Erledigung des alten Beitragsbescheids. Von einer solchen kann neben der in § 113 Abs. 1 S. 4 VwGO ausdrücklich aufgeführten Zurücknahme des Verwaltungsakts nur im Falle von Ereignissen die Rede sein, die der Zurücknahme in ihrer Wirkung entsprechen ("Erledigung in anderer Weise"). Dies setzt voraus, daß der Verwaltungsakt hinweggedacht werden kann, ohne daß dadurch eine Änderung in den rechtlichen oder tatsächlichen Beziehungen zwischen dem Adressaten des Verwaltungsakts und der Verwaltung eintritt.[95] Eine Erledigung in sonstiger Weise liegt also vor, wenn die Aufhebung des Verwaltungsakts sinnlos geworden ist, weil von diesem keinerlei Wirkungen mehr ausgehen.[96] Dies ist grundsätzlich dann der Fall, wenn als Folge des Suspensiveffekts auf den alten Bescheid noch keine Zahlungen geleistet worden sind.[97] Sind dagegen auf den alten Bescheid Zahlungen geleistet

---

94 Siehe zur Bedeutung des Vorbehalts des Gesetzes ausführlich *Kunig*, Das Rechtsstaatsprinzip, S. 76 ff. und insbes. S. 316 ff.

95 Ungenau dagegen *Kopp*, der die Erledigung des Verwaltungsakts ebenso definiert wie die Erledigung des Rechtsstreits in der Hauptsache im Sinne des § 161 Abs. 2 VwGO: Erledigung als Wegfall der vom Verwaltungsakt ausgehenden Beschwer oder wenn aus anderen Gründen dem Kläger mit der Aufhebung des Verwaltungsakts nicht mehr gedient ist. Siehe *Kopp*, VwGO, § 113 Rn. 47, 51 und § 161 Rn. 16. Richtig ist, daß eine Erledigung des Verwaltungsakts stets auch zur Erledigung des Rechtsstreits in der Hauptsache führt. Umgekehrt kann sich der Rechtsstreit aber auch erledigen, ohne daß sich der angefochtene Verwaltungsakt erledigt hat; siehe dazu BVerwGE 50, 2 (7): rückwirkender Erlaß einer Satzung mit der Folge, daß der angefochtene Beitragsbescheid als von Anfang an rechtmäßig gilt; siehe auch unten 10. Kapitel II 2 b) aa) den Fall der Änderung der Sach- oder Rechtslage zu Gunsten des Genehmigungsadressaten und zu Lasten des Drittbetroffenen.

96 *Schenke*, Verwaltungsprozeßrecht, Rn. 313. Als Beispiele nennt er den Untergang des Regelungsobjekts, den Tod eines höchstpersönlich Verpflichteten.

97 Zu dem Sonderfall, daß an die Bekanntgabe des Verwaltungsakts ungeachtet seiner Rechtmäßigkeit die Fälligkeit einer Zahlung geknüpft wird und im Falle der Nichtzahlung Verzugszinsen anfallen siehe *Schenke* (Verwaltungsprozeßrecht, Rn. 803), der § 135 Abs. 1 BauGB in dieser Weise auslegt. In diesem Fall gehen von dem alten Bescheid in der Tat noch Wirkungen aus.

worden, so gehen von diesem als Rechtsgrund für die Zahlungen noch Wirkungen aus.[98] Voraussetzung für ein Rückzahlungsverlangen auf der Grundlage des Folgenbeseitigungsanspruchs ist die Aufhebung des alten Bescheids. Allerdings steht diesem Anspruch der Einwand dolo agit qui petit quod statim redditurus est[99] entgegen, soweit der Beitrag in derselben Höhe auf der Grundlage des neuen Beitragsbescheids sogleich wieder gezahlt werden müßte. Ein etwaiger Vermögensschaden durch Zinsausfall oder Zinszahlungen kann nicht im Wege des Folgenbeseitigungsanspruchs, sondern nur mit einem Amtshaftungsanspruch geltend gemacht werden.[100] Letzterer setzt nicht die Aufhebung des rechtswidrigen Verwaltungsakts voraus. Damit fehlt dem Kläger für die Klage auf Aufhebung des alten Beitragsbescheids das Rechtsschutzbedürfnis. Es besteht jedoch im Hinblick auf die Geltendmachung von Amtshaftungsansprüchen ein Interesse an der Feststellung der Rechtswidrigkeit des alten Beitragsbescheids, so daß an eine analoge Anwendung des § 113 Abs. 1 S. 4 VwGO zu denken ist.[101] Soweit auf den alten Beitragsbescheid noch keine Zahlungen geleistet worden sind, gilt § 113 Abs. 1 S. 4 VwGO zwar direkt; in diesen Fällen wird aber regelmäßig ein Fortsetzungsfeststellungsinteresse[102] zu verneinen sein. Der Prozeß ist dann gemäß § 161 Abs. 2 VwGO durch Beschluß zu beenden. Die Kosten sind im Hinblick auf die Erfolgsaussichten der Klage bis zum Neuerlaß des Beitragsbescheids der Verwaltung aufzuerlegen.[103]

Festzuhalten ist, daß ein rechtswidriger Verwaltungsakt durch das Nachschieben einer Rechtsgrundlage ex-nunc nicht geheilt werden kann.

---

98 Zur Bedeutung des Verwaltungsakts als Rechtsgrund für Zahlungen siehe *Erichsen*, in: Erichsen/Martens, Allgemeines Verwaltungsrecht, § 16 Rn. 16; *Ossenbühl*, Staatshaftungsrecht, § 55 (S. 345); BVerwGE 48, 279 (284 f.); 58, 132 (134); NVwZ 1989, 156 (156).

99 Siehe zur Geltung dieses Grundsatzes im öffentlichen Recht und zu seiner Bedeutung *J.-J. Rupp*, Nachschieben von Gründen, S. 111 f., 113; *Schenke*, DÖV 1986, 305 (314); *ders.*, Verwaltungsprozeßrecht, Rn. 327, 809.

100 *Ossenbühl*, Staatshaftungsrecht, § 36 (S. 256); BVerwGE 69, 266 (372 ff.).

101 Befürwortend insbes. *Schenke*, Verwaltungsprozeßrecht, Rn. 803.

102 Zu den Voraussetzungen des Fortsetzungsfeststellungsinteresses siehe nur *Schenke*, Verwaltungsprozeßrecht, Rn. 579 ff.; *Kopp*, VwGO, § 113 Rn. 57 ff.

103 Zur Kostenentscheidung bei Erledigungserklärung siehe *Günther*, DVBl. 1988, 612 ff.

II. Der Bereich der Leistungsverwaltung

In der Leistungsverwaltung[104] ist die einfachgesetzliche Ermächtigungsnorm für die Verwaltung stets auch die anspruchsbegründende Norm für den Bürger. Freiheitsgrundrechte können nur unter Ausnahmebedingungen die Quelle von Leistungsansprüchen sein.[105] Bei der Schaffung einfachgesetzlicher Leistungsansprüche bzw. Leistungsermächtigungen hat der Gesetzgeber einen erheblich größeren Gestaltungsspielraum als bei der Schaffung von Eingriffsermächtigungen, die an den Grundrechten zu messen, anhand dieses Maßstabs aber auch zu systematisieren sind. Demgegenüber zeichnet sich die Leistungsverwaltung durch eine Regelungsvielfalt aus, die sich nur begrenzt in Kategorien ordnen läßt.

1. Kriterien für die Bestimmung des maßgeblichen Zeitpunkts in der Leistungsverwaltung

Im Hinblick auf die Rechtsfolgen von Leistungsansprüchen kann, wie in der Eingriffsverwaltung (im weiteren Sinne), unterschieden werden zwischen gebundenen Ansprüchen auf eine bestimmte Leistung und in das Ermessen der Verwaltung gestellten Leistungsansprüchen. Es gelten dieselben Grundsätze:

Geht der Anspruch allein auf ermessensfehlerfreie Entscheidung, so ist dieser Anspruch auch erfüllt, wenn die Verwaltung ihn versagt, sofern dies ermessensfehlerfrei geschieht. Treten günstigere Umstände ein, kann der Kläger nur einen neuen Anspruch auf ermessensfehlerfreie Entscheidung geltend machen. Maßgeblicher Zeitpunkt für die Beurteilung der Begründetheit des Anspruchs ist die Behördenentscheidung.[106]

Handelt es sich um einen gebundenen Anspruch auf eine bestimmte Leistung, müssen die Tatbestandsvoraussetzungen jedenfalls im Zeitpunkt der

---

[104] Zu den Rechtsverhältnissen in der Leistungsverwaltung vgl. *Fleiner-Gerster*, VVDStRL 45 (1987), 152 ff.; *Öhlinger*, ebenda, S. 182 ff.; *Krause*, ebenda, S. 212 ff.

[105] Siehe nur *v. Münch*, in: v. Münch/Kunig, GGK I, Vorb. Art. 1-19, Rn. 18 ff. m. w. N.

[106] Siehe VGH München, BayVBl. 1991, 212 (212): Anspruch auf Erlaß einer öffentlichen Abgabenforderung. Soweit vertreten wird, daß hinsichtlich des maßgeblichen Beurteilungszeitpunkts zu unterscheiden sei, ob die Versagung aus Rechtsgründen (dann Gerichtsentscheidung maßgeblich) oder aus Ermessensgründen (dann Behördenentscheidung maßgeblich) erfolgt ist, ist dies materiellrechtlich nicht zu rechtfertigen. Siehe zu dieser Unterscheidung BVerwGE 56, 246 (249); VGH Kassel, EZAR 622 Nr. 7; zustimmend *H.-J. Müller*, NJW 1982, 1370 ff.; dagegen aber BVerwGE 60, 133 (136, 138). Dieses Vorgehen ist auch keineswegs stets prozeßökonomisch, vgl. nur VGH Kassel, EZAR 622 Nr. 7 S. 3.

Leistungsgewährung erfüllt sein. Maßgeblicher Zeitpunkt ist grundsätzlich die Gerichtsentscheidung.[107]

Sowohl auf der Tatbestandsseite wie auf der Rechtsfolgenseite sind aber darüber hinaus mannigfache zeitliche Fixierungen möglich. So kann die Zulassung zu einer öffentlichen Einrichtung für einen bestimmten Zeitraum begehrt werden. Der Anspruch auf eine Geldleistung kann an ein Ereignis (Dienstjubiläum, Dienstunfall[108]) oder an einen Zustand (Gebrechlichkeit) geknüpft werden, sie kann einmalig oder wiederkehrend erfolgen. Zum Beispiel kann der Anspruch auf Wohngeld gemäß § 23 in Verbindung mit § 27 WohngeldG stets nur für einen Bewilligungszeitraum von 12 Monaten geltend gemacht werden. Der Beginn des Bewilligungszeitraums ist genau geregelt. Die Bedürftigkeit als Leistungsvoraussetzung wird gemäß § 11 WohngeldG anhand des Jahreseinkommens im laufenden Bewilligungszeitraum bzw. anhand des Jahreseinkommens, das dem Bewilligungszeitraum vorangeht, ermittelt. Zusätzlich zu den Entstehungsvoraussetzungen ist in § 30 WohngeldG der Wegfall des Wohngeldanspruchs geregelt. Aus ihm lassen sich die Voraussetzungen ableiten, die für den Bestand des Wohngeldanspruchs dauernd vorliegen müssen. Bezogen auf diese Voraussetzungen ist der Wohngeldbescheid also der Kategorie der Dauerverwaltungsakte[109] zuzuordnen.

Ähnliche detaillierte Regelungen finden sich im Bundesausbildungsförderungsgesetz sowie in zahlreichen anderen sozialen Leistungsgesetzen.[110] Die Grundregel ist nunmehr in § 40 SGB-AT niedergelegt. Danach entstehen Ansprüche auf Sozialleistungen, sobald ihre im Gesetz oder auf Grund eines Gesetzes bestimmten Voraussetzungen vorliegen. Zu diesen Voraussetzungen gehören im Sinne negativer Tatbestandsmerkmale auch die Regelungen über den Wegfall von Ansprüchen, die sich in den einzelnen Leistungsgesetzen finden, denn für die Prüfung eines Anspruchs ist nicht nur bedeutend, ob der Anspruch entstanden ist, sondern auch, ob er noch besteht oder mittlerweile erloschen ist. Bei Ermessensleistungen ist nach § 40 Abs. 2 SGB-AT der Zeitpunkt maßgebend, in dem die Entscheidung über die Leistung bekannt-

---

107 BVerwGE 62, 86 (90): Aufnahme in den Krankenhausbedarfsplan; BVerwGE 69 198 (199): Anspruch auf Wohngeld.

108 Siehe zur Dienstunfallrechtsprechung BVerwGE 16, 59 (61); 16, 103 (104); 17, 59 (60); 19, 44 (45).

109 Siehe zum Verständnis dieser Kategorie allgemein und nach der hier vertretenen Auffassung oben 5. Kapitel I 1. und 2.

110 Siehe z.B. §§ 100, 106 Arbeitsförderungsgesetz; §§ 9 Abs. 1 und 11 Abs. 3 Bundeskindergeldgesetz; § 4 Bundeserziehungsgeldgesetz.

gegeben wird, es sei denn, daß in der Entscheidung ein anderer Zeitpunkt bestimmt ist.

2. *Beispielhafte Anwendung der Grundsätze auf den Sozialhilfe-, den Renten- und den Hochschulzulassungsanspruch*

Drei Fallgestaltungen, die die Rechtsprechung veranlaßt haben, sich mit der Frage des maßgeblichen Zeitpunkts in der Leistungsverwaltung auseinanderzusetzen, sollen hier näher untersucht werden. Es handelt sich um den Anspruch auf Sozialhilfe, den Anspruch auf Berufs- bzw. Erwerbsunfähigkeitsrente sowie den Anspruch auf Hochschulzulassung. Sowohl für den Sozialhilfe- wie auch für den Hochschulzulassungsanspruch vertritt die Rechtsprechung die Auffassung, daß anders als im Regelfall nicht die letzte mündliche Verhandlung, sondern die letzte Behördenentscheidung bzw. das Semester, für das die Zulassung begehrt wird, maßgeblicher Zeitpunkt sind. Beim Rentenanspruch soll dagegen grundsätzlich der Zeitpunkt der Gerichtsentscheidung maßgeblich sein.

a) Der Sozialhilfeanspruch

Bei dem Sozialhilfeanspruch handelt es sich dem Grunde nach um einen gebundenen Anspruch (§ 4 Abs.1 S.1 BSHG). Tatbestandsvoraussetzung ist eine nicht anders zu behebende Notlage. Gemäß § 3 Abs. 1 und § 4 Abs. 2 BSHG sind Art, Form und Maß der Sozialhilfegewährung aber in das Ermessen der Behörde gestellt. Diese Ermessensermächtigung soll ermöglichen, daß die Behörde in angemessener Weise auf die individuelle Notlage reagieren kann. Folge dieser Ermessensermächtigung ist damit aber notwendig auch eine Ermächtigung zur Prognose über Dauer und Schwere der Notlage. Dementsprechend ist es den Verwaltungsgerichten verwehrt, durch Einbeziehung erst während des Gerichtsverfahrens eingetretener Umstände dieser Prognoseermächtigung vorzugreifen. Maßgeblicher Zeitpunkt ist wie vom Bundesverwaltungsgericht in ständiger Rechtsprechung[111] zutreffend entschieden, die letzte Behördenentscheidung.

---

[111] Siehe dazu BVerwGE 25, 307 ff; 28, 216 ff.; 38, 299 ff.; 39, 261 ff; BVerwG, NVwZ 1987, 412 f.; BVerwG, NVwZ 1993, 995 (996) = BayVBl. 1992, 760 (760); VGH Mannheim, VBlBW 1992, 269 f.; siehe auch *Schoch*, Vorläufiger Rechtsschutz, S. 816 f.

b) Der Rentenanspruch

Der Anspruch auf Rente wegen Berufs- oder Erwerbsunfähigkeit gemäß den §§ 43, 44 SGB-VI ist gleichfalls ein gebundener Leistungsanspruch. Er ist vor dem Sozialgericht einzuklagen. Gemäß § 54 Abs. 4 SGG ist richtige Klageart - anders als nach der Verwaltungsgerichtsordnung - nicht die Verpflichtungsklage, sondern eine Leistungsklage, die mit der Klage auf Aufhebung des versagenden Verwaltungsakts unmittelbar verbunden werden kann, wenn der angefochtene Verwaltungsakt eine Leistung betrifft, auf die ein Rechtsanspruch besteht.

aa) Streitstand

Maßgeblicher Beurteilungszeitpunkt für derartige Leistungsbegehren ist nach h.M. die letzte mündliche Verhandlung im Gerichtsverfahren.[112] Nach anderer Auffassung soll eine Leistung im Wege der Klageverbindung gemäß § 54 Abs. 4 SGG nur insoweit gerichtlich erstritten werden können, als zuvor über die Leistung ein unzutreffender Verwaltungsakt erteilt worden sei.[113] Nur diese Auslegung entspreche auch der Arbeitsteilung zwischen Verwaltung und Gerichten.[114] Demgegenüber wird vertreten, daß es den tatsächlichen Umständen eher entsprechen dürfte, das Festhalten des beklagten Leistungsträgers an dem angefochtenen Verwaltungsakt während des Prozesses dahin zu verstehen, daß damit auch Leistungen für die Zeit zwischen Erlaß und dem Schluß der letzten mündlichen Verhandlung abgelehnt werden sollen. Gelange das Gericht zu der Auffassung, daß entgegen der Meinung des Beklagten der Leistungsanspruch in dieser Zwischenzeit entstanden sei, so müsse der Verwaltungsakt für die Zeit ab Entstehung des Leistungsanspruchs aufgehoben werden.[115]

bb) Eigene Auffassung

Ebensowenig wie die Vorschriften der Verwaltungsgerichtsordnung enthält § 54 Abs. 4 SGG eine eindeutige Antwort auf die Bestimmung des maßgebli-

---

112 Vgl. BSGE 12, 58 (60); 19, 112 (113); 38, 9 (10); *Bley*, in: SGB SozVers-Geskom. Bd 8, SGG, § 54 Rn. 10 g; *Meyer-Ladewig*, SGG, § 54 Rn. 34.

113 *Girardi*, SGb 1986, 448 (449).

114 Siehe zu diesem Argument ausführlich oben 2 Kapitel.

115 *Bley*, in: SGB SozVers-Geskom. Bd 8, SGG, § 54 Rn. 10 g.

chen Zeitpunkts für die Beurteilung der Rechtswidrigkeit eines Verwaltungsakts. Entscheidend ist auch hier das materielle Recht. Für die Beurteilung des an den Zustand der Berufs- oder Erwerbsunfähigkeit anknüpfenden Rentenanspruchs ist deshalb der gesamte Zeitraum von der anspruchbegründenden Antragstellung bis zur letzten mündlichen Verhandlung für Beurteilung von Entstehung und Bestand des Rentenanspruchs von Bedeutung. Begrenzend wirkt allein die Funktionenordnung, die fordert, daß das Gericht nur über den Anspruch entscheiden darf, der bereits Gegenstand des Verwaltungsverfahrens gewesen ist.[116] Dies bedeutet nicht, daß jegliche wesentliche Änderung der Sachlage eine neue Entscheidung der Behörde verlangt. Entscheidend ist, ob es sich bei der Änderung um eine Fortentwicklung des Lebenssachverhalts handelt, auf dessen Grundlage der Kläger die Rente eingefordert hat oder um einen neuen Lebenssachverhalt. Während in der Eingriffsverwaltung der jeweilige Anspruch durch den Eingriff, gegen den der Kläger sich wendet, und bei Klagen auf die Erteilung von Erlaubnissen durch Inhalt und Gegenstand der begehrten Erlaubnis, also jeweils durch das Anspruchsziel schon hinreichend individualisiert ist, erfolgt die Individualisierung eines Rentenanspruchs vor allem durch den rentenbegründenden Lebenssachverhalt, also den Anspruchsgrund.[117] So stellt ein Arbeitsunfall des Klägers während des Prozesses über eine Berufsunfähigkeitsrente, die er aufgrund eines anderen Arbeitsunfalls begehrt, einen neuen Lebenssachverhalt dar, der vom Gericht nicht im laufenden Verfahren mitberücksichtigt werden kann.[118] Etwas anders gilt z.B. für die Verschlimmerung der Schädigung, auf Grund deren der Kläger die Rente von Anfang an begehrt hat.[119] Die Unterscheidung zwischen einer Änderung der Sachlage, die den geltend gemachten Rentenanspruch erstmalig begründet und einer solchen, die einen neuen Rentenanspruch zur Entstehung bringt, wird nicht stets messerscharf zu treffen sein. Diese auch dem Zivilprozeß bekannte Schwierigkeit läßt sich jedoch den Erfordernissen der Funktionenordnung nicht entgegenhalten. Soweit darüber hinaus im Rahmen desselben Anspruchs die Prozeßökonomie die Rückverweisung in ein Verwaltungs-

---

[116] Siehe oben 2. Kapitel III 2 b.

[117] Im Zivilprozeßrecht ist es nahezu einhellige Auffassung, daß Klageantrag (Anspruchsziel) und Lebenssachverhalt (Anspruchsgrund) gleichwertige Elemente des Streitgegenstands sind; siehe dazu *Rosenberg/Schwab/Gottwald*, Zivilprozeßrecht, § 95 (S. 532). Siehe auch BVerwG (DÖV 1984, 299 f.), das eine Klageänderung darin sieht, wenn ein Ausländer während des auf Erteilung einer Aufenthaltserlaubnis gerichteten Rechtsstreits seine Absicht hinsichtlich Zweck und Dauer des Aufenthalts wechselt.

[118] A.A. BSGE 12, 58 (60).

[119] Vgl. BSGE 19, 112 (113).

verfahren gebietet, ist der Gesetzgeber gefordert. Insoweit weist der neue §113 Abs. 2 und 3 VwGO den richtigen Weg. Danach kann das Gericht in Fällen, in denen seine Entscheidung erhebliche weitere Ermittlungen fordert, diese Ermittlungsarbeit an die Behörde zurückverweisen.

c) Der Hochschulzulassungsanspruch

Auch der Hochschulzulassungsanspruch ist ein gebundener Anspruch. Er folgt als Teilhabeanspruch unmittelbar aus der grundrechtlich verbürgten Ausbildungs- und Berufsfreiheit in Verbindung mit dem Gleichheitssatz.[120] Die genauen Voraussetzungen und der genaue Inhalt dieses Anspruchs sind deshalb erst von den Gerichten konkretisiert worden.[121] Dabei waren das Prinzip des effektiven Rechtsschutzes und der aus dem Gleichheitssatz folgende Gedanke der Chancengleichheit von ausschlaggebender Bedeutung.[122] Die Chancengleichheit gebietet es, daß das von dem Kläger geltend gemachte Teilhaberecht ins Verhältnis gestellt wird zu den Teilhaberechten der Mitbewerber. Dementsprechend darf sich der Kläger nicht durch die Inanspruchnahme von Rechtsschutz seinem Mitbewerberfeld entziehen. Diesem Erfordernis ließe sich dadurch Rechnung tragen, daß der Teilhabeanspruch dahingehend konkretisiert wird, daß er von seiner Rechtsfolge her von vornherein nur auf Zulassung zu einem ganz bestimmten Semester gerichtet ist. Die Folge wäre allerdings, daß ein solcher Anspruch sich spätestens mit Ende des Semesters, zu dem die Zulassung begehrt wird, erledigen würde. Das Prinzip des effektiven Rechtsschutzes gebietet es deshalb, den Anspruch von seiner Rechtsfolge her von dem jeweiligen Zulassungssemester zu lösen. Um sowohl dem Gedanken der Chancengleichheit wie auch dem Gedanken des effektiven Rechtsschutzes gerecht zu werden, blieb deshalb nur die Möglichkeit, den Hochschulzulassungsanspruch von seinen Tatbestandsvoraussetzungen her auf einen bestimmten Zeitpunkt zu fixieren. Der Teilhabeanspruch auf Hochschulzulassung lautet also konkret: Ein Anspruch auf Zulassung zum Studium zum nächstmöglichen Semester besteht, wenn die Kapazitäten in dem Semester, für das die Zulassung ursprünglich begehrt wurde, nicht ausgeschöpft

---

[120] Siehe grundlegend BVerfGE 39, 258 (275).

[121] Siehe in der Verwaltungsrechtsprechung grundlegend BVerwGE 42, 296 (300 f.).

[122] Siehe zur Bedeutung der Chancengleichheit für die Bestimmung des maßgeblichen Zeitpunkts auch OVG Bremen, DVBl. 1991, 1270 (1271) zur Kontrolle der Vergabeentscheidung von Sendefrequenzen.

sind. Durch diese tatbestandliche Fixierung auf einen bestimmten Zeitpunkt ist auch der maßgebliche Zeitpunkt festgelegt.

3. Änderung der Rechtslage zu Ungunsten des Klägers bei ursprünglich rechtswidriger Versagung

Ein besonderes Problem stellt in Fällen von Leistungsbegehren die Änderung der Rechtslage (der gesetzlichen Anspruchsvoraussetzungen) zu Ungunsten des Klägers dar, wenn die Begünstigung zu Unrecht versagt worden ist.[123] Die Frage ist, ob die Vergünstigung nach dem alten Recht gewährt oder nach dem neuen Recht versagt werden muß. Problematisch ist insoweit nicht die Bestimmung des maßgeblichen Zeitpunkts - der versagende Verwaltungsakt ist rechtswidrig und der Anspruch nach altem Recht zunächst entstanden -, problematisch ist die Frage nach dem Geltungsanspruch des neuen Rechts. Es ist darauf zu untersuchen, ob es den nach altem Recht entstandenen Anspruch beseitigen will und darf. Diese Frage gehört in den Bereich der Rückwirkungs- und Vertrauensschutzproblematik. Die ältere Rechtsprechung des Bundesverfassungsgerichts, wonach mit der Entstehung eines Anspruchs ein Sachverhalt abgeschlossen ist[124], so daß sein Entzug durch die Anwendung des neuen Rechts als echte Rückwirkung zu betrachten und damit unzulässig wäre, kann wohl in dieser Pauschalität nicht aufrechterhalten werden. Nach der neueren Rechtsprechung zumindest des 2. Senats des Bundesverfassungsgerichts liegt echte Rückwirkung nur dann vor, wenn ein Gesetz schon für die Zeit vor seinem Erlaß Geltung beansprucht.[125] Im übrigen sind Rechtsänderungen an der Verfassung, insbesondere an den Grundrechten zu messen.[126]

---

[123] Beispielsweise BVerwGE 61, 128 (134 f.): Verpflichtungsklage auf Erteilung einer Baugenehmigung; Änderung der Rechtslage zu Lasten des Klägers - VGH Mannheim, GewArch. 1993, 199: Verpflichtungsklage auf öffentliche Bestellung zum Sachverständigen - Einführung einer Altersgrenze. Siehe zu diesem Problem *Sendler*, in: Fröhler-FS, S. 209 ff.; *Heise*, DÖV 1972, 271 ff. Einigkeit besteht, daß in diesen Fällen die begehrte Vergünstigung weder auf der Grundlage eines Folgenbeseitigungsanspruchs, noch auf der Grundlage eines Amtshaftungsanspruchs verlangt werden kann (siehe *Sendler*, a.a.O., S. 223 f.). Mit dem Folgenbeseitigungsanspruch kann nur die Wiederherstellung eines Zustands verlangt werden, nicht die Herstellung eines Zustands, der zuvor noch nie bestand (*Ossenbühl*, Staatshaftungsrecht, § 36 [S. 255]). Mit dem Amtshaftungsanspruch kann allein Schadensersatz in Geld verlangt werden (*Ossenbühl*, Staatshaftungsrecht, § 8 [S. 92]).

[124] Vgl. BVerfGE 30, 367 (386 f.); zweifelnd auch *Sendler*, in: Fröhler-FS, S. 209 (255).

[125] BVerfGE 72, 200 (242); 76, 256 (346).

[126] Siehe schon oben 2. Kapitel III 2 c) cc).

Trifft der Gesetzgeber keine Sonderregelung, kann das Gericht sich insoweit an der Wertung des § 49 Abs. 2 Nr. 4 VwVfG orientieren. Danach darf ein rechtmäßiger begünstigender Verwaltungsakt nur widerrufen werden, wenn die Behörde aufgrund einer geänderten Rechtsvorschrift berechtigt wäre, den Verwaltungsakt nicht zu erlassen, soweit der Begünstigte von der Vergünstigung noch keinen Gebrauch gemacht hat oder auf Grund des Verwaltungsaktes noch keine Leistung empfangen hat, und wenn ohne den Widerruf das öffentliche Interesse gefährdet würde. Mit der Übertragung des Rechtsgedankens dieser Vorschrift auf den Fall, daß eine Begünstigung zu Unrecht versagt worden ist, wird der Kläger so gestellt, als wäre der begünstigende Verwaltungsakt erteilt worden, gleichzeitig wird aber auch dem Geltungsanspruch des neuen Rechts Rechnung getragen. Hat der Kläger danach im Zeitpunkt der letzten mündlichen Verhandlung keinen Anspruch mehr, muß er den Rechtsstreit für erledigt erklären. Zu erwägen ist in diesen Fällen auch eine analoge Anwendung des § 113 Abs. 1 S. 4 VwGO.[127]

III. Ergebnis

Zusammenfassend läßt sich festhalten:

Der maßgebliche Zeitpunkt bestimmt sich nach dem Inhalt des subjektiven Rechts. Zum Zwecke der Systematisierung subjektiver Rechte ist zu unterscheiden zwischen dem Bereich der Eingriffsverwaltung im weiteren Sinne (grundrechtsrelevanter Bereich) und dem Bereich der Leistungsverwaltung im engeren Sinne.

Im Bereich der Eingriffsverwaltung ist zu differenzieren zwischen grundrechtlichen Unterlassungsansprüchen und Ansprüchen auf die Beseitigung eines gesetzwidrig erlassenen Verwaltungsakts. Macht der Kläger einen grundrechtlichen Unterlassungsanspruch geltend, ist maßgeblicher Zeitpunkt für die Beurteilung der Rechtswidrigkeit des belastenden Verwaltungsakts die letzte mündliche Verhandlung. Macht er einen Anspruch auf Beseitigung eines gesetzwidrig erlassenen Verwaltungsakts geltend, ist der Zeitpunkt der Behördenentscheidung insoweit maßgeblich.

---

[127] So *Schenke*, Verwaltungsprozeßrecht, Rn. 335 f., 853; BVerwGE 61, 128 (134 f.); a.A. BVerwGE 89, 354 ff. = DÖV 1992, 534 f. = NVwZ 1992, 563 f. = DVBl. 1992, 1224 f. mit kritischer Anmerkung von *Redeker*, ebenda, 1225 f.; einschränkend VGH Mannheim, DVBl. 1993, 1155 für den Fall, daß umfangreiche Sachverhaltsfeststellungen notwendig sind; einschränkend auch OVG Münster, NJW 1980, 1069 f.; OVG Münster, NVwZ 1987, 335 (336).

In der Leistungsverwaltung ist zu unterscheiden zwischen gebundenen Ansprüchen auf eine bestimmte Leistung und Ansprüchen auf fehlerfreie Ermessensentscheidung. Maßgeblicher Zeitpunkt für die Beurteilung der Rechtswidrigkeit des versagenden Verwaltungsakts bzw. für die Begründetheit des Anspruchs ist im Falle von Ansprüchen auf fehlerfreie Ermessensentscheidung der Zeitpunkt der Behördenentscheidung. Die gebundenen Ansprüche auf Leistung entziehen sich einer weiteren Schematisierung. Insoweit sind im Einzelfall Tatbestand und Rechtsfolge der Anspruchsnorm auf zeitliche Vorgaben zu untersuchen.

7. Kapitel:

Der maßgebliche Zeitpunkt für die Beurteilung der Rechtswidrigkeit eines Verwaltungsakts im Verwaltungsverfahrensrecht

In neuerer Zeit wird die Frage nach dem maßgeblichen Zeitpunkt für die Beurteilung der Rechtswidrigkeit eines Verwaltungsakts im gerichtlichen Verfahren in Parallelität gesehen zu dem Streit um den "rechtswidrig gewordenen" Verwaltungsakt im Verwaltungsverfahrensrecht.[1] Hier stellt sich das Problem des maßgeblichen Zeitpunkts als Frage nach dem Anwendungsbereich der §§ 48 und 49 VwVfG. Während § 48 VwVfG die Rücknahme rechtswidriger Verwaltungsakte regelt, enthält § 49 VwVfG die Voraussetzungen für den Widerruf rechtmäßiger Verwaltungsakte. Dabei ist unumstritten, daß auf von Anfang an rechtswidrige Verwaltungsakte neben § 48 VwVfG auch § 49 VwVfG Anwendung finden kann, denn es wäre ein Wertungswiderspruch, wenn zwar rechtmäßige, aber nicht rechtswidrige Verwaltungsakte aufgehoben werden könnten.[2] Demgegenüber betrifft die hier aufgeworfene Fragestellung das Problem, ob infolge einer Änderung der Sach- oder Rechtslage "rechtswidrig gewordene" Verwaltungsakte ausschließlich dem Anwendungsbereich des § 49 VwVfG unterfallen.[3] Die praktische Bedeutung dieses Problems ergibt sich aus den unterschiedlichen Rechtsfolgen von Rücknahme und Widerruf: Während die Rücknahme rechtswidriger Verwaltungsakte auch für die Vergangenheit zulässig ist, darf ein rechtmäßiger Verwaltungsakt nur für die Zukunft widerrufen werden.

---

1 So *Kleinlein*, VerwArch. Bd 81 (1990), 149 (154); *Schenke*, DVBl. 1989, 433 (435); *Kopp*, BayVBl. 1989, 652 (653).

2 Vgl. nur *Kopp*, VwVfG, § 49 Rn. 7; *Schenke*, DVBl. 1989, 433 (434); *Lange*, WiVerw. 1979, 15 (16); VGH Mannheim, VBlBW 1992, 112 (113) m. w. N.

3 *Schenke*, DVBl. 1989, 433 (433).

I. Meinungsstand

1. Die herrschende Meinung[4]

Nach herkömmlicher Auffassung ist es für die Abgrenzung zwischen der in § 48 VwVfG geregelten Rücknahme eines rechtswidrigen Verwaltungsakts und dem in § 49 VwVfG normierten Widerruf eines rechtmäßigen Verwaltungsakts entscheidend, ob der Verwaltungsakt im Zeitpunkt seines Erlasses rechtmäßig war.[5] Diese Auffassung stützt sich zunächst auf die Gesetzesmaterialien zu § 48 VwVfG.[6] Dort findet sich die Definition: "Ein Verwaltungsakt ist rechtswidrig, wenn bei seinem Erlaß das Recht unrichtig angewandt oder von einem Sachverhalt ausgegangen worden ist, der sich als unrichtig erweist."[7] Daneben wird als systematisches Argument die Regelung des § 49 Abs. 2 Nr. 3 und 4 VwVfG angeführt.[8] In dieser Vorschrift sind die Voraussetzungen für den Widerruf von begünstigenden Verwaltungsakten im Falle nachträglich eingetretener Tatsachen oder Rechtsänderungen geregelt. Aus dieser Regelung ergebe sich, daß der Gesetzgeber die Aufhebung eines Verwaltungsakts aufgrund einer geänderten Sach- oder Rechtslage dem Widerruf zuordne. Andernfalls würde die Anwendung des § 49 Abs. 2 Nr. 3 und 4 VwVfG sich entgegen dem Wortlaut und der Entstehungsgeschichte auf solche Fälle beschränken, in denen die Änderung der Sach- oder Rechtslage nicht zum Wegfall der Rechtmäßigkeitsvoraussetzungen führe, sondern der Behörde lediglich die in ihrem Ermessen stehende Berechtigung eingeräumt sei, von einem Erlaß des betreffenden Verwaltungsakts abzusehen.[9] Darüber hinaus bestehe kein Bedürfnis, auf die Regelungen der Rücknahme mit ihrer Mög-

---

4 Kritisch, ob es angesichts der neueren Rechtsprechung in diesem Zusammenhang noch zulässig ist von "herrschender Meinung" zu sprechen, *Kremmer*, BayVBl. 1990, 525.

5 *Knoke*, Rechtsfragen der Rücknahme, S. 27 Fn. 5 m. w. N., S. 28; *Kopp*, VwVfG, § 48 Rn. 24; ders., BayVBl. 1989, 652 (652 m.w.N. Fn. 2); *Battis*, Allgemeines Verwaltungsrecht, Rn. 197; *Maurer*, Allgemeines Verwaltungsrecht, § 11 Rn. 52; *Erichsen*, in: Erichsen/Martens, Allgemeines Verwaltungsrecht, § 16 Rn. 5; *Achterberg*, Allgemeines Verwaltungsrecht, § 23 Rn. 74; *Ule/Laubinger*, Verwaltungsverfahrensrecht, § 63 II 1 d; *Richter*, JuS 1990, 719 (720); *Pickel*, NVwZ 1987, 455 (455); *Pieroth*, NVwZ 1984, 681 (683); *Dommach*, DÖV 1981, 122 (124); *Sachs*, in: Stelkens/Bonk/Sachs, VwVfG, § 44 Rn. 7: "im Grundsatz"; *Dickersbach*, GewArch. 1993, 177 (179). Aus der Rechtsprechung vor Erlaß des VwVfG siehe BVerwGE 31, 222 (223); 45, 235 (243).

6 § 44 des Regierungsentwurfs zum VwVfG, BT-Drs. 7/910, S. 68.

7 Ähnlich auch BVerwGE 59, 124 (128). Diese Definition ist in der Parallelvorschrift des § 44 Abs. 1 S. 1 SGB-X Gesetz geworden.

8 Vgl. von den in Fn. 5 zitierten Autoren nur *Erichsen, Knoke, Dommach, Richter* jeweils a.a.O.

9 So *Erichsen*, in: Erichsen/Martens, Allgemeines Verwaltungsrecht, § 16 Rn. 5.

lichkeit einer Aufhebung für die Vergangenheit zurückzugreifen. Der Behörde dürfe es nicht zum Vorteil gereichen, wenn sie es versäume, den Wandel der tatsächlichen und rechtlichen Verhältnisse zu verfolgen.[10] Lediglich, wenn die Änderungen der Sphäre des Bürgers zuzuordnen seien, ergäben sich Schwierigkeiten. Insoweit sei jedoch der Gesetzgeber zur Neuregelung aufgerufen, wie er dies für den Bereich der Zuwendungen durch § 44 a BHO und im Bereich der Sozialleistungen durch § 48 SGB-X auch getan habe.[11] Schließlich werde diese Auslegung durch § 51 Abs. 1 Nr. 1 VwVfG bestätigt, wonach der Betroffene bei nachträglicher Änderung der Sach- oder Rechtslage eine erneute Prüfung des gegen ihn erlassenen belastenden Verwaltungsakts verlangen könne. Diese Vorschrift erscheine als überflüssig, wenn "rechtswidrig gewordene" Verwaltungsakte nach § 48 VwVfG aufzuheben wären.[12]

2. *Neuere Auffassungen*

a) Die Auffassung von Lange

Gegen den Erlaß als maßgeblichen Zeitpunkt für die Beurteilung der Rechtswidrigkeit eines Verwaltungsakts hat sich nach Inkrafttreten des Verwaltungsverfahrensgesetzes des Bundes sowie der entsprechenden Ländergesetze[13] zunächst nur Lange[14] ausgesprochen. Er folgert aus dem Wortlaut des § 49 Abs. 2 Nr. 3 und 4 VwVfG, wonach der Widerruf zulässig ist, "wenn die Behörde berechtigt wäre, auf Grund neuer Tatsachen oder einer Rechtsänderung den Verwaltungsakt nicht zu erlassen", daß die Regelung nur rechtmäßige Verwaltungsakte betreffe, deren Erlaß im Ermessen der Behörde liege. Von dem Erlaß eines rechtswidrigen Verwaltungsakts abzusehen, sei die Behörde nicht nur berechtigt, sondern verpflichtet. Davon sei in der Vorschrift aber nicht die Rede. Somit lasse sich aus ihr auch keine Aussage darüber entnehmen, welcher Zeitpunkt für die Annahme der Rechtswidrigkeit eines Verwaltungsakts maßgeblich sei. Darüber hinaus stelle § 49 Abs. 2 Nr. 3 und 4 VwVfG Anforderungen an die behördliche Aufhebung von Verwaltungsakten,

---

10 *Erichsen*, in: Erichsen/Martens, Allgemeines Verwaltungsrecht, § 16 Rn. 5.

11 Siehe neben *Erichsen*, a.a.O. (Fn. 10), auch *Knoke*, Rechtsfragen der Rücknahme, S. 28.

12 So *Richter*, JuS 1990, 719 (720).

13 Für die Zeit vor Erlaß dieser Gesetze vgl. *Haueisen*, NJW 1956, 201 (202); *Forsthoff*, Verwaltungsrecht, § 13 (S. 264).

14 *Lange*, WiVerw. 1979, 15 (16 f.); *ders.*, Jura 1980, 456 (459).

die auf rechtswidrig gewordene Verwaltungsakte nicht paßten. Besonders bei belastenden Verwaltungsakten müsse auch eine Aufhebung für die Vergangenheit möglich sein. Aber auch bei begünstigenden Verwaltungsakten sei der in § 49 VwVfG geregelte Vertrauensschutz nicht stets angemessen. Wenn etwa die Voraussetzungen der Bewilligung fortlaufender Subventionszahlungen nachträglich entfallen seien und der Begünstigte dies gewußt habe, so müsse die Bewilligung auch rückwirkend aufgehoben werden können. Die Situation entspreche ab Rechtswidrigkeit und Kenntnis der in § 48 Abs. 2 Satz 3 Nr. 3 VwVfG geregelten Interessenlage.

b) Die Auffassung von Schenke

Argumentative Unterstützung erhält diese Auffassung nunmehr auch von Schenke[15]: § 48 VwVfG sei auf solche Verwaltungsakte anwendbar, deren Aufrechterhaltung[16] infolge einer Änderung der Sach- oder Rechtslage rechtswidrig werde. Diese Verwaltungsakte seien als rechtswidrig geworden zu bezeichnen. Ebenso wie für § 113 VwGO müsse für § 48 VwVfG von einem erfolgsorientierten Rechtswidrigkeitsbegriff ausgegangen werden. Halte die herrschende Meinung dort ein Rechtswidrigwerden von Verwaltungsakten für möglich, müsse gleiches für den Anwendungsbereich des § 48 VwVfG gelten.[17] § 49 Abs. 2 Nr. 3 und 4 VwVfG gehe nicht als die speziellere Regelung der Anwendung des § 48 VwVfG vor. Zum einen beziehe sich § 49 Abs. 2 VwVfG nur auf begünstigende Verwaltungsakte. Zum anderen führe nicht jede Änderung der Sach- oder Rechtslage, auf Grund deren ein Verwaltungsakt nicht mehr erlassen werden dürfe (Anwendungsbereich des § 49 VwVfG), auch zum Rechtswidrigwerden dieses Verwaltungsakts. Wenn aber keine Identität der Fallgruppen bestehe, könne § 49 VwVfG über die Behandlung rechtswidrig gewordener Verwaltungsakte auch nichts entnommen werden.[18] Verwaltungsakte, die rechtswidrig werden könnten und dem Anwendungsbe-

---

[15] *Schenke*, DVBl. 1989, 433 ff.; *ders.*, BayVBl. 1990, 107 ff; vgl. auch *Schenke/Baumeister*, Jus 1991, 553 ff.

[16] Schon *Bachof*, JZ 1966, 140 (141) spricht von Rechtswidrigwerden als Abbreviatur für Rechtswidrigkeit der Aufrechterhaltung; zustimmend *Ossenbühl*, JZ 1970, 348 (348); ähnlich auch *Schenke*, NVwZ 1986, 522 (524 f.).

[17] *Schenke*, DVBl. 1989, 433 (435).

[18] *Schenke*, DVBl. 1989, 433 (436 f.).

reich des § 48 VwVfG unterfielen, seien in erster Linie Verwaltungsakte mit Dauerwirkung.[19]

Darüber hinaus spreche gegen die Anwendbarkeit des § 49 VwVfG auf die Fälle der rechtswidrig gewordenen Verwaltungsakte sowohl die Voraussetzung des § 49 VwVfG, daß das öffentliche Wohl den Widerruf fordern müsse, wie auch die Eröffnung von Ermessen. Diese Ausgestaltung des Widerrufs relativiere bei rechtswidrig gewordenen Verwaltungsakten den Gesetzesvorrang in einer mit Art. 20 Abs. 3 GG schwerlich zu vereinbarenden Weise. Außerdem stelle sich der Konflikt zwischen dem Prinzip der Gesetzmäßigkeit und dem Prinzip der Rechtssicherheit für anfänglich rechtswidrige und rechtswidrig gewordene Verwaltungsakte in der gleichen Weise, so daß auch der Gleichheitssatz die Anwendung des § 48 VwVfG fordere.[20]

c) Die Auffassung von Kopp

Demgegenüber hält Kopp, ebenso wie er es für die parallele verwaltungsprozessuale Fragestellung vertritt[21], mit der (wohl) herrschenden Meinung daran fest, daß Verwaltungsakte infolge einer Änderung der Sach- oder Rechtslage nicht rechtswidrig werden können. Er erkennt jedoch an, daß die Anwendung des § 49 VwVfG teilweise zu unangemessenen Ergebnissen führt.[22] Es handele sich in der Regel um Verwaltungsakte, die von vornherein nach ihrem erkennbaren Inhalt, Sinn und Zweck nur für eine bestimmte Situation Geltung beanspruchten. Sei der Verwaltungsakt aber gar nicht für die neue Situation gedacht und beanspruche er dafür auch keine Geltung, so entfielen die Wirkungen des Verwaltungsakts mit Wegfall der Situation, die er regeln sollte.[23] Damit komme aber auch § 49 VwVfG auf diese Verwaltungsakte nicht zur Anwendung. Diese Vorschrift betreffe entgegen ihrer weiten Fassung nur Fälle, in denen ein Verwaltungsakt kraft Gesetzes oder seinem Inhalt nach auch für den Fall einer etwaigen Änderung der tatsächlichen Verhältnisse Geltung beanspruche, bis er durch einen gegenteiligen Akt aufgehoben oder ersetzt werde.[24] Auch zum Schutz des gutgläubigen Betroffenen be-

19 *Schenke*, DVBl. 1989, 433 (441).

20 *Schenke*, DVBl. 1989, 433, (437 f.).

21 Siehe *Kopp*, in: Menger-FS, S. 695 ff. und oben 2. Kapitel I 1.

22 Siehe *Kopp*, BayVBl. 1989, 652 (653).

23 Siehe *Kopp*, VwVfG, § 48 Rn. 24 ff.; ders., BayVBl. 1990, 524 (525).

24 *Kopp*, VwVfG, § 49 Rn. 35.

dürfe es für diese Fälle, die auflösend bedingten oder befristeten Verwaltungsakten vergleichbar seien, nicht der Anwendung der §§ 48 ff. VwVfG, sondern nur der Anwendung der allgemeinen Grundsätze, die im Verwaltungsverfahrensrecht für solche Fälle entwickelt wurden, z.B. der Grundsätze des Erstattungsrechts.[25] Alle anderen Fälle, in denen die Aufrechterhaltung eines Verwaltungsaktes infolge einer Änderung der Sach- oder Rechtslage rechtswidrig werden, unterfielen dem § 49 VwVfG. Im übrigen sei es sachlich kaum gerechtfertigt und führe zu unnötigen Abgrenzungsschwierigkeiten, eine bestimmte Gruppe von Dauerverwaltungsakten, z.B. Sondernutzungserlaubnisse, anders zu behandeln als andere, z.B. Subventionsbewilligungen.[26]

3. Rechtsprechung

Nicht nur die Auffassung von Lange und Schenke, sondern auch die von Kopp hat in jüngerer Zeit Bestätigung in der Rechtsprechung gefunden. So hat das OVG Münster das Rechtswidrigwerden eines begünstigenden Leistungsbescheids angenommen[27] und ist darin vom Bundesverwaltungsgericht durch Nichtzulassung der Revision bestätigt worden[28]. Einem beamteten Lehrer war im Hinblick auf die ihm übertragene Fachleiterfunktion eine monatlich auszuzahlende Zulage durch Verwaltungsakt zuerkannt worden. Diese Zulage wurde ihm auf der Grundlage des Zulagenbescheids zunächst auch dann noch gewährt, als er keine Fachleiterfunktion mehr ausübte. Die Behörde hob den Bescheid mit Wirkung von dem Zeitpunkt auf, von welchem an der Lehrer die Fachleitungsfunktion nicht mehr innehatte. Das Verwaltungsgericht legte den Zulagenbescheid - ganz im Sinne von Kopp - dahingehend aus, daß dieser dem Lehrer die Zulage nur zuerkannt habe, solange dieser die Fachleiterzulage tatsächlich wahrnehme.[29] Demgegenüber hat das OVG Münster die Auffassung vertreten, daß diese Interpretation des Zulagenbescheids weder im Wortlaut noch im Sinnzusammenhang des Verwaltungsakts eine Stütze finde. Vielmehr sei der Bescheid wegen Verstoßes gegen § 42 Abs. 3 S. 1 BBesG rechtswidrig geworden. Der Grundsatz, daß § 48 VwVfG nur auf rechtswid-

---

[25] *Kopp*, BayVBl. 1990, 524 (524).

[26] *Kopp*, BayVBl. 1990, 524 (525).

[27] OVG Münster, NVwZ-RR 1988, 1 ff.

[28] BVerwG, Beschluß vom 2.11.1987 - 2 B 100/87. Hinweise auf diesen unveröffentlichten Beschluß finden sich in BVerwGE 84, 111 (113) sowie bei *Kremmer*, BayVBl. 1990, 525 Fn. 3 und *Schenke/Baumeister*, JuS 1991, 553 (547).

[29] Dies ergibt sich aus den Entscheidungsgründen des OVG Münster, NVwZ-RR 1988, 1 (1).

rige, nicht aber auf rechtswidrig gewordene Verwaltungsakte Anwendung finde, gelte nicht für Verwaltungsakte mit Dauerwirkung.[30] Mit dieser Begründung teilt das OVG Münster die Auffassung von Schenke.

In einem weiteren, ebenfalls vom OVG Münster entschiedenen Fall, ging es um einen Bescheid, auf dessen Grundlage der Witwe eines Beamten ein Unterhaltsbeitrag ausgezahlt wurde.[31] Auch in diesem Fall handelte es sich um einen Verwaltungsakt mit Dauerwirkung. Dieser wurde nach Auffassung des OVG Münster mit dem Ende des Monats, in dem die Frau wieder heiratete, rechtswidrig, weil zu diesem Zeitpunkt ihr Anspruch auf Witwenunterhalt gemäß § 61 Abs. 1 Nr. 2 in Verbindung mit § 63 Nr. 3 BeamtVG erlosch.

Eher der Auffassung von Kopp folgt demgegenüber eine Entscheidung des Bundesverwaltungsgerichts vom 23. Januar 1990.[32] In diesem Fall war Wohngeld nach dem Tod des Antragsberechtigten in Unkenntnis von dessen Tod an den Erben ausgezahlt worden. Nach Auffassung des Bundesverwaltungsgerichts waren die Zahlungen, die nach dem Tod des Antragsberechtigten über den im Wohngeldgesetz für diesen Fall vorgesehenen Zeitraum hinaus erbracht wurden, von dem Bewilligungsbescheid nicht mehr gedeckt. Der Bescheid habe sich insoweit kraft Gesetzes gleichsam erledigt. Seiner Aufhebung habe es daher nicht bedurft.

4. Defizite der bisherigen Auseinandersetzung

Der vorstehend skizzierten Meinungsstand macht einerseits einen - allerdings kaum reflektierten - dogmatischen Gegensatz zwischen dem jeweiligen Verständnis des Rechtswidrigkeitsbegriffs deutlich (erfolgsorientiert bei Schenke, handlungsorientiert bei der h.M); andererseits bleibt unklar, inwieweit der dogmatische Gegensatz zu einer im Ergebnis unterschiedlichen Bewertung gleicher Fälle führt. So wird die für die Möglichkeit des Rechtswidrigwerdens von Verwaltungsakten zentrale Kategorie des Dauerverwaltungsakts von Schenke und Kopp augenscheinlich unterschiedlich verstanden. Während nach Auffassung von Schenke Verwaltungsakte, die Grundlage wiederkehrender Leistungen sind, als Dauerverwaltungsakte rechtswidrig werden und gemäß § 48 VwVfG zurückgenommen werden können, ordnet Kopp zu-

---

30 OVG Münster, NVwZ-RR 1988, 1 (2).

31 OVG Münster, NVwZ 1988, 71 (71).

32 BVerwGE 84, 274 ff.; kritisch besprochen von *Hänlein*, JuS 1992, 559 ff.

mindest die Leistungsbescheide in den von der Rechtsprechung entschiedenen Fälle den inhaltlich begrenzten Verwaltungsakten zu, auf die weder § 48 VwVfG noch § 49 VwVfG Anwendung finden sollen. Während also, abstrakt gesprochen, für Schenke auf Dauerverwaltungakte § 48 VwVfG, für Kopp auf Dauerverwaltungsakte § 49 VwVfG anzuwenden ist, kommen beide im konkreten Fall der Fachleiterzulage zu dem gleichen Ergebnis, daß der Begünstigte die Zulage mit Wegfall der Fachleiterfunktion zurückzahlen muß.

Hieran zeigt sich exemplarisch, daß ein wesentlicher Mangel in der bisherigen wissenschaftlichen Auseinandersetzung darin liegt, daß für das Problem so grundlegende Begriffe wie "Rechtswidrigkeit" oder "Dauerverwaltungsakt" wie selbstverständlich verwendet, nicht aber einheitlich verstanden werden.

II. Der Anwendungsbereich des § 48 VwVfG - Noch einmal zum Rechtswidrigkeitsbegriff

1. Reichweite der Parallelität zwischen § 113 VwGO und § 48 VwVfG

Richtiger Kern der in neuerer Zeit gezogenen Parallele zwischen der Frage nach dem maßgeblichen Zeitpunkt für die Beurteilung der Rechtswidrigkeit eines Verwaltungsakts im Verwaltungsprozeß und im Verwaltungsverfahren ist die Auffassung, daß der Rechtswidrigkeitsbegriff in § 113 VwGO und § 48 VwVfG nur ein einheitlicher sein kann. Hierfür spricht neben der Vermutung konsequenter Begrifflichkeit durch den Gesetzgeber[33] die einhellig materiellrechtliche Auslegung des Rechtswidrigkeitsbegriffs in § 113 VwGO durch die Rechtsprechung.[34] Zu Recht betont Schenke auch eine systematisch-teleologische Verwandtschaft zwischen den Normen[35], die er allerdings zu weit zieht: Weil im Rahmen des § 113 VwGO gute Gründe dafür sprechen, daß Verwaltungsakte rechtswidrig werden können, folgert er, daß gleiches für § 48 VwVfG insgesamt gelten müsse. Die Verwandtschaft zwischen den Normen besteht jedoch nur, soweit es um belastende Verwaltungsakte geht. Für das Rechtswidrigwerden begünstigender Verwaltungsakte lassen sich aus § 113 VwGO und seiner Auslegung weder systematische noch teleologische Argumente gewinnen. Auch die Konstellation der Anfechtung eines begünstigen-

33 So *Schenke*, DVBl. 1989, 433 (435).

34 Siehe oben 3. Kapitel II 2 c.

35 *Schenke*, DVBl. 1989, 433 (435).

den Verwaltungsakts mit belastender Drittwirkung durch den Drittbetroffenen ist nicht vergleichbar, da es diesem um die Beseitigung der Belastung geht und im Falle der Rechtswidrigkeit des Verwaltungsakts der Entzug der Begünstigung in die Überlegungen nicht einzubeziehen ist.[36] Da sich auch § 51 VwVfG allein auf (zumindest dritt-) belastende Verwaltungsakte bezieht, läßt sich aus dieser Vorschrift gleichfalls nichts für die Abgrenzung der § 48, 49 VwVfG im Hinblick auf begünstigende Verwaltungsakte gewinnen. Die geforderte Einheitlichkeit des Rechtswidrigkeitsbegriffs kann deshalb nur besagen, daß belastende Verwaltungsakte, die im Rahmen des § 113 VwGO als rechtswidrig "geworden" bezeichnet werden, verwaltungsverfahrensrechtlich nicht als rechtmäßig betrachtet werden dürfen. Festzuhalten bleibt, daß sich aus § 113 VwGO nur ein systematisches Argument für die Anwendung des § 48 Abs. 1 VwVfG auf rechtswidrig gewordene belastende Verwaltungsakte herleiten läßt.

2. Rechtswidrigwerden begünstigender Verwaltungsakte?

Als neues, durch die jeweilige Auffassung zu § 113 VwGO nicht beeinflußtes Problem stellt sich dagegen die Frage nach dem Rechtswidrigwerden begünstigender Verwaltungsakte.

a) Prüfung am zweigliedrigen Rechtswidrigkeitsbegriff

Nach dem zweigliedrigen Rechtswidrigkeitsbegriff folgt die Rechtswidrigkeit von Verwaltungsakten entweder aus einem Gesetzesverstoß bei Erlaß des Verwaltungsakts oder aus einer Verletzung in subjektiven Rechten.[37] Nur eine Verletzung in subjektiven Rechten kann das Rechtswidrigwerden von Verwaltungsakten begründen. Da sie stets eine Belastung voraussetzt, ist nach dem zweigliedrigen Rechtswidrigkeitsbegriff ein Rechtswidrigwerden begünstigender Verwaltungsakte ausgeschlossen.[38]

---

[36] Vgl. auch § 50 VwVfG. Zur Frage des maßgeblichen Zeitpunkts für die Beurteilung der Rechtswidrigkeit von Verwaltungsakten mit Drittwirkung siehe unten 10. Kapitel. Im folgenden bleibt die Untersuchung auf Verwaltungsakte im zweipoligen Rechtsverhältnis beschränkt.

[37] Siehe oben 4. Kapitel IV.

[38] Es sei noch einmal darauf hingewiesen, daß rückwirkende Änderungen der maßgeblichen Umstände nicht zum Rechtswidrigwerden eines Verwaltungsakts führen, sondern zur Fiktion seiner

Da dieser Rechtswidrigkeitsbegriff bisher allein am Beispiel belastender Verwaltungsakte entwickelt und geprüft worden ist, stellt sich die Frage, ob er im Hinblick auf begünstigende Verwaltungsakte ergänzt werden muß.

b) Notwendige Voraussetzungen für das Rechtswidrigwerden begünstigender Verwaltungsakte

aa) Gegenstand des Rechtswidrigkeitsurteils

Gleich einem belastenden Verwaltungsakt kann ein begünstigender Verwaltungsakt nur rechtswidrig werden, wenn Gegenstand des Rechtswidrigkeitsurteils nicht der Erlaßvorgang, sondern die Regelung des Verwaltungsakts ist. Dementsprechend gilt für begünstigende ebenso wie für belastende Verwaltungsakte, daß eine Änderung der Sach- oder Rechtslage nur Auswirkungen auf die Beurteilung solcher Verwaltungsakte haben kann, deren Rechtsfolgenverwirklichung noch aussteht oder andauert.[39]

Hieraus ergab sich für belastende Verwaltungsakte mit gestaltender Wirkung, daß eine Sach- oder Rechtsänderung auf die Beurteilung ihrer Rechtswidrigkeit keine Auswirkungen hat, da mit ihrem Erlaß der Sachverhalt für die Verwaltung abgeschlossen ist.[40] Dies scheint für begünstigende Verwaltungsakte mit gestaltender Wirkung, z.B. Genehmigungen, auf den ersten Blick weniger einleuchtend als für belastende Verwaltungsakte. Auch bei den begünstigenden Verwaltungsakten mit gestaltender Wirkung darf aber der Regelungsinhalt des Verwaltungsakts nicht mit den gesetzlichen Folgen seiner Existenz verwechselt werden. Die Regelung eines solchen Verwaltungsakts beinhaltet die einmalige Erteilung der Genehmigung. Sie ist zu denken als die Entfernung eines Hindernisses zwischen gesetzlich geregeltem Nichtdürfen und gesetzlich geregeltem Dürfen.[41] Das Dürfen des Begünstigten ist also nicht Folge der Verwaltungsaktsregelung, sondern der Gesetze, für die die Existenz der Genehmigung Tatbestandsvoraussetzung ist. Diese Wirkung der Genehmigung ist unabhängig vom Vorliegen ihrer tatbestandlichen Erlaßvor-

---

Rechtswidrigkeit von Anfang an. Siehe z.B. BVerwGE 84, 111 ff. und dazu *Schenke/Baumeister*, JuS 1991, 553 (547).

39 Siehe oben 5. Kapitel.

40 Siehe oben 5. Kapitel II 1.; ebenso *Seibert*, Die Bindungswirkung, S. 234.

41 BVerwG, DVBl. 1982, 960 (962); ferner *Ortloff*, NJW 1987, 1665 (1667); *Grziwotz*, AöR Bd 113 (1988), 213 (214).

aussetzungen. Dementsprechend enthält der Tatbestand der Ermächtigungsgrundlage auch nur die Voraussetzungen für die Erteilung der Genehmigung. Über ihren Fortbestand wird auf der Grundlage eines anderen Gesetzes und in einem anderen Verfahren entschieden.

Hinsichtlich des Gegenstands des Rechtswidrigkeitsurteils gilt für begünstigende Verwaltungsakte also grundsätzlich dasselbe wie für belastende Verwaltungsakte. Ein Rechtswidrigwerden ist nur für Dauerverwaltungsakte denkbar, nicht dagegen für gestaltende Verwaltungsakte. Den Dauerverwaltungsakten gleichzustellende begünstigende Verwaltungsakte gibt es unter den begünstigenden Verwaltungsakten allerdings nicht, da befehlende Verwaltungsakte notwendig belastend wirken. Begünstigende Dauerverwaltungsakte sind ihrer Rechtsnatur nach folglich stets feststellende Verwaltungsakte.

bb) Inhalt des Rechtswidrigkeitsurteils

Hinsichtlich des Inhalts des Rechtswidrigkeitsurteils kommt - anders als bei belastenden Verwaltungsakten - ein Rechtswidrigwerden infolge einer Verletzung in subjektiven Rechten nicht in Betracht, denn eine solche setzt notwendig eine Beschwer voraus. Das Rechtswidrigwerden eines begünstigenden Verwaltungsakts ist deshalb nur denkbar als objektiver Widerspruch zwischen der Regelung des Verwaltungsakts und der Rechtsfolgenanordnung der Ermächtigungsgrundlage.

c) Existenz eines objektiv-normhierarchischen Rechtswidrigkeitsbegriffs ?

Fraglich ist, ob ein objektiver, von Pflichten und Rechten der Normadressaten losgelöster und deshalb als normhierarchisch[42] zu bezeichnender Rechtswidrigkeitsbegriff haltbar ist.

aa) Grundsätzliche Bedenken

Ein objektiver, nur normhierarchisch zu denkender Widerspruch zwischen Verwaltungsakt und Ermächtigungsnorm setzt voraus, daß sich die Rechtsna-

---

42 Dieser Begriff wird hier gebildet in Anlehnung an die Überlegungen von *Rupp* (in: Rechtsschutz im Sozialrecht, S. 173 [184]) zur Vergleichbarkeit der Derogation von Rechtsnormen durch höherrangige Normen einerseits und dem Rechtswidrigwerden von Verwaltungsakten andererseits.

tur eines Verwaltungsakts als Rechtssatz begreifen läßt.[43] Dem hat Rupp entgegengehalten, daß ein Verwaltungsakt im Gegensatz zu einem Rechtssatz dadurch gekennzeichnet sei, daß seine "Tatbestandsseite" Identität mit einem Lebenssachverhalt besitze. Infolge dieser Verengung seiner Tatbestandsseite auf einen konkreten Lebenssachverhalt wolle der Verwaltungsakt andere - auch ähnliche - Sachverhalte normativ nicht erfassen.[44] Mit anderen Worten: Der Geltungswille eines Verwaltungsakts geht nicht weiter als bis zum Eintritt einer tatbestandsrelevanten Änderung des von ihm geregelten Lebenssachverhalts.[45] Wenn sich der Geltungswille des Verwaltungsakts aber gar nicht auf die geänderte Situation erstreckt, dann kann auch kein Widerspruch zur Rechtsfolgenanordnung der höherrangigen Norm auftreten, der Verwaltungsakt dementsprechend nicht rechtswidrig werden. Man könnte zur Verdeutlichung im Anschluß an die Formulierung von Rupp, die Tatbestandsseite eines Verwaltungsakts sei ein Lebenssachverhalt[46], von tatbestandlicher Erledigung eines Verwaltungsakts sprechen.

Diese ist zu unterscheiden von der Erledigung eines Verwaltungsakts im Sinne des § 113 Abs. 1 S. 4 VwGO. Von einer solchen kann nur die Rede sein im Falle der ausdrücklich aufgeführten Zurücknahme des Verwaltungsakts oder im Falle von Ereignissen, die der Zurücknahme in ihrer Wirkung entsprechen ("Erledigung in anderer Weise"). Dies setzt voraus, daß der Verwaltungsakt hinweggedacht werden kann, ohne daß dadurch eine Änderung in den rechtlichen oder tatsächlichen Beziehungen zwischen dem Adressaten des Verwaltungsakts und der Verwaltung eintritt, die Existenz des Verwaltungsakts also rechtlich irrelevant wird.[47] Dies ist immer dann der Fall, wenn die im Verwaltungsakt angeordnete Rechtsfolge unausführbar wird. Bei der tatbestandlichen Erledigung berührt die eingetretene Änderung die Ausführbarkeit der im Verwaltungsakt angeordneten Rechtsfolge dagegen nicht. Die Anordnung ist infolge der Änderung nur nicht mehr gesollt.

---

43 *Rupp*, in: Rechtsschutz im Sozialrecht, S. 173 (185 f.).

44 *Rupp*, in: Rechtsschutz im Sozialrecht, S. 173 (186).

45 Eine relevante Änderung bedeutet in diesem Zusammenhang eine Änderung, die die Kongruenz zwischen gesetzlichem Tatbestand und Lebenssachverhalt entfallen läßt. Der Gedanke, daß der Geltungswille nicht weiter reicht als der geregelte Lebenssachverhalt ist im übrigen für die Reichweite der Rechtskraft von Urteilen selbstverständlich. Siehe nur *Schenke*, Verwaltungsprozeßrecht, Rn. 629; *Seibert*, Die Bindungswirkung, S. 532; *Classen*, DÖV 1989, 156 (157); zur Reichweite der sachlichen Rechtskraft eines Urteils siehe BVerwGE 6, 321 (322); BVerwG, DÖV 1993, 718 (718).

46 *Rupp*, in: Rechtsschutz im Sozialrecht, S. 173 (185).

47 Siehe schon oben 6. Kapitel II 5 c.

bb) Zur Bedeutung des § 48 SGB-X für die Frage des Rechtswidrigwerdens begünstigender Verwaltungsakte

Eine spezielle Regelung für die Aufhebung von Dauerverwaltungsakten infolge veränderter Verhältnisse trifft § 48 SGB-X. Nach dieser Vorschrift kann ein Dauerverwaltungsakt regelmäßig mit Wirkung für die Zukunft, unter bestimmten Umständen auch mit Wirkung für die Vergangenheit aufgehoben werden, soweit in den tatsächlichen oder rechtlichen Verhältnissen, die beim Erlaß des Dauerverwaltungsakts vorgelegen haben, eine wesentliche Änderung eintritt. Die Regelung ist auf begünstigende wie belastende, ursprünglich rechtmäßige wie rechtswidrige Verwaltungsakte anzuwenden.[48] Überwiegend betrifft sie allerdings rechtmäßige Verwaltungsakte, bei denen die Regelung infolge einer Änderung der Verhältnisse in Widerspruch zur materiellen Rechtslage gerät.[49] Nach Auffassung von Hauck/Heines handelt es sich insoweit dogmatisch um Fälle des Widerrufs, die in den §§ 46, 47 SGB-X ausgeklammert wurden.[50] Demgegenüber scheint Manssen der Auffassung zu sein, § 48 SGB-X enthalte eine Sonderregelung für die Rücknahme rechtwidrig gewordener Dauerverwaltungsakte.[51] Infolgedessen regt er an, auch die dem Verwaltungsverfahrensgesetz unterfallenden Dauerverwaltungsakte bei Änderung der maßgeblichen Verhältnisse der Rücknahmeregelung des § 48 VwVfG zu unterwerfen.[52]

Es stellt sich also die Frage, ob § 48 SGB-X der hier vertretenen Auffassung, daß begünstigende Dauerverwaltungsakte nicht rechtswidrig werden können, mit Recht entgegengehalten werden kann. Der Wortlaut der Vorschrift erweist sich als unergiebig, denn der Gesetzgeber verwendet den Rücknahme wie Widerruf umfassenden Oberbegriff der Aufhebung. Unzulässig ist es, allein aus der möglichen Rechtsfolge der rückwirkenden Aufhebung zu schließen, daß die Vorschrift einen Fall der Rücknahme rechtswidrig gewordener Verwaltungsakte regele.[53] Weiterführend ist dagegen die Betrachtung

---

48 *Schneider-Danwitz*, in: SGB SozVers-GesKom, SGB-X, § 48 Anm. 7; *Wiesner*, in: Schröder-Printzen, SGB-X, § 48 Anm. 1; *Kocher*, in: Jahn, SGB-X, § 48 Rn. 1; BT-Drs. 8/2034, S. 35.

49 *Freischmidt*, in: Hauck/Heines, SGB-X, § 48 Rn. 2.

50 *Freischmidt*, in: Hauck/Heines, SGB-X, § 48 Rn. 2.

51 *Manssen*, ZfSH/SGB 1991, 225 (234); ebenso *Frohn*, Jura 1993, 393 (394); für die Möglichkeit des Rechtswidrigwerdens begünstigender Dauerverwaltungsakte schon früher *Haueisen*, NJW 1956, 201 (202).

52 *Manssen*, ZfSH/SGB 1991, 225 (237).

53 Vgl. z.B. die Widerrufsregelung des § 44 a BHO; siehe auch den Entwurf einer Neufassung der §§ 48, 49 VwVfG BT-Drs. 12/2297, S. 3.

der Rechtslage vor Einführung des § 48 SGB-X im Jahre 1981. Die Vorschrift ersetzte oder modifizierte zahlreiche Regelungen in speziellen Leistungsgesetzen[54] wie z.B. § 622 Abs. 1 RVO[55], § 62 Abs. 1 BVG[56], § 151 AFG Abs. 1[57] oder § 22 BKGG[58]. Für diese Vorschriften galt der Wegfallgrundsatz: Soweit das Gesetz den Wegfall einer Leistung anordnete, trat der Wegfall kraft Gesetzes ein, ohne daß es eines Entziehungsbescheides bedurfte; die Wegfallnachricht war rein deklaratorisch.[59] Nach § 48 SGB-X gilt der Wegfallgrundsatz nicht mehr. Auch bei Wegfall des Leistungsanspruchs ist der Bewilligungsbescheid solange maßgebend, als er nicht aufgehoben ist.[60] Gesetzeshistorisch stellt die Vorschrift also eine am Vertrauensschutz orientierte Ersetzung des Wegfallgrundsatzes dar.[61] Daraus folgt, daß § 48 SGB-X keine Regelung für die Rücknahme rechtswidrig gewordener Dauerverwaltungsakte enthält, sondern vielmehr in Reaktion auf den Wegfallgrundsatz und im Interesse der Rechtsklarheit die Weitergeltung des Dauerverwaltungsakts bis zu seiner Aufhebung anordnet. Eine solche Anordnung fehlt aber im Verwaltungsverfahrensgesetz.

3. *Ergebnis*

Da grundsätzliche Erwägungen gegen das Rechtswidrigwerden begünstigender Verwaltungsakte sprechen, kann festgehalten werden, daß begünstigende Verwaltungsakte, anders als belastende Verwaltungsakte nicht rechts-

---

54 Vgl. *Schneider-Danwitz*, in: SGB SozVers-GesKom, Bd 4, SGB-X, § 48 Anm. 4.

55 "Tritt in den Verhältnissen, die für die Feststellung der Leistung maßgebend gewesen sind, eine wesentliche Änderung ein, so ist eine neue Feststellung zu treffen." BGBl. III 820-1 (S. 89).

56 "Tritt in den Verhältnissen, die für die Feststellung des Anspruchs auf Versorgung maßgebend gewesen sind, eine wesentliche Änderung ein, ist der Anspruch entsprechend neu festzustellen." BGBl. 1976 I, 1633 (1656).

57 "Entscheidungen, durch die Leistungen nach diesem Gesetz bewilligt worden sind, werden insoweit aufgehoben, als die Voraussetzungen für die Leistungen nicht vorgelegen haben oder weggefallen sind." BGBl. 1969 I, 582 (608).

58 "Das Kindergeld wird von Amts wegen entzogen, soweit die Anspruchsvoraussetzungen nicht vorgelegen haben, weggefallen sind oder ... " BGBl. 1964 I, 265 (270).

59 *Schneider-Danwitz*, in: SGB SozVers-Geskom, Bd 4, SGB-X, § 48 Anm. 4; siehe auch *Kocher*, in: Jahn, SGB-X, § 48 Rn. 1; vgl. heute noch die ausdrückliche Regelung des § 25 Abs. 2 BKGG: "Von der Erteilung eines Bescheids kann abgesehen werden, wenn 1. der Berechtigte anzeigt, daß die Voraussetzungen für die Berücksichtigung des Kindes nicht mehr erfüllt sind oder 2. das Kind das 16. Lebensjahr vollendet hat, ohne daß eine Anzeige nach § 17 Abs. 3 erstattet ist."

60 *Schneider-Danwitz*, in: SGB SozVers-Geskom, Bd 4, SGB-X, § 48 Anm. 4 mit Hinweis auf BT-Drs. 8/2034, S. 35.

61 So auch *Manssen*, ZfSH/SGB 1991, 225 (234 f.).

widrig werden können. Einer Ergänzung des zweigliedrigen Rechtswidrigkeitsbegriffs bedarf es nicht.

III. Der Anwendungsbereich des § 49 Abs. 2 Nr. 3 und 4 VwVfG

Fraglich ist nunmehr der Anwendungsbereich des § 49 Abs. 2 Nr. 3 und 4 VwVfG im allgemeinen und auf Dauerverwaltungsakte im besonderen. Nach Nr. 3 kann ein begünstigender Verwaltungsakt widerrufen werden, wenn die Behörde auf Grund nachträglich eingetretener Tatsachen berechtigt wäre, den Verwaltungsakt nicht zu erlassen, und wenn ohne den Widerruf das öffentliche Interesse gefährdet würde; Nr. 4 ermöglicht den Widerruf, wenn die Behörde auf Grund einer geänderten Rechtsvorschrift berechtigt wäre, den Verwaltungsakt nicht zu erlassen, soweit der Begünstigte von der Vergünstigung noch keinen Gebrauch gemacht oder auf Grund des Verwaltungsaktes noch keine Leistungen empfangen hat, und wenn ohne den Widerruf das öffentliche Interesse gefährdet würde.

1. Auffassungen in der Literatur

In der Literatur werden verschiedene Einschränkungen des Anwendungsbereiches des § 49 Abs. 2 Nr. 3 und 4 VwVfG vertreten.

a) Die Auffassung von Kopp

Nach Auffassung von Kopp betreffen diese Vorschriften entgegen ihrem weiten Wortlaut nur solche Verwaltungsakte, die unberührt von einer Änderung der Sach- oder Rechtslage Geltung beanspruchen, bis sie durch einen gegenteiligen Akt aufgehoben oder ersetzt werden.[62] Nicht anwendbar seien sie allerdings auf solche Verwaltungsakte, die nach Sinn und Zweck der gesetzlichen Regelung oder allgemeinen Rechtsgrundsätzen auch bei einer Änderung der Umstände nicht oder nur unter engen Voraussetzungen widerruflich sein sollen. Dies sei vor allem bei rechtsgestaltenden Verwaltungsakten der Fall, so z.B. bei der Bauerlaubnis, der Einbürgerung oder der Ernennung zum Beam-

---

62 *Kopp*, VwVfG, § 49 Rn. 35.

ten.[63] Nicht anwendbar sei § 49 Abs. 2 Nr. 3 VwVfG (Änderung von Tatsachen) darüber hinaus auf solche Verwaltungsakte, die nur im Hinblick auf eine bestimmte Sachlage erlassen wurden, da diese durch eine Änderung der wesentlichen Umstände gegenstandslos würden.[64] Für den Anwendungsbereich des § 49 Abs. 2 Nr. 4 VwVfG gelte im wesentlichen das gleiche.

b) Die Auffassung von Meyer und Obermayer

Hans Meyer ist der Auffassung, daß § 49 Abs. 2 Nr. 3 VwVfG nur anwendbar sei, wenn es um die Änderung solcher Tatsachen geht, deren Vorhandensein der Rechtssatz, auf dem der Verwaltungsakt beruht, nicht nur bei dessen Erlaß, sondern auch während dessen Geltung voraussetzt. Als Beispiel nennt er die Genehmigung zur Personenbeförderung.[65]

Obermayer versucht demgegenüber den Anwendungsbereich des § 49 Abs. 2 Nr. 3 und 4 VwVfG negativ zu begrenzen, indem er die Verwaltungsakte charakterisiert, auf die die Regelungen gerade nicht anwendbar sein sollen. Er stimmt in der Sache aber mit Meyer überein, wenn er diese als solcher Art Verwaltungsakte kennzeichnet, die vom Fortbestand ihrer Voraussetzungen unabhängig seien.[66]

c) Die Auffassung von Klappstein

Klappstein betont, daß ein Widerruf gemäß § 49 Abs. 2 Nr. 3 VwVfG nur möglich sei, wenn der Verwaltungsakt noch äußere und innere Wirksamkeit besitze und sie auch trotz der Veränderung der Sachlage behalte. Dies treffe vor allem, aber nicht ausschließlich, auf Verwaltungsakte mit Dauerwirkung zu. Sei ein Verwaltungsakt bereits auf andere Weise erledigt, weil er einen abgeschlossenen Sachverhalt endgültig geregelt habe, so könne zum veränderten Sachverhalt ein neuer Verwaltungsakt ergehen, ohne daß der ohnehin nicht mehr wirksame alte Verwaltungsakt aufgehoben werden müsse.[67]

---

63 *Kopp*, VwVfG, § 49 Rn. 36.

64 *Kopp*, VwVfG, § 49 Rn. 35.

65 *Meyer*, in: Meyer/Borgs, VwVfG, § 49 Rn. 29, 33.

66 *Obermayer*, VwVfG, § 49 Rn. 37 und 45.

67 *Klappstein*, in: Knack, VwVfG, § 49 Rn. 6.3.3.

2. Kritik

Bei der Bewertung dieses Meinungsstands ist es wiederum schwierig zu entscheiden, inwieweit die verbal unterschiedlichen Auffassungen auch in der Sache differieren, da Begriffe wie Dauerverwaltungsakt, Erledigung, abgeschlossener Sachverhalt, innere und äußere Wirksamkeit undefiniert bzw. in ihrem Verhältnis zueinander unklar bleiben. So zählt Klappstein - anders als hier vertreten - augenscheinlich auch gestaltende Verwaltungsakte zu den Dauerverwaltungsakten. Nicht geteilt werden kann des weiteren seine Auffassung, die Abgeschlossenheit eines Sachverhalts[68] habe die Erledigung des Verwaltungsakts[69] zur Folge.

Ungenau ist die Formulierung von Obermayer, § 49 Abs. 2 Nr. 3 und 4 VwVfG seien auf solche Verwaltungsakte nicht anwendbar, die vom Fortbestand ihrer Voraussetzungen unabhängig sind. Die Frage ist, was "unabhängig sein" bedeutet. Nicht gemeint sein kann "in ihrer Wirksamkeit von den Voraussetzungen unabhängig", denn dann bliebe für § 49 Abs. 2 VwVfG kein Anwendungsbereich mehr übrig, da die Verwaltungsakte, die in ihrer Wirksamkeit vom Fortbestand ihrer Voraussetzungen abhängig wären, keines Widerrufs bedürften. Das von Obermayer - und in anderer Formulierung auch von Meyer - Gemeinte ist vielmehr, daß Voraussetzung des Widerrufs der Wegfall von Erlaßvoraussetzungen des Verwaltungsakts ist.

So sind z.B. alle gestaltenden Verwaltungsakte in ihrer Wirksamkeit vom Vorliegen ihrer Tatbestandsvoraussetzungen unabhängig. Unter ihnen gibt es aber solche, deren Erlaß tatbestandlich einen Zustand voraussetzt, dessen Wegfall die Behörde zum Widerruf ermächtigt, zum anderen solche, deren Widerruflichkeit - wie Kopp formuliert - nach Sinn und Zweck der gesetzlichen Regelung oder nach allgemeinen Rechtsgrundsätzen nicht bereits durch den Wegfall von Tatbestandsvoraussetzungen ausgelöst wird. Dies trifft auf die Bauerlaubnis wegen ihres besonderen eigentumsrechtlichen Bestandsschutzes zu[70], des weiteren auf die Beamtenernennung wegen des Grundsatzes

---

[68] Zu dem Begriff der Abgeschlossenheit siehe oben 2. Kapitel II 2 c) aa).

[69] Zu dem Begriff der Erledigung eines Verwaltungsakts siehe oben 6. Kapitel II 5 c. und dieses Kapitel II 2 c) aa).

[70] Strittig, vgl. dazu *Finkelnburg/Ortloff*, Baurecht II, § 8 VI (S. 103); *Ortloff*, NVwZ 1983, 705 (708).

der Ämterstabilität[71] oder auf die Einbürgerung im Hinblick auf Art. 16 Abs. 1 S. 1 GG[72].

3. *Eigene Auffassung*

Auf der Grundlage der bis hierher erarbeiteten Begrifflichkeit von Dauerverwaltungsakt, gestaltendem Verwaltungsakt, Abgeschlossenheit und Erledigung ist folgendermaßen zu unterscheiden:

a) Unanwendbarkeit des § 49 Abs. 2 Nr. 3 und 4 VwVfG auf erledigte Verwaltungsakte

Unproblematisch ist, daß § 49 Abs. 2 Nr. 3 und 4 VwVfG auf solche Verwaltungsakte keine Anwendung finden kann, die sich infolge einer Änderung der Sach- oder Rechtslage erledigen. Ist die Existenz eines Verwaltungsakts rechtlich irrelevant, bedarf es auch keines Widerrufs.

b) Widerruf bei Wegfall der inneren Wirksamkeit? - Zur Behandlung tatbestandlich erledigter Verwaltungsakte

Von den erledigten Verwaltungsakten sind die Verwaltungsakte zu unterscheiden, die durch eine Änderung der Sach- oder Rechtslage ihre innere Wirksamkeit verlieren.

Während äußere Wirksamkeit die Existenz eines Verwaltungsakts bezeichnet, ist mit innerer Wirksamkeit die Entfaltung der Rechtswirkungen der Regelung gemeint.[73] Die äußere Wirksamkeit ist Voraussetzung für die innere Wirksamkeit. Regelmäßig treten äußere und innere Wirksamkeit gleichzeitig mit der Bekanntgabe des Verwaltungsakts (§ 43 VwVfG) ein.[74] Ein Ausein-

---

71 Siehe *Fürst/Strecker*, Beamtenrecht, S. 56; zum Verhältnis von Beamtenrecht und VwVfG allgemein vgl. *Kunig*, ZBR 1986, 253 ff.

72 Siehe *Schnapp*, in: v. Münch/Kunig, GGK I, Art. 16 Rn. 12.

73 *Seibert*, Die Bindungswirkung, S. 204; *Klappstein*, in: Knack, § 43 Rn. 2.2.; *Randak*, JuS 1992, 33 (36); vgl. auch VGH Mannheim, DÖV 1991, 121 (122).

74 *Seibert*, Die Bindungswirkung, S. 157, S. 206.

anderfallen von äußerer und innerer Wirksamkeit ist jedoch möglich im Falle der Bedingung oder Befristung.[75]

Verwaltungsakte mit Dauerwirkung sind nun insofern bedingten Verwaltungsakten vergleichbar, als ihre innere Wirksamkeit durch das dauernde Vorliegen ihrer Tatbestandsvoraussetzungen auflösend bedingt ist.[76] Im Falle einer Änderung der Sach- oder Rechtslage erledigen sie sich tatbestandlich und verlieren damit ihre innere Wirksamkeit. Der Unterschied zwischen der Erledigung und dem Verlust der inneren Wirksamkeit besteht darin, daß im ersten Fall die Regelung unausführbar oder gegenstandslos wird, im zweiten Fall eine Voraussetzung, die für die weitere Entfaltung der Rechtswirkungen Bedingungscharakter hat, entfällt. Weil der Geltungswille dieses Verwaltungsakts sich nicht auf die geänderte Sach- oder Rechtslage erstreckt, bedarf es auch keines Widerrufs.[77] Ungeachtet der äußeren Wirksamkeit erstreckt sich die innere Wirksamkeit nicht auf die neue Sach- oder Rechtslage.

Auf der anderen Seite ist ein Widerruf zu Klarstellungszwecken jedoch nicht ausgeschlossen.

Dauerverwaltungsakte in diesem Sinne sind insbesondere Leistungsbescheide, die einen Anspruch auf wiederkehrende Leistungen feststellen, sofern der Leistungsanspruch vom dauerhaften Vorliegen bestimmter tatbestandlich festgeschriebener Umstände abhängt (sog. Kettenverwaltungsakte), wie z.B. im Fall der Fachleiterzulage gemäß § 42 Abs. 3 BBesG oder des Witwenunterhaltsbeitrags gemäß § 20 in Verbindung mit § 61 Abs. 2 Nr. 1 BeamtVG. Nimmt im erstgenannten Fall der Begünstigte die ihm zuvor übertragende Fachleiterfunktion nicht mehr wahr, so wird eine weiter geleistete Fachleiterzulage ohne Rechtsgrund erbracht, denn mit dem Wegfall der Fachleiterfunktion ist eine Situation eingetreten, auf die sich der Geltungswille des Leistungsbescheids nicht mehr erstreckt. Die ohne Rechtsgrund erbrachten Leistungen können im Wege des öffentlich-rechtlichen Erstattungsanspruchs zurückgefordert werden.

---

75 *Seibert*, Die Bindungswirkung, S. 206; *Randak*, JuS 1992, 33 (36).

76 Vgl. auch *Kopp*, BayVBl. 1990, 524 (525), der die Verwaltungsakte, "die nur für eine bestimmte Situation Geltung beanspruchen" mit bedingten oder befristeten Verwaltungsakten vergleicht.

77 Aus dem gleichen Grunde kam ein Rechtswidrigwerden mangels objektiven Widerspruchs zur Rechtsordnung nicht in Betracht, siehe oben II 2 c.

Keine Dauerverwaltungsakte sind dagegen Leistungsbescheide, die Rechtsgrund für eine einmalige Zahlung sind, denn mit der einmaligen Auszahlung ist das mit der Regelung des Verwaltungsakts angestrebte Ziel erreicht, der Sachverhalt demgemäß abgeschlossen, so daß eine Änderung der Sach- oder Rechtslage die innere Wirksamkeit des Verwaltungsakts nicht mehr berühren kann. Dies gilt auch für einmalige zweckgebundene Subventionsbewilligungen.[78] Weder hat die Regelung andauernde Wirkung noch betrifft eine die Zweckverfehlung begründende Sachverhaltsänderung die Tatbestandsvoraussetzungen. Dauerwirkung kommt der Regelung einer zweckgebundenen Subventionsbewilligung insbesondere nicht mit der Begründung zu, daß der Bescheid "Grundlage für das Behaltendürfen"[79] der Subvention sei. Die Funktion der Subventionsbewilligung als Rechtsgrund für das Behaltendürfen ist die jedem Verwaltungsakt zukommende Rechtfertigungsfunktion[80] für die auf seiner Grundlage eingetretene rechtliche oder tatsächliche Situation. Diese Rechtfertigungsfunktion ist nicht Inhalt der Regelung, sondern Folge der Verbindlichkeit der Regelung. Sie kann keine Dauerwirkung der Regelung begründen.[81] Darüber hinaus kann die zweckgerechte Verwendung nicht Tatbestandsvoraussetzung der Subventionsgewährung sein, denn die Subventionsgewährung geht der zweckgerechten Verwendung notwendig voraus, so daß die Zweckbindung nicht tatbestandlich, sondern nur durch eine Nebenbestimmung in Form einer Bedingung gesichert werden kann.

c) Verbleibender Anwendungsbereich des § 49 Abs. 2 Nr. 3 und 4 VwVfG

Aus dem vorstehenden ergibt sich, daß § 49 Abs. 2 Nr. 3 und 4 VwVfG für solche Verwaltungsakte von Bedeutung ist, deren innere Wirksamkeit durch eine Änderung der Sach- oder Rechtslage nicht berührt wird. Dies sind insbesondere gestaltende Verwaltungsakte sowie Leistungsbescheide, die Grundlage einer einmaligen Zuwendung sind. Von diesen sind allerdings - wie oben bereits erwähnt[82] - wiederum die Verwaltungsakte vom Anwendungsbereich des § 49 Abs. 2 Nr. 3 und 4 ausgenommen, die nach Sinn und Zweck der gesetzli-

---

78 Ebenso *Schneider-Danwitz*, in: SGB SozVers-GesKom. Bd 4, SGB-X, § 48 Anm. 3 b).

79 BVerwGE 62, 1 ff. mit kritischer Anmerkung von Meinecke, DVBl. 1984, 725 f.; *Thoenes*, DVBl. 1983, 812 f.; kritisch auch *Dickersbach*, GewArch. 1993, 177 (184).

80 *Frohn*, Jura 1993, 393 (399) spricht von causa-Funktion.

81 Ebenso *Frohn*, Jura 1993, 393 (399).

82 Siehe oben III 1 a.

chen Regelung oder allgemeinen Rechtsgrundsätzen gar nicht oder nur unter eingeschränkten Voraussetzungen widerrufen werden können.

4. Einwände

Die hier vertretende Auffassung von der tatbestandlichen Erledigung von Dauerverwaltungsakten und der Rückabwicklung zu Unrecht geleisteter Zahlungen über den öffentlich-rechtlichen Erstattungsanspruch stimmt in der Sache zum Teil mit der Auffassung von Kopp zu inhaltlich begrenzten Verwaltungsakten überein.[83] Sie hat sich insoweit gegen dieselben Einwände zu verteidigen.

a) Bestimmtheit und Auslegung von Verwaltungsakten

Gegen die dargelegte Auffassung wird eingewandt, daß es nicht zulässig sei, die gesetzliche Regelung, die im Verwaltungsakt keinen Ausdruck gefunden habe, in diesen hineinzuinterpretieren und ihn dergestalt inhaltlich gesetzeskonform zu begrenzen.[84] Dem ist zu entgegnen, daß dies kein grundsätzlicher Einwand gegen die hier vertretene Konzeption ist. Grundsätzlich ist ein Verwaltungsakt nach seinem objektiven Sinngehalt auszulegen. Damit ist weder maßgebend, wie die Behörde noch wie der Adressat die Regelung des Verwaltungsakts tatsächlich verstanden haben. Entscheidend ist vielmehr, wie der Adressat unter Berücksichtigung der äußeren Form, Abfassung, Begründung und aller sonstigen ihm bekannten oder erkennbaren Umständen nach Treu und Glauben die Erklärung verstehen durfte bzw. mußte.[85] Zu diesen Umständen gehören nicht zuletzt die gesetzlichen Grundlagen des jeweiligen Verwaltungsakts[86], jedenfalls dann, wenn sie im Verwaltungsakt benannt sind. Ergibt die objektive Auslegung des Verwaltungsakts die erkennbare Abhängigkeit des Geltungsanspruchs von bestimmten Umständen, so erledigt sich dieser mit Wegfall dieser Voraussetzungen tatbestandlich. Ist dies nicht

---

83 Siehe dazu oben I 2 c.

84 *Schenke/Baumeister*, JuS 1991, 547 (552).

85 *Kluth*, NVwZ 1990, 608 (610 f.); *Kopp*, VwVfG, § 35 Rn. 6; BVerwGE 41, 305 (306); 49, 244 (246 f.); 60, 223 (228); 67, 305 (308).

86 *Kluth*, NVwZ 1990, 608 (610 f.): im Zweifel gesetzeskonform auslegen; die Gesetzesbindung der Verwaltung habe Vorrang vor der Auslegungsregel "Unklarheit geht zu Lasten der Verwaltung"; für das Gesetz als wichtiges Auslegungsmittel auch *Seibert*, Die Bindungswirkung, S. 318.

der Fall, so wird der Verwaltungsakt nicht erst infolge einer Änderung der Sach- oder Rechtslage rechtswidrig, sondern er ist es von Anfang an. Lautet z.B. ein Verwaltungsakt: "Ihnen wird mit Wirkung vom ... eine Fachleiterzulage in Höhe von ... gewährt", so ergibt sich bei objektiver Auslegung bereits aus dem Begriff der Fachleiterzulage, daß diese Zahlung an die besondere Funktion des Fachleiters gekoppelt ist. Dies gilt auch dann, wenn in dem Bescheid der Zweck der Zulage nur durch Verweis auf entsprechende Normen gekennzeichnet wird. Lautet die Regelung des Verwaltungsakts in diesem Fall dagegen: "Ihnen wird mit Wirkung vom ... eine Zulage in Höhe von ... gewährt" und ergibt sich auch aus den sonstigen Umständen nicht eindeutig der Zweck der Zulage, so verstößt der Verwaltungsakt von Anfang an gegen die Regelung des § 42 Abs. 3 S. 1 BBesG und ist rechtswidrig.

b) Rechtsstaatlicher Rückschritt unter Vertrauensschutzgesichtspunkten

Der hier vertretenen Auffassung von der tatbestandlichen Erledigung eines Dauerverwaltungsakts läßt sich auch nicht im Hinblick auf den in § 48 Abs. 2 VwVfG normierten Vertrauensschutz mangelnde Rechtsstaatlichkeit vorwerfen.[87] Bereits durch die am - wenn auch verobjektivierten - Empfängerhorizont ausgerichtete Auslegung des Verwaltungsakts wird Vertrauensschutz gewährleistet. Sofern im Einzelfall objektiver Empfängerhorizont und subjektives Verständnis nicht identisch sind, ist zu bedenken, daß das Institut des öffentlichen-rechtlichen Erstattungsanspruchs über den Einwand der Entreicherung einen § 48 Abs. 2 VwVfG vergleichbaren Vertrauensschutz gewährleistet.[88]

c) Tatbestandliche Erledigung begünstigender Verwaltungsakte - Rechtswidrigwerden belastender Verwaltungsakte ?

Gegen Kopps Auffassung, daß inhaltlich begrenzte Verwaltungsakte mit der Änderung der relevanten Sach- oder Rechtslage "gegenstandslos" würden, wird als weiterer Einwand vorgebracht, daß sich Verwaltungsakte grundsätzlich nicht infolge einer Änderung der Sach- oder Rechtslage erledigen. So sei

---

87 Von rechtsstaatlichem Rückschritt durch Wiederbelebung des Wegfallgrundsatzes spricht *Manssen* (ZfSH/SGB 1991, 225 [236]), hält aber gleichwohl die Lösung *Kopps* in eindeutigen Fällen für richtig. Siehe *Manssen*, ebenda, Fn. 101.

88 Siehe dazu *Ossenbühl*, Staatshaftungsrecht, § 55 (S. 352).

es z.B. bei einer Polizeiverfügung unrichtig, wenn man davon ausginge, die Verfügung erledige sich, sobald die Gefahrenlage entfalle. Vielmehr sei, wovon eine Reihe von Polizeigesetzen im Anschluß an § 43 PrPVG sogar ausdrücklich ausgingen, eine Aufhebung der Polizeiverfügung nötig, um dieser ihre Wirksamkeit zu nehmen.[89]

Dieser Einwand trifft die hier vertretene Auffassung von der tatbestandlichen Erledigung eines Dauerverwaltungsakts nicht. Es ist zwar richtig, daß sich die Polizeiverfügung mit Entfallen der Gefahrenlage nicht im Sinne des § 113 Abs. 1 Satz 4 VwGO erledigt. Die Verfügung ist insbesondere nicht gegenstandslos, sondern tatsächlich vollziehbar. Der Geltungsanspruch der intendierten Rechtsfolge, also die innere Wirksamkeit, ist aber von Gesetzes wegen bedingt durch das Vorliegen einer Gefahrenlage. Entfällt die Gefahrenlage, erledigt sich die polizeiliche Verfügung tatbestandlich.

Damit stellt sich allerdings die Frage, wie ein belastender Verwaltungsakt, wenn er sich infolge einer Änderung der Sach- oder Rechtslage tatbestandlich erledigt hat, noch in subjektiven Rechten verletzen kann. Zur Beantwortung dieser Frage ist die Parallele zum begünstigenden Verwaltungsakt noch weiterzuziehen. Ebenso wie infolge der tatbestandlichen Erledigung eines begünstigenden Dauerverwaltungsakts die darauf beruhende Leistung ohne rechtlichen Grund und damit rechtswidrig erfolgt, verliert mit der tatbestandlichen Erledigung des belastenden Dauerverwaltungsakts die auf seiner Grundlage mögliche Vollziehung - gegebenenfalls durch Vollstreckung - ihren rechtlichen Grund. Zum Konflikt kommt es, wenn die Verwaltung die tatbestandliche Erledigung des belastenden Verwaltungsakts bestreitet und den Verwaltungsakt nach wie vor als rechtlichen Grund für eine tatsächliche Beeinträchtigung in subjektiven Rechten betrachtet. Damit geht von dem äußerlich wirksamen Verwaltungsakt der Rechtsschein eines Vollstreckungstitels und damit die konkrete Gefahr einer Verletzung in subjektiven Rechten aus. Hat sich der Kläger im Verwaltungsprozeß von Anfang an mit einem vorbeugenden grundrechtlichen Unterlassungsanspruch gegen diese Gefahr gewandt, so macht es im Hinblick auf das Ziel dieses Anspruchs keinen Unterschied, ob die Verwaltung eine von Anfang an bestehende Rechtswidrigkeit des Verwaltungsakts oder den Eintritt einer späteren tatbestandlicher Erledigung bestreitet. Der tatsächlich noch vollziehbare und nur tatbestandlich erledigte Verwaltungsakt ist für das subjektive Recht ebenso eine Gefahr wie der rechtswidrig erlassene

---

89 *Schenke/Baumeister*, JuS 1991, 547 (552).

Verwaltungsakt. Die verletzungsgleiche Gefährdung[90] subjektiver Rechte führt zu seiner Rechtswidrigkeit.

Die Auffassung von der tatbestandlichen Erledigung des belastenden Dauerverwaltungsakts infolge einer Änderung der Sach- oder Rechtslage macht auch die Aufhebung des Verwaltungsakts in diesem Fall nicht überflüssig. Angesichts der Titelfunktion des befehlenden Verwaltungsakts ist zum Schutz der subjektiven Rechte in besonderem Maße Rechtsklarheit geboten. Die Verwaltung ist verpflichtet, den in der Existenz des Verwaltungsakts begründeten Rechtsschein eines Titels zu beseitigen.

---

90 Zu der Möglichkeit, daß eine Gefährdung einer Verletzung gleichkommt, siehe *Ossenbühl*, Staatshaftungsrecht, § 35 (S. 252) m. w. N.

Dritter Teil:

Anwendung des materiellrechtlichen Lösungsansatzes auf weitere Verfahrensarten und Verfahrenskonstellationen

8. Kapitel: Der maßgebliche Zeitpunkt für die Beurteilung der Rechtswidrigkeit eines Verwaltungsakts im Widerspruchsverfahren

Noch im Verwaltungsverfahren, doch schon im Hinblick auf den Verwaltungsprozeß stellt sich die Frage nach dem maßgeblichen Zeitpunkt auch im Widerspruchsverfahren. Gemäß § 68 Abs. 1 S. 1 VwGO sind vor Erhebung der Anfechtungsklage Rechtmäßigkeit und Zweckmäßigkeit des Verwaltungsakts in einem Vorverfahren nachzuprüfen. Entsprechendes gilt gemäß § 68 Abs. 2 VwGO für die Verpflichtungsklage. Ist der Begriff der Rechtswidrigkeit im Verwaltungsverfahrensrecht wie im Verwaltungsprozeßrecht derselbe, kann nicht zweifelhaft sein, daß die materiellrechtlichen Grundsätze für die Bestimmung des maßgeblichen Zeitpunkts zur Beurteilung der Rechtswidrigkeit eines Verwaltungsakts auch für das Widerspruchsverfahren gelten, und zwar unabhängig von dem Streit, ob die §§ 68 ff. VwGO rein prozessualer[1] oder auch verwaltungsverfahrensrechtlicher Natur[2] sind.

Im deutlichen Gegensatz hierzu steht die fast unangefochtene Auffassung, daß die Widerspruchsbehörde den zu ihr gelangten Verwaltungsakt grundsätzlich nach Maßgabe der aktuellen Sach- und Rechtslage zu prüfen habe.[3] Die Gründe hierfür können allein kompetenzieller Natur sein.

---

1 So *Oerder*, Widerspruchsverfahren, S. 45, 84 f. und passim; *Trzaskalik*, Widerspruchsverfahren, S. 44.

2 So die herrschende Meinung, siehe *v. Mutius*, Widerspruchsverfahren, S. 174; *Redeker/ v. Oertzen*, VwGO, § 68 Rn. 1; *Kopp*, VwGO, Vorb. § 68 Rn. 14.

3 Entgegen der h.M. bisher nur *Piendl*, Studie, S. 57.

I. Die Auffassung der herrschenden Meinung : Der Zeitpunkt der Entscheidung der Widerspruchsbehörde

Nach Auffassung der herrschenden Meinung tritt die Widerspruchsbehörde in dem durch den zulässigen Widerspruch abgesteckten Rahmen in vollem Umfang an die Stelle der Erstbehörde und erlangt deren volle Entscheidungskompetenz einschließlich Ermessens- und Beurteilungsfragen.[4] Sie habe nicht lediglich eine Nachprüfung im engeren Sinne, sondern eine eigene neue Sachentscheidung aufgrund der im Zeitpunkt ihrer Entscheidung bestehenden Sach- und Rechtslage zu treffen.[5]

Normative Bestätigung sucht diese Auffassung in § 73 Abs. 1 S. 2 Nr. 1 VwGO und § 79 Abs. 1 S. 1 VwGO. Die Vorschrift des § 73 Abs. 1 S. 2 Nr. 1 VwGO bestimmt, daß der Widerspruchsbescheid grundsätzlich von der nächsthöheren Behörde erlassen wird. Hieraus wird der Devolutiveffekt des Widerspruchs und die umfassende Prüfungsbefugnis der Widerspruchsbehörde abgeleitet.[6] Nach § 79 Abs. 1 S. 1 VwGO ist Gegenstand der Anfechtungsklage der ursprüngliche Verwaltungsakt in der Gestalt, die er durch den Widerspruchsbescheid gefunden hat. Hieraus ergibt sich, daß aus verwaltungsprozessualer Sicht das Verwaltungsverfahren vor der Ausgangsbehörde und vor der Widerspruchsbehörde eine Einheit bildet.[7] Die herrschende Meinung folgert aus dieser Vorschrift zum einen, daß maßgeblicher Zeitpunkt für die gerichtliche Beurteilung der Rechtswidrigkeit eines Verwaltungsakts der Erlaß des Widerspruchsbescheids sei[8], zum anderen aber auch, daß die Widerspruchsbehörde

---

4 Vgl. nur *Kopp*, VwGO, § 68 Rn. 14 und § 73 Rn. 7 jeweils m. w. N.; *Schenke*, Verwaltungsprozeßrecht, Rn. 684; *Pietzner/Ronellenfitsch*, Öffentliches Recht, § 38 Rn. 15; *Stern*, Verwaltungsprozessuale Probleme, S. 172; *Frank/Langrehr*, Verwaltungsprozeßrecht, S. 78; *Grziwotz*, AöR Bd 113 (1988), 213 (222 m. w. N. Fn. 49); BVerwGE 2, 55 (62); 25, 369 (370); OVG Saarlouis, DÖV 1983, 821 (822); OVG Koblenz, NVwZ 1984, 436 (436); OVG Saarlouis, DÖV 1983, 821 (822); OVG Lüneburg, NVwZ 19987, 341 (342); VGH Kassel, EZAR 622 Nr. 7 (S. 3 f.); siehe für weitere Nachweise der herrschenden Meinung in Rechtsprechung und Literatur auch *Piendl*, Studie, S. 2 Fn. 1 und 2.

5 *Schenke* (Verwaltungsprozeßrecht, Rn. 684) stellt ausdrücklich fest, die Widerspruchsbehörde habe zu prüfen, ob die Aufrechterhaltung des Verwaltungsakts rechtmäßig sei.

6 Zu Inhalt und Reichweite des Devolutiveffekts siehe *Pietzner/Ronellenfitsch*, Öffentliches Recht, § 25 II; zum Meinungsstand auch *Oerder*, Widerspruchsverfahren, S. 170 ff. und Kritik S. 174 f.

7 *Kopp*, VwGO, § 79 Rn. 1; *Eyermann/Fröhler*, VwGO, § 113 Rn. 5.

8 Siehe nur *Kopp*, VwGO, § 113 Rn. 23; BVerwG, NVwZ 1990, 653 (654); NVwZ 1990, 654 (654); BVerwG, VBlBW 1990, 223 (223); NVwZ 1991, 372 (373).

nach der jeweils aktuellen Sach- und Rechtslage zu entscheiden habe.[9] Als weiteres Argument wird der Untersuchungsgrundsatz angeführt.[10]

Gestützt wird diese Ansicht schließlich auch auf die Autorität des Bundesverwaltungsgerichts[11], das noch vor Erlaß der Verwaltungsgerichtsordnung in seiner Entscheidung vom 6.4.1955 festgestellt hatte: "Die Verpflichtung der Einspruchs- und Beschwerdebehörde, den Verwaltungsakt unter jedem Gesichtspunkt zu überprüfen und dabei Änderungen der Sachlage und der Rechtslage zu berücksichtigen, ergibt sich aus dem Aufbau der Verwaltung und dem Grundsatz der reformatorischen Wirkung eines im Verwaltungswege zu erledigenden Rechtsmittels."[12]

II. Kritik und eigener Lösungsansatz

1. Der maßgebliche Zeitpunkt bei rein verwaltungsprozessualem Verständnis der §§ 68 ff. VwGO

Die Auffassung der herrschenden Meinung setzt voraus, daß die §§ 68 ff. VwGO Befugnisse der Widerspruchsbehörde regeln und damit nicht nur verwaltungsprozessualer, sondern auch verwaltungsverfahrensrechtlicher Natur sind. Daran ist problematisch, daß der Bund gemäß Art. 74 Nr. 1 GG die Gesetzgebungskompetenz allein zur Regelung des Gerichtsverfahrens besitzt, während die Schaffung verwaltungsverfahrensrechtlicher Regelungen für Länderbehörden originäre Ländersache ist.[13] Die herrschende Meinung löst dieses Problem, indem sie die Gesetzgebungskompetenz des Bundes für die verwaltungsverfahrensrechtlichen Befugnisse der Widerspruchsbehörde aus dem Sachzusammenhang mit der durch Art. 74 Nr. 1 GG unstreitig verliehenen Kompetenz zur Regelung des Widerspruchverfahrens als Prozeßvoraus-

---

9 Siehe oben die Nachweise in Fn. 4. sowie BVerwGE 14, 175 (180); *v. Mutius*, Widerspruchsverfahren, S. 214 Fn. 185. Hinsichtlich der Aussagekraft von § 79 Abs. 1 S. 1 VwGO a.A. *Grziwotz*, AöR 113 (1988), 213 (223 Fn. 53).

10 *Theis*, Widerspruchsverfahren, S. 112.

11 Vgl. die Nachweise bei *Piendl*, Studie, S. 22, der diese Entscheidung als "Kronzeuge" für die herrschende Meinung bezeichnet.

12 BVerwGE 2, 55 (62).

13 Die folgende Diskussion wird auch und insbesondere in der Auseinandersetzung um die Zulässigkeit einer reformatio in peius im Widerspruchsverfahren geführt. Siehe dazu *Pietzner*, VerwArch. Bd 81 (1990), 261 (271 ff.); *Pietzner/Ronellenfitsch*, Öffentliches Recht, § 40; *Oerder*, Widerspruchsverfahren, S. 164 ff.; *v. Mutius*, Widerspruchsverfahren, S. 220 ff.

setzung ableitet bzw. eine entsprechende Annexkompetenz annimmt.[14] Demgegenüber folgert eine neuere Auffassung aus einem strikten Verständnis der Gesetzgebungskompetenzen des Bundes, daß die §§ 68 ff. VwGO allein das Widerspruchsverfahren als prozessuale Voraussetzung regeln, nicht aber dessen verwaltungsverfahrensrechtliche Umsetzung.[15]

Nach dieser Auffassung richten sich die materiellrechtlichen Befugnisse der Widerspruchsbehörde nach Landesrecht, bei Fehlen spezialgesetzlicher Regelungen nach den Vorschriften der Rechts- und Fachaufsicht, die regelmäßig nur ein Weisungsrecht der Widerspruchsbehörde beinhalteten. Es sei sodann Aufgabe der Ausgangsbehörde, im Rahmen der §§ 48 bis 50 VwVfG die Weisung umzusetzen.[16] Sei ein Widerspruch zulässig und begründet, dann reduziere sich das Rücknahmeermessen bzw. im Falle der Zweckwidrigkeit das Widerrufsermessen auf Null und die Ausgangsbehörde sei verpflichtet, den Verwaltungsakt aufzuheben.[17] Für die Bestimmung des maßgeblichen Zeitpunkts zur Beurteilung der Rechtswidrigkeit eines Verwaltungsakts im Widerspruchsverfahren ergibt sich, daß die erarbeiteten materiellrechtlichen Grundsätze im Rahmen der §§ 48 ff. VwVfG uneingeschränkt zur Anwendung kommen.

Diese Kritik an der herrschenden Meinung zum maßgeblichen Zeitpunkt im Widerspruchsverfahren steht und fällt allerdings mit der ihrerseits angreifbaren[18] Prämisse, daß die §§ 68 ff. VwGO tatsächlich nur verwaltungsprozessualer Natur sind. Eine Erörterung dieser grundsätzlichen Frage ist im Rahmen der vorliegenden Untersuchung jedoch entbehrlich, wenn die herrschende Auffassung auch unter ihren eigenen Voraussetzungen nicht überzeugen kann.

---

[14] Ausführlich *v. Mutius*, Widerspruchsverfahren, S. 153 ff.; *Pietzner*, VerwArch. Bd 81 (1990), 261 (274 ff.); zum Meinungsstand vgl. auch *Oerder*, Widerspruchsverfahren, S. 17 ff.; *Kopp*, VwGO, Vorb. § 68 Rn. 5.

[15] *Oerder*, Widerspruchsverfahren, S. 45; *Trzaskalik*, Widerspruchsverfahren, S. 44; *Renck*, JuS 1980, S. 28 ff.

[16] *Oerder*, Widerspruchsverfahren, S. 174 ff.; siehe auch S. 193.

[17] *Oerder*, Widerspruchsverfahren, S. 193. Oerder nimmt allerdings auch an, daß die Widerspruchsbehörde kraft Gewohnheitsrechts ein Selbsteintrittsrecht im Fall eines rechtswidrig gebundenen Verwaltungsakts zukomme (S. 189 f.).

[18] So läßt sich gegen diese Auffassung der Wortlaut des § 73 Abs. 3 VwGO anführen, wonach der von der Widerspruchsbehörde zu erlassende Widerspruchsbescheid zu begründen, mit einer Rechtsmittelbelehrung zu versehen und zuzustellen ist. Dies spricht für die Befugnis der Widerspruchsbehörde nicht nur aufsichtsrechtliche Weisungen, sondern auch Regelungen mit Außenwirkung zu treffen. A.A. *Oerder*, Widerspruchsverfahren, S. 178.

2. Der maßgebliche Zeitpunkt bei auch verwaltungsverfahrensrechtlichem Verständnis der §§ 68 ff. VwGO

a) Prüfung der Argumente der herrschenden Meinung

Auch wenn man der Prämisse der herrschenden Meinung von der Doppelnatur der §§ 68 ff. VwGO folgt, läßt sich nicht leugnen, daß sich der Bundesgesetzgeber gerade wegen der Zweifel an der Reichweite seiner Kompetenz große Zurückhaltung bei der Normierung der Befugnisse der Widerspruchsbehörde auferlegt hat.[19] Der Wortlaut des § 73 Abs. 1 S. 2 Nr. 1 VwGO gibt denn auch für die Auffassung der herrschenden Meinung von der umfassenden Prüfungsbefugnis der Widerspruchsbehörde anhand der aktuellen Sach- und Rechtslage nichts her. Die Vorschrift bestimmt allein, wer Widerspruchsbehörde ist, nicht aber welche Befugnisse sie hat. Deren Inhalt läßt sich auch nicht aus dem Untersuchungsgrundsatz gewinnen, denn dieser Grundsatz gilt nur im Rahmen des Untersuchtungsthemas, bestimmt aber nicht dessen Reichweite.[20]

Auch die aus § 79 Abs. 1 S. 1 VwGO zu ziehende Folgerung, daß das Verwaltungsgericht Änderungen, die die Widerspruchsbehörde am Ausgangsverwaltungsakt vorgenommen hat, nicht ignorieren darf, besagt nichts darüber, welchen Zeitpunkt die Widerspruchsbehörde ihrerseits für die Beurteilung des angefochtenen Verwaltungsakts als rechtswidrig bzw. zweckwidrig zugrunde legen muß.[21]

b) Eigener Lösungsansatz

Einen Anhaltspunkt für die Befugnisse der Widerspruchsbehörde enthält allein der insoweit kaum beachtete Wortlaut des § 68 Abs. 1 VwGO, wonach Recht- und Zweckmäßigkeit des Verwaltungsakts in einem Vorverfahren *nach*zuprüfen sind. Diese Formulierung spricht nicht für eine originäre Sachentscheidung der Widerspruchsbehörde nach der aktuellen Sach- und Rechtslage. Aus ihr folgt vielmehr die Verpflichtung der Widerspruchsbehörde festzustellen, ob der Ausgangsverwaltungsakt rechtswidrig oder zweckwidrig ist.

---

19 BVerwGE 51, 310 (313); vgl. auch *Oerder*, Widerspruchsverfahren, S. 168 sowie S. 195.

20 So die zutreffende Kritik bei *Piendl*, Studie, S. 49.

21 Ebenso *Piendl*, Studie, S. 53.

Diese Prüfung kann nur nach dem materiellrechtlich maßgeblichen Zeitpunkt stattfinden.

Sodann ist zu unterscheiden: Ist der Verwaltungsakt gemessen an dem materiellrechtlich maßgeblichen Zeitpunkt rechtswidrig oder zweckwidrig, dann bestehen wegen des Grundsatzes von der Einheit der Verwaltung[22] im Hinblick auf die Gewaltenteilung grundsätzlich keine Bedenken, daß nunmehr die Widerspruchsbehörde nach der aktuellen Sach- und Rechtslage eine neue eigene Sachentscheidung trifft.[23] Stellt sich dagegen heraus, daß der Verwaltungsakt nach dem materiellrechtlich maßgeblichen Zeitpunkt recht- und zweckmäßig ist und liegt dieser Zeitpunkt vor dem Zeitpunkt der Entscheidung der Widerspruchsbehörde, ist diese nicht befugt, nur deshalb eine neue und eigene Entscheidung zu treffen, weil der rechtmäßige Verwaltungsakt aufgrund einer neuen Sach- oder Rechtslage nicht mehr erlassen werden dürfte. In diesem Fall ist der recht- und zweckmäßige Verwaltungsakt allein im Wege des Widerrufs durch die Ausgangsbehörde aufzuheben. Auch in der grundlegenden Entscheidung des Bundesverwaltungsgerichts vom 6.4.1955[24] war der Ausgangsverwaltungsakt rechtswidrig. Die Aussagen des Bundesverwaltungsgerichts werden also fehlinterpretiert, wenn man daraus ableitet, die Widerspruchsbehörde habe bereits die Rechtswidrigkeit des Ausgangsbescheids stets an der Sach- und Rechtslage zum Zeitpunkt ihrer Entscheidung zu messen. Aus dieser Entscheidung läßt sich nur folgern, daß die Widerspruchsbehörde im Falle der nach materiellem Recht zu beurteilenden Rechts- oder Zweckwidrigkeit des angefochtenen Verwaltungsakts reformatorisch auf der Grundlage der aktuellen Sach- und Rechtslage entscheiden darf.

Demgegenüber gibt es keinerlei normative Grundlage dafür, daß die Widerspruchsbehörde unabhängig von der Begründetheit (Rechts- oder Zweckwidrigkeit eines Verwaltungsakts) oder gar unabhängig von der Zulässigkeit[25] des Widerspruchs die Befugnisse der Ausgangsbehörde gemäß den §§ 48, 49 VwVfG besitzt. Nur sofern die Widerspruchsbehörde zugleich Aufsichtsbe-

---

22 *Kopp*, VwGO, § 79 Rn. 1; *Eyermann/Fröhler*, VwGO, § 113 Rn. 5.

23 Insoweit wird hier mit der herrschenden Meinung davon ausgegangen, daß die §§ 68 ff. VwGO der Widerspruchsbehörde die Befugnis zur Sachentscheidung mit Außenwirkung verleihen. Das Problem kann in diesem Rahmen nicht abschließend erörtert werden. Siehe dazu *Oerder*, Widerspruchsverfahren, S. 170 ff.; *Traszkalik*, Widerspruchsverfahren, S. 47 ff.; *v. Mutius*, Widerspruchsverfahren, S. 222; *Pietzner/Ronellenfitsch*, Öffentliches Recht, § 39 Rn. 1.

24 Siehe oben Fn. 12.

25 So aber *Kopp*, VwGO, § 68 Rn. 12 mit Hinweis auf BVerwG, DVBl. 1982, 1097 (1097), wo jedoch nichts über die Zuständigkeit der Widerspruchsbehörde gesagt wird.

hörde ist, kann sie den Widerspruch zum Anlaß nehmen zu überprüfen, ob es infolge einer Änderung der Sach- oder Rechtslage sachgerecht ist, den Verwaltungsakt zu widerrufen.[26] Kraft ihres Aufsichts- und Weisungsrechts kann sie dann die Ausgangsbehörde veranlassen, den rechtmäßigen Bescheid im Rahmen des § 49 Abs. 1 VwVfG aufzuheben und ggf. einen neuen Verwaltungsakt zu erlassen.

Ungeachtet dessen, ob man den §§ 68 ff. VwGO einen rein prozessualen oder daneben auch verwaltungsverfahrensrechtlichen Inhalt zuerkennt, bestimmt sich die Rechts- und Zweckwidrigkeit eines Verwaltungsakts also nach materiellem Recht. Die nicht haltbare herrschende Auffassung führt allerdings in zweipoligen Rechtsverhältnissen materiell regelmäßig nicht zu anderen Ergebnissen als die hier vertretene Auffassung. Ist der angefochtene Verwaltungsakt tatsächlich rechtswidrig bzw. zweckwidrig, so ist die Widerspruchsbehörde zur reformatorischen Entscheidung anhand der aktuellen Sach- und Rechtslage befugt. Ist ein Verwaltungsakt rechtmäßig, dürfte aber nach aktueller Sach- und Rechtslage nicht mehr erlassen werden, so kann er als belastender Verwaltungsakt dennoch nach § 49 Abs. 1 VwVfG widerrufen werden. Die Widerspruchsbehörde usurpiert zwar Entscheidungsbefugnisse der Ausgangsbehörde, handelt aber materiell nicht fehlerhaft. Zu materiellrechtlich beachtlichen Unterschieden kommt es dagegen im Falle der Anfechtung eines begünstigenden Verwaltungsakts durch Drittbetroffene, da die fälschliche Annahme der Rechtswidrigkeit des angefochtenen begünstigenden Verwaltungsakt den Vertrauensschutz des § 49 Abs. 2 VwVfG umgeht. Hierauf ist im Rahmen des 10. Kapitels zurückzukommen, das auf der Grundlage der bisherigen Ausführungen die Frage nach dem maßgeblichen Zeitpunkt für die Beurteilung der Rechtswidrigkeit eines Verwaltungsakts mit Drittwirkung behandelt.

---

[26] So auch *Piendl*, Studie, S. 67; vgl. auch BVerwG, NVwZ 1988, 434 (436): Widerruf "durch die zuständige Behörde".

9. Kapitel:

Der maßgebliche Zeitpunkt für die Beurteilung der Rechtswidrigkeit eines Verwaltungsakts in den verwaltungsgerichtlichen Verfahren des vorläufigen Rechtsschutzes

Bis hierher hatte die Untersuchung stets das Hauptsacheverfahren vor Augen. In diesem Kapitel soll dargelegt werden, inwieweit die erarbeiteten materiellrechtlichen Grundsätze auch für die verwaltungsprozessualen Eilverfahren von Bedeutung sind.

I. Meinungsstand

In seiner umfangreichen Monographie zu den Fragen des vorläufigen Rechtsschutzes faßt Schoch den Meinungsstand zur maßgeblichen Sach- und Rechtslage in den Eilverfahren dahin zusammen, daß nicht nur für das Verfahren der einstweiligen Anordnung gemäß § 123 VwGO, sondern auch für das Aussetzungs- bzw. Wiederherstellungsverfahren nach § 80 Abs. 5 VwGO weithin Einigkeit bestehe, daß die Sach- und Rechtslage im Zeitpunkt der gerichtlichen Entscheidung maßgeblich sei.[1] Diese im Hinblick auf den Meinungsstand im Hauptsacheverfahren erstaunlich anmutende Einhelligkeit erweist sich bei näherer Durchsicht von Rechtsprechung und Literatur jedoch als brüchig.

1. Das Verfahren gemäß § 123 VwGO

So prüft die Rechtsprechung im Verfahren der einstweiligen Anordnung auf Zulassung zum Studium den Anordnungsanspruch aufgrund der auch für das Hauptsacheverfahren maßgeblichen Sach- und Rechtslage, nämlich der

---

1 *Schoch*, Vorläufiger Rechtsschutz, S. 1651 m.w.N. aus der Rechtsprechung; vgl. auch *Redeker/v. Oertzen*, VwGO, § 80 Rn. 53; § 123 Rn. 18; zum maßgeblichen Zeitpunkt im Verfahren nach § 123 VwGO siehe auch *Schenke*, Verwaltungsprozeßrecht, Rn. 1040.

(letzten) Behördenentscheidung.[2] Entsprechendes wird für die Behandlung sozialhilferechtliche Fälle gefordert.[3]

Kopp unterscheidet in seiner Kommentierung zu § 123 VwGO grundsätzlich zwischen Anordnungsanspruch und Anordnungsgrund. Während es bei der Prüfung des Anordnungsgrundes stets auf den Zeitpunkt der Entscheidung des Gerichts ankomme, bestimme sich die maßgebliche Sach- und Rechtslage beim Anordnungsanspruch nach dem jeweiligen Streitgegenstand[4], was bedeutet, daß insoweit der maßgebliche Zeitpunkt derselbe ist wie im Hauptsacheverfahren.

2. Das Verfahren gemäß § 80 Abs. 5 VwGO

Die übereinstimmenden Äußerungen zur maßgeblichen Sach- und Rechtslage im Anordnungs- bzw. Wiederherstellungsverfahren gemäß § 80 Abs. 5 VwGO beziehen sich regelmäßig allein auf die vom Gericht vorzunehmende Abwägung zwischen dem Vollzugsinteresse der Verwaltung und dem Aussetzungsinteresse des Bürgers.[5] Einen zwingenden Schluß dahingehend, daß das Gericht auch in jedem Fall die aktuelle Sach- und Rechtslage für die summarische Beurteilung der Rechtswidrigkeit des angefochtenen Verwaltungsakts zugrundezulegen habe, erlauben diese Stellungnahmen nicht.

Eindeutig ist insoweit allerdings eine Entscheidung des OVG Münster[6]. Das Gericht hat im Fall der Ablehnung eines Asylantrags, aufgrund derer die Ausländerbehörde eine von Gesetzes wegen sofort vollziehbare Abschiebungsandrohung erlassen hatte, zum Begehren auf Anordnung der aufschiebenden Wirkung festgestellt, daß es nicht darauf beschränkt sei, die ablehnende Entscheidung des Bundesamts nur anhand der dem Bundesamt bekanntgeworde-

---

2 Vgl. VGH Mannheim, ESVGH 27, 45 (46); *Schoch*, Vorläufiger Rechtsschutz, S. 792 f.; *Finkelnburg/Jank*, Vorläufiger Rechtsschutz, Rn. 990; *Dörr*, JuS 1988, 96 (99). Zum maßgeblichen Zeitpunkt im Hauptsacheverfahren siehe BVerwGE 42, 296 (300); BVerfGE 39, 258 (275) sowie oben 6. Kapitel II 2 c.

3 *K. Schultz*, DÖV 1981, 302 (303); a.A. die von *Schultz* kritisierte Entscheidung OVG Münster, DÖV 1981 302 (302); OVG Hamburg, NVwZ 1990, 975 (976); siehe zum Problem auch *Knorr*, DÖV 1981, 792 (793); *Finkelnburg/Jank*, Vorläufiger Rechtsschutz, Rn. 1071 sowie *Schoch*, Vorläufiger Rechtsschutz, S. 816 ff.

4 *Kopp*, VwGO, § 123 Rn. 29 b.

5 Siehe *Simon*, BayBauO, Art. 74 Rn. 76 a; *Ule*, Verwaltungsprozeßrecht, § 66 II 2 (S. 374); *Erichsen*, Jura 1984, 378 (387); BayVGH, BayVBl. 1972, 166 (166); VGH Mannheim, ESVGH 35, 278 (280).

6 OVG Münster, DÖV 1984, 892 f.

nen Umstände auf ihre Rechtmäßigkeit hin zu überprüfen, sondern daß es auch nachträgliche Änderungen der Sach- und Rechtslage berücksichtigen dürfe. Dies entspreche dem allgemeinen Grundsatz von der Maßgeblichkeit der aktuellen Sach- und Rechtslage im Verfahren des vorläufigen Rechtsschutzes.[7] Auch in diesem Fall mußte das Gericht jedoch nicht die entscheidende Frage beantworten, ob der herangezogene Grundsatz es rechtfertigt, im Eilverfahren eine andere Entscheidungsgrundlage für die Beurteilung des angefochtenen Verwaltungsakts heranzuziehen als im Hauptsacheverfahren. Das OVG Münster sichert denn auch in einem zweiten Schritt die Maßgeblichkeit des Zeitpunkts seiner Entscheidung für die Beurteilung der Rechtmäßigkeit des versagenden Bescheids mit dem Argument ab, daß sich der Asylanspruch im Hauptsacheverfahren gleichfalls nach den tatsächlichen und rechtlichen Verhältnissen im Zeitpunkt der letzten gerichtlichen Tatsachenentscheidung beurteile.[8]

Eine ähnlich differenzierende Auffassung wie schon für das Verfahren der einstweiligen Anordnung dargelegt[9], vertritt wiederum Kopp: Während das Gericht die Entscheidung über die Aussetzung bzw. die Aufhebung der Vollziehung nach denselben Gesichtspunkten wie die Widerspruchsbehörde aufgrund der sich ihm im Zeitpunkt seiner Entscheidung bietenden Sach- und Rechtslage zu fällen habe, komme es für die Beurteilung der Erfolgsaussichten des Rechtsbehelfs in der Hauptsache allein auf die im Hauptsacheverfahren geltenden Grundsätze an.[10]

II. Zur Bedeutung des materiellen Rechts

Für diese Unterscheidung zwischen Anordnungsanspruch und Anordnungsgrund bzw. Erfolgsaussichten der Hauptsache und Interessenabwägung

---

7 OVG Münster, DÖV 1984, 892 (893).

8 OVG Münster, DÖV 1984, 892 (893) mit Hinweis auf BVerfGE 54, 341 (349 f). In diesem Zusammenhang sei in Erinnerung gerufen, daß aufgrund des mit dem Asylantrag verbundenen gesetzlichen Aufenthaltsrechts gemäß § 55 AsylVfG im Asylrecht (ähnlich im Ausländerrecht gemäß § 69 Abs. 2 und 3 AuslG) die Besonderheit besteht, daß der Betroffene gegen die Versagung des Verpflichtungsbegehrens im Hauptsacheverfahren zwar im Wege der Verpflichtungsklage, im Eilverfahren aber nach § 80 Abs. 5 VwGO vorzugehen hat. Siehe dazu *Finkelnburg/Jank*, Vorläufiger Rechtsschutz, Rn. 34, 867, 874.

9 Siehe oben I 1.

10 *Kopp*, VwGO, § 80 Rn. 78. Die Maßgeblichkeit des materiellen Rechts betonen auch BayVGH, BayVBl. 1984, 182 (183); OVG Münster, NVwZ 1984, 329 (330); VGH Mannheim, VBlBW 1990, 156 (156); OVG Münster, NVwZ 1991, 913 (913); VGH Kassel, EZAR 622 Nr. 7 (S. 3 f., S. 7 f.).

liefert Schoch die dogmatische Begründung, indem er sie auf die beiden Funktionen des vorläufigen Rechtsschutzes zurückführt: zum einen die Sicherungsfunktion, zum anderen die interimistische Befriedungsfunktion. Die Sicherungsfunktion dient der Offenhaltung des Klageverfahrens und der Realisierungsfähigkeit des dort durchzusetzenden subjektiven öffentlichen Rechts. Sie trägt demzufolge das Band der Akzessorietät zum Hauptsacherechtsschutz.[11] Insoweit gelten die hier erarbeiteten Grundsätze zur Bestimmung des maßgeblichen Zeitpunkts uneingeschränkt. Davon zu trennen ist die Frage der "Dringlichkeit" bzw. "Eilbedürftigkeit". Hiermit korreliert die interimistische Befriedungsfunktion des vorläufigen Rechtsschutzes, die im Hauptsacheverfahren kein Pendant hat. Gesichtspunkte der Akzessorietät gehen damit ins Leere.[12] Für die Beurteilung der (anhaltenden) Eilbedürftigkeit einer Vollziehung wie auch für die Notwendigkeit einer vorläufigen Regelung kommt es deshalb auf den Zeitpunkt der gerichtlichen Entscheidung an.

Es besteht allerdings ein bedeutender Unterschied zwischen dem einstweiligen Anordnungsverfahren nach § 123 VwGO und dem Verfahren auf Wiederherstellung der aufschiebenden Wirkung gemäß § 80 Abs. 5 VwGO. Während das Verfahren nach § 123 VwGO nur dann erfolgreich ist, wenn sowohl ein Anordnungsanspruch als auch ein Anordnungsgrund vorliegt, und die einstweilige Anordnung schon dann unbegründet ist, wenn dem Antragsteller kein Anordnungsanspruch zusteht, also keine ernstlichen Zweifel an der Rechtmäßigkeit des versagenden Verwaltungsakts bestehen[13], gilt dies nicht gleichermaßen für das Verfahren auf Wiederherstellung der aufschiebenden Wirkung nach § 80 Abs. 5 VwGO.

Dies ergibt sich aus folgenden Überlegungen. Die gerichtliche Aussetzungsentscheidung erfolgt anhand desselben Maßstabs, den auch die Verwaltungsbehörden zu beachten haben, d.h. gemäß § 80 Abs. 2 Nr. 4 VwGO.[14] Danach ist zunächst festzustellen, ob überhaupt ein besonderes öffentliches Interesse an der sofortigen Vollziehung besteht. Rechtsprechung und Literatur stimmen nun darin überein, daß das besondere Vollziehungsinteresse regelmäßig nicht mit dem Interesse am Erlaß der für vollziehbar erklärten Verfü-

---

11 *Schoch*, Vorläufiger Rechtsschutz, S. 1655.

12 *Schoch*, Vorläufiger Rechtsschutz, S. 1656.

13 *Kopp*, VwGO, § 123 Rn. 29.

14 *Kopp*, VwGO, § 80 Rn. 78; *Schoch*, Vorläufiger Rechtsschutz, S. 1594; BayVGH, VerwRspr. Bd 14, 112 (115); OVG Lüneburg, DVBl. 1976, 81 (82).

gung identisch ist. Es muß vielmehr darüber hinausgehen.[15] Dies gilt auch, wenn sich feststellen läßt, daß der für vollziehbar erklärte Verwaltungsakt offensichtlich rechtmäßig ist.[16] Die Rechtmäßigkeit des angefochtenen belastenden Verwaltungsakts und die infolgedessen fehlenden Erfolgsaussichten in der Hauptsache können für sich genommen also noch nicht die Anordnung der sofortigen Vollziehung rechtfertigen.[17] Fehlt aber das Vollziehungsinteresse, so ist schon aus diesem Grunde dem Antrag auf Wiederherstellung der aufschiebenden Wirkung stattzugeben. Dies bedeutet nicht, daß der voraussichtliche Ausgang des Hauptsacheverfahrens für das Verfahren nach § 80 Abs. 5 ohne Bedeutung ist. Er darf nur nicht zur Begründung des besonderen Vollziehungsinteresses berücksichtigt werden, sondern ist erst bei der darauf folgenden Abwägung dieses Interesses mit dem Interesse des Adressaten an der Wiederherstellung der aufschiebenden Wirkung zu würdigen.[18] Daraus folgt, daß neue Umstände, auch wenn sie einen rechtmäßig erlassenen Verwaltungsakt im Einzelfall nicht rechtswidrig machen, dennoch unter Umständen dazu führen können, daß die Anordnung der sofortigen Vollziehung aufzuheben ist. Dies gilt selbstverständlich nicht, wenn die sofortige Vollziehbarkeit bereits durch Gesetz angeordnet ist. In diesem Fall rechtfertigt die offensichtliche Rechtmäßigkeit des belastenden Verwaltungsakts stets die Aufrechterhaltung der gesetzlich angeordneten sofortigen Vollziehung.

Die dagegen im Falle eines Antrags auf Wiederherstellung der aufschiebenden Wirkung bestehende Möglichkeit des Auseinanderfallens von vorläufigem Rechtsschutz und Hauptsacherechtsschutz scheint auf den ersten Blick wenig einsichtig.[19] Man muß sich jedoch klarmachen, daß der vom Gesetz als Regelfall vorgesehene Suspensiveffekt die prozessuale Waffengleichheit des

---

[15] *Kopp*, VwGO, § 80 Rn. 82; *Redeker/v. Oertzen*, VwGO, § 80 Rn. 49; *Finkelnburg/Jank*, Vorläufiger Rechtsschutz, Rn. 655; *Schoch*, Vorläufiger Rechtsschutz, S. 1594; vgl. auch BVerfGE 35, 382 (402).

[16] So ausdrücklich OVG Lüneburg, DVBl. 1976, 81 (82).

[17] *Schoch*, Vorläufiger Rechtsschutz, S. 1595 f.; *Kopp*, VwGO, § 80 Rn. 82; *Wilke*, DVBl. 1984, 1136 (1139); VGH Kassel, ESVGH 23, 173 (174); 24, 198 (202); VGH Kassel, GewArch. 1993, 415 (416); differenzierend *Finkelnburg/Jank*, Vorläufiger Rechtsschutz, Rn. 655 f.; a.A. *Pietzner/Ronellenfitsch*, Öffentliches Recht, § 57 Rn. 33.

[18] So ausdrücklich OVG Lüneburg, DVBl. 1976, 81 (82); BayVGH, VerwRspr. Bd 14, 112 (116); vgl. auch VGH Kassel, ESVGH 23, 173 (174); 24, 198 (202); VGH Kassel, GewArch. 1993, 415 (416).

[19] Ablehnend z.B. *Bettermann*, DVBl. 1976, 64 ff.; *Pietzner/Ronellenfitsch*, Öffentliches Recht, § 57 Rn. 33. In umgekehrter Weise können auch im Falle einer einstweiligen Anordnung vorläufiger und Hauptsacherechtsschutz auseinanderfallen: Obwohl in der Hauptsache Aussicht auf Erfolg besteht, kann eine einstweilige Anordnung mangels Anordnungsgrund unbegründet sein.

Bürgers gegenüber der Verwaltung herstellen soll. Denn die Behörde kann sich durch Erlaß eines Verwaltungsakts selbst einen Titel verschaffen, ohne - im Gegensatz zum Bürger - der gerichtlichen Hilfe zu bedürfen. Müßte die Verwaltung wie der Bürger klagen, so würde auch sie vorläufigen Rechtsschutz nicht schon dann erlangen, wenn ihr Begehren rechtmäßig wäre, sondern sie müßte darüberhinaus dessen besondere Eilbedürftigkeit begründen können. Der Gesetzgeber hat denn auch den Eintritt des Suspensiveffektes ersichtlich nicht vom Vorliegen eines Rechtsschutzinteresses abhängig gemacht, er gewährt ihn auch bei offensichtlicher Erfolglosigkeit des Rechtsmittels.[20] Dem Argument, daß es einen wesentlichen Unterschied mache, ob die Behörde nur den Ablauf der Anfechtungsfrist oder auch den Ausgang des Anfechtungsverfahrens abwarten müsse, weshalb bei offensichtlicher Erfolglosigkeit auf ein besonderes Vollziehungsinteresse zu verzichten sei[21], ist entgegenzuhalten, daß es nicht zu Lasten des Bürgers ausschlagen darf, wenn es den Verwaltungsgerichten nicht gelingt, offensichtlich unbegründete Klagen in der gebotenen Schnelligkeit abzuweisen. Der Bürger hat einen Anspruch auf Prüfung ihn belastender Verwaltungsakte in einem gerichtlichen Hauptsacheverfahren. Dies folgt aus Art. 19 Abs. 4 GG, der effektiven Rechtsschutz garantiert und diesen im Grundsatz als vollständige gerichtliche Prüfung in rechtlicher und tatsächlicher Hinsicht versteht.[22] Folgte man der Gegenauffassung, würde der Rechtsschutz dagegen faktisch auf die Durchführung eines Eilverfahrens verkürzt.

Darüber hinaus führt die Möglichkeit des Auseinanderfallens von vorläufigem und Hauptsacherechtsschutz nicht nur zur Verzögerung des Unvermeidlichen. Sie kann neben prozessualem auch realen Rechtsschutz bewirken. Wandelt man den bereits oben behandelten Kassenarztfall[23] dahingehend ab, daß die Verwaltung die Entziehung der Kassenarztzulassng für sofort vollziehbar erklärt hat, so macht der erfolgreiche Abschluß einer Entziehungskur zwar die wegen Drogensucht entzogene Kassenarztzulassung nicht rechtswidrig; es ist jedoch unter Berücksichtigung aller Umstände des Einzelfalls denkbar, daß infolge dieses neu eingetretenen Umstands die Anordnung der sofortigen Vollziehung nicht mehr gerechtfertigt und vom Gericht gemäß § 80 Abs. 5 aufzu-

---

20 OVG Lüneburg, DVBl. 1976, 81 (82).

21 So *Bettermann*, DVBl. 1976, 64 (68).

22 Siehe statt aller zur Verbürgung effektiven Rechtsschutzes *Krebs*, in: v. Münch/Kunig, GGK I, Art. 19 Rn. 62, zum Prüfungsumfang ders., a.a.O., Rn. 65 jeweils m. w. N.

23 5. Kapitel II 1 b) aa).

heben ist[24]. Hierdurch könnte z.B. ein ansonsten wegen der anfallenden Kosten unvermeidbarer Verlust der Praxis durch Aufgabe der Räume und Entlassung des Personals verhindert werden und dem klagenden Arzt die Lebensgrundlage bis zur Wiedergestattung erhalten bleiben.

Ist es demnach im Einzelfall möglich, daß Umstände, die im Rahmen der Anfechtungsklage keine Rolle spielen, in die gerichtliche Eilentscheidung einzustellen sind, ändert dies nichts daran, daß die hier erarbeiteten Grundsätze für die Bestimmung des maßgeblichen Zeitpunkts zur Beurteilung der Rechtswidrigkeit eines Verwaltungsakts auch in den verwaltungsprozessualen Eilverfahren uneingeschränkt Geltung beanspruchen. Führt die summarische Prüfung zur eindeutigen Rechtmäßigkeit des versagenden Verwaltungsakts, ist ein Antrag auf einstweilige Anordnung unbegründet. Demgegenüber kann die Rechtmäßigkeit eines belastenden Verwaltungsakts zwar nicht das besondere Vollziehungsinteresse begründen, sie ist aber ein gewichtiger Faktor in der Interessenabwägung.

---

24 Zum Streit, ob das Gericht eine Ermessensentscheidung oder eine Rechtsentscheidung zu treffen hat, siehe *Schoch*, Vorläufiger Rechtsschutz, S. 1379 ff.

10. Kapitel:

Der maßgebliche Zeitpunkt für die Beurteilung der Rechtswidrigkeit von Verwaltungsakten mit Drittwirkung

Nachdem die Frage des maßgeblichen Zeitpunkts für die Beurteilung der Rechtswidrigkeit eines Verwaltungsakts im zweipoligen Rechtsverhältnis für die verschiedenen Verfahrensstadien beantwortet ist, bleibt auf der Grundlage der gewonnenen Ergebnisse der maßgebliche Zeitpunkt für die Beurteilung der Rechtswidrigkeit von Verwaltungsakten mit Drittwirkung zu bestimmen.[1] Die Konstellation der Drittanfechtungsklage ist neben dem Baurecht besonders häufig im Umwelt- und Technikrecht, Rechtsmaterien, in denen sich Änderungen der Sachlage aus der Dynamik der technischen Entwicklung ergeben, die wiederum Änderungen des Rechts nach sich ziehen. Die Entscheidung über den maßgeblichen Zeitpunkt enthält in diesen Fällen eine Entscheidung über die Verteilung der Änderungsrisiken zwischen begünstigtem Adressaten und Drittbetroffenen.[2]

I. Meinungsstand

Rechtswissenschaftliche Äußerungen zu dieser Fragestellung sind nicht häufig; dennoch ist der Meinungsstand eher noch vielfältiger als der zur gleichen Frage im zweipoligen Rechtsverhältnis. Dem steht eine verhältnismäßig einheitliche, aber dogmatisch ungeklärte Rechtsprechung gegenüber.

---

1 Siehe zur Terminologie *Schmidt-Preuß*, Kollidierende Privatinteressen, S. 11 ff.; sein Vorschlag: streitschlichtender Verwaltungsakt (S. 13 und S. 155 ff.).

2 *Breuer*, DVBl. 1981, 300 (301).

1. Rechtsprechung

a) Baurecht

Die Rechtsprechung sah sich zunächst bei baurechtlichen Nachbarklagen vor die Frage des maßgeblichen Beurteilungszeitpunkts für die Beurteilung eines Verwaltungsakts mit Drittwirkung gestellt.

Nach Auffassung des Bundesverwaltungsgerichts[3] dürfen im Falle der Drittanfechtungsklage Änderungen der Sach- oder Rechtslage zu Lasten des begünstigten Bauherrn weder im Widerspruchsverfahren noch im Verwaltungsprozeß Berücksichtigung finden. Es gehe nicht an, dem Bauherrn eine Rechtsposition, die ihm nach dem im Zeitpunkt der Genehmigungserteilung geltenden Recht eingeräumt worden und die zu dulden der Nachbar verpflichtet gewesen sei, nachträglich ohne ausdrückliche Rechtsgrundlage wieder zu entziehen, wobei es nicht darauf ankomme, ob im Einzelfall die Voraussetzungen des Bestands- oder Investitionsschutzes erfüllt seien.[4] Demgegenüber müssen die während des Widerspruchsverfahrens oder Verwaltungsprozesses eingetretenen Rechtsänderungen zum Vorteil des genehmigungsbegünstigten Bauherrn berücksichtigt werden.[5]

b) Atomrecht

Die Grundsätze dieser baurechtlichen Judikatur hat das Bundesverwaltungsgericht im Würgassen-Urteil[6] auf die Beurteilung einer atomrechtlichen Genehmigung übertragen, wobei sich die Frage nach dem maßgeblichen Zeitpunkt im Widerspruchsverfahren nicht stellt, da ein solches im atomrechtlichen Genehmigungsverfahren gemäß § 24 Abs. 2 Atomgesetz in Verbindung mit § 68 Abs. 1 Nr. 1 VwGO nicht stattfindet. Demnach ist für die verwaltungsgerichtliche Entscheidung über die Rechtmäßigkeit einer atomrechtlichen Anlagengenehmigung grundsätzlich der Stand von Wissenschaft und

---

3 BVerwG, BRS 20 Nr. 110; BRS 22 Nr. 173 und Nr. 174; BVerwG, DVBl. 1970, 62 (63) = NJW 1970, 263 (264); NJW 1979, 995 (996); ihm folgend die Instanzgerichte: OVG Lüneburg, DÖV 1967, 500 f.; VGH Mannheim, DÖV 1965, 531 ff.; OVG Münster, DÖV 1978, 147; siehe auch *Berger*, Nachbarklagen S. 200.

4 BVerwG, DVBl. 1970, 62 (63) = NJW 1970, 263 (264).

5 BVerwGE 22, 129 (133); BVerwG, NVwZ 1986, 205 (206).

6 BVerwG, DVBl. 1972, 678 ff.

Technik im Zeitpunkt der Genehmigungserteilung maßgebend.[7] Änderungen zu Gunsten des Genehmigungsadressaten finden bis zur letzten mündlichen Verhandlung Berücksichtigung.[8] Eine Ausnahme vom Grundsatz der Maßgeblichkeit der Behördenentscheidung, die das Bundesverwaltungsgericht noch im Würgassen-Urteil für den Fall gemacht hat, daß durch neue Erkenntnisse die Sicherheit der Anlage in Frage gestellt wird[9], hat es im Wyhl-Urteil ausdrücklich aufgegeben und insoweit auf die Widerrufsvorschriften verwiesen[10].

Eine grundsätzlich andere Auffassung hatte zunächst das OVG Lüneburg im Urteil über den Standortvorbescheid für das Kernkraftwerk Geesthacht/Krümmel vertreten[11]. Nach seiner Auffassung handelte es sich bei diesem Bescheid um einen Verwaltungsakt mit Dauerwirkung, der für die gesamte Bauzeit und Betriebsdauer des Kernkraftwerks die Eignung des Standorts feststelle und damit eine unverzichtbare Voraussetzung für die Errichtung und den Betrieb der Anlage bilde. Für die Beurteilung der Rechtmäßigkeit des Vorbescheides komme es deshalb auf die Sach- und Rechtslage im Zeitpunkt der letzten mündlichen Verhandlung im Verwaltungsprozeß an.[12] Das Bundesverwaltungsgericht hat dieser rechtlichen Würdigung in seiner Revisionsentscheidung widersprochen und klargestellt, daß ein Standortvorbescheid nach § 7a Atomgsetz kein Dauerverwaltungsakt sei, vielmehr teilweise die Rechtsausübungssperre des § 7 Atomgesetz beseitige. Hierin erschöpfe sich sein Inhalt, auch wenn die daran anknüpfenden Rechtsfolgen in Gestalt einer Bindungswirkung - wie bei feststellenden und gestaltenden Verwaltungsakten in der Regel - fortdauerten.[13]

---

7 BVerwG, DVBl. 1972, 678 (680); BVerwGE 61, 256 (274); BVerwG, DVBl. 1982, 960 (962); BVerwGE 72, 300 (312); siehe auch die Zusammenfassung der Rechtsprechung bei *Kloepfer*, Umweltrecht, § 8 Rn. 84; *Haedrich*, AtomG, Vorbem. Überwachungsvorschriften Rn. 19; *Berger*, Nachbarklagen, S. 202.

8 BVerwGE 72, 300 (311 f.); vgl. auch *Bertrams*, DVBl. 1993, 687 (699); *Kloepfer*, Umweltrecht, § 8 Rn. 84.

9 So die Folgerung von *Bender* (NJW 1979, 1425 [1431 f.]) aus BVerwG, DVBl. 1972, 678 (680).

10 BVerwGE 72, 300 (312); 88, 286 (290 f.); BVerwG, DVBl. 1993, 1151 (1151); siehe auch *Kloepfer*, Umweltrecht, § 7 Rn. 181.

11 OVG Lüneburg, Urteil vom 22.12.1978 - VII OVG A 61/74; DVBl. 1979, 686 ff.

12 OVG Lüneburg, DVBl. 1979, 686 ff. - insoweit allerdings nicht abgedruckt(AZ siehe Fn. 10); vgl. aber die darauf Bezug nehmende Revisionsentscheidung des BVerwG in: DVBl. 1982, 960 (962).

13 BVerwG, DVBl. 1982, 960 (962).

c) Immissionsschutzrecht

Auf dem Gebiet des Immissionsschutzrechts bietet die Rechtsprechung ein weniger einheitliches Bild.[14] Anlaß zur Auseinandersetzung mit der Frage des maßgeblichen Beurteilungszeitpunkts gab die Ablösung der gewerberechtlichen Normen durch das BImSchG, das in § 67 Abs. 1 und 4 BImSchG die Anwendung des neuen Gesetzes auf Altgenehmigungen und laufende Verfahren regelt. Aktualität hat dieser Streit mehr als 20 Jahre nach Inkrafttreten des BImSchG, abgesehen von der Beispielwirkung für allfällige neue Übergangsvorschriften, insofern als § 67 Abs. 4 BImSchG zum Teil auch dahingehend ausgelegt wird, daß die Rechtmäßigkeit einer umstrittenen Genehmigung jeweils an der neuesten Rechtslage zu messen sei.[15] Gemäß § 67 Abs. 4 BImSchG sind bereits begonnene Verfahren nach den Vorschriften des BImSchG und der darauf gestützten Rechts- und Verwaltungsvorschriften zu Ende zu führen. Während das OVG Münster sich durch diese Vorschrift nicht veranlaßt gesehen hat, von den Grundsätzen der baurechtlichen Judikatur abzuweichen[16], halten das Bundesverwaltungsgericht und der VGH Mannheim auch im Anfechtungsprozeß des Nachbarn jedenfalls Rechtsänderungen bis zur letzten mündlichen Verhandlung für beachtlich[17]. Der Verfahrensbegriff bestimme sich nicht allein aus der Sicht des Anlagebetreibers, sondern auch aus der Sicht des Einwenders. Danach sei das "Verfahren" mit der Erteilung der Genehmigung noch nicht abgeschlossen.[18]

d) Zusammenfassung der Rechtsprechungsgrundsätze

Zusammengefaßt ist an der Rechtsprechung zum maßgeblichen Zeitpunkt für die Beurteilung der Rechtswidrigkeit eines Verwaltungsakts mit Drittwirkung hervorzuheben, daß 1. Änderungen zu Lasten und Änderungen zu Gun-

---

[14] So der Befund von *Breuer*, DVBl. 1981, 300 (303).

[15] *Hansmann*, in: Landmann/Rohmer, Umweltrecht, BImSchG, § 67 Rn. 40; *Sellner*, Immissionsschutzrecht, S. 232 (Rn. 388); a.A. *Jarass*, BImSchG, § 6 Rn. 45 und § 67 Rn. 27; siehe zum Problem auch *Kloepfer*, Umweltrecht, § 7 Rn. 181.

[16] OVG Münster, GewArch. 1979, 164 (165); ähnlich auch schon OVG Hamburg, DVBl. 1975, 207 ff. in einem obiter dictum; zustimmend *Ule/Laubinger*, BImSchG, § 67 Rn. 4; siehe dazu ausführlich unten II 3.

[17] BVerwGE 65, 313 (315 f.); VGH Mannheim, GewArch. 1974, 396 (397); GewArch. 1980, 197 (199); siehe auch OVG Lüneburg, GewArch. 1980, 203 ff.; OVG Lüneburg, NVwZ 1987, 341 (342); zustimmend *Feldhaus*, BImSchG, § 67 Rn. 2.

[18] BVerwGE 65, 313 (316).

sten des Genehmigungsadressaten grundsätzlich unterschiedlich behandelt werden; 2. daß Änderungen zu Lasten des Genehmigungsadressaten selbst während eines Widerspruchverfahrens grundsätzlich nicht berücksichtigt werden; 3. daß im Gegensatz zu diesen Grundsätzen im Immissionsschutzrecht, gestützt auf die Überleitungsvorschriften des BImSchG, Rechtsänderungen jeder Art bis zur letzten mündlichen Verhandlung Beachtung finden sollen.

2. Der Meinungsstand in der Literatur

Die dargestellten Grundsätze der Rechtsprechung sind in der rechtswissenschaftlichen Literatur unterschiedlich aufgenommen worden. Unstreitig ist allerdings, daß aus Gründen prozessualer Vereinfachung Änderungen zu Gunsten des Genehmigungsadressaten Berücksichtigung finden sollen[19]. Soweit die Rechtsprechung darüber hinaus Zustimmung erfahren hat, spielt neben dem Argument der Funktionenteilung[20] insbesondere der Gesichtspunkt der nachbarrechtlichen Billigkeit eine Rolle. Es sei unbillig, wenn der Nachbar durch die unbegründete Erhebung einer Anfechtungsklage erreichen könne, daß der begünstigte Bauherr oder Unternehmer an der Verwirklichung eines rechtmäßig genehmigten Vorhabens wegen Änderung der Sach- oder Rechtslage gehindert werde. Dies gelte umso mehr, als der Begünstigte schon den Zeitaufschub materiell ungerechtfertigterweise dulden müsse. Aus diesem Billigkeitsgesichtspunkt müßten auch Änderungen der Sach- oder Rechtslage während des Widerspruchverfahrens zu Lasten des Bauherrn oder Unternehmers unberücksichtigt bleiben.[21]

Gegen die Vorverlegung des maßgeblichen Zeitpunkts von der Widerspruchsentscheidung auf den Erlaßzeitpunkt des Ausgangsbescheids wird dagegen der "Grundsatz der prozessualen Gleichbehandlung" vorgebracht.[22] Auch genieße der Bauherr oder Unternehmer keinen Vertrauensschutz, solange die Genehmigung noch anfechtbar sei.[23] Hält man die beiden letzten

---

[19] Siehe nur *Schuegraf*, NJW 1970, 581 (582); *Buhren*, DVBl. 1976, 68 (69); *Breuer*, DVBl. 1981, 300 (305); *Jarass*, NJW 1983, 2844 (2849); *Kloepfer*, Umweltrecht, § 8 Rn. 84.

[20] *Breuer*, DVBl. 1981, 300 (304 f.); *Berger*, Nachbarklagen, S. 206; *Kloepfer*, VerwArch. Bd 76 (1985), 371 (389).

[21] *Breuer*, DVBl. 1981, S. 300 (305); *Berger*, Nachbarklagen, S. 207; *Kloepfer*, VerwArch. Bd 76 (1985), 371 (389 f.).

[22] *Schuegraf*, NJW 1970, 581 (582); *Grziwotz*, AöR Bd 113 (1988), 213 (232).

[23] *Schuegraf*, NJW 1970, 581 (582); *Grziwotz*, AöR Bd 113 (1988), 213 (224 f. und 231).

Argumente für zwingend, führt dies notwendig zur Annahme der Maßgeblichkeit der letzten mündlichen Verhandlung.[24] Zugunsten dieses Zeitpunkts wird außerdem das Argument der Prozeßökonomie angeführt: Soweit ein Anspruch Dritter auf die Aufhebung der Genehmigung oder auf die Modifizierung durch nachträgliche Anordnung bestehe, sei es unangebrachter Formalismus, den Dritten auf die Verpflichtungsklage zu verweisen.[25] Nach anderer Auffassung soll im Falle einer Drittanfechtungsklage ohnehin der Verpflichtungsanspruch des Begünstigten im Streit stehen, so daß es deshalb stets auf den Zeitpunkt der letzten mündlichen Verhandlung ankomme.[26]

Schließlich wird vorgeschlagen, den maßgeblichen Zeitpunkt nicht starr, sondern jeweils für den Einzelfall nach einer Interessenabwägung zwischen Begünstigtem und Drittbetroffenem festzulegen. Abzuwägen seien die vom Verwaltungsakt betroffenen Interessen sowie die Schutzwürdigkeit des Vertrauens in den Fortbestand des Verwaltungsakts.[27]

II. Der eigene Lösungsansatz

Nach dem hier vertretenen materiell-, genauer subjektivrechtlichen Ansatz ist die entscheidende Frage, welcher Art die subjektiven Rechte sind, die der Drittbetroffene mit seiner Anfechtungsklage geltend machen kann.

1. Die subjektiven Rechte des Drittbetroffenen

Der Verpflichtungsanspruch des Begünstigten kommt als eigenes subjektives Recht des Drittbetroffenen von vornherein nicht in Betracht.[28] Die von einer Minderheit im Schrifttum vertretene Auffassung, daß Streitgegenstand der

---

[24] *Heise* (DÖV 1973, 777 [779 f.]) vertritt allerdings die wenig überzeugende Auffassung, der Begünstigte könne sich im Widerspruchsverfahren auf Vertrauensschutz berufen, nicht aber im Verwaltungsprozeß.

[25] *Jarass*, NJW 1983, 2844 (2849); siehe auch *Buhren*, DVBl. 1976, 68 (70 f.); *Schuegraf*, NJW 1970, 581 (582); *Heise*, DÖV 1973, 777 (779 ff.)

[26] *Feldhaus*, DÖV 1974, 699 (700); Ule, Verwaltungsprozeßrecht, § 57 (S. 307), bei grundsätzlich gleichem Ansatz differenzierend: *Redeker/v. Oertzen*, VwGO, § 108 Rn. 25.

[27] So *Buhren*, DVBl. 1976, 68 (79); *Grziwotz*, AöR Bd 113 (1988), 213 (232 ff.).

[28] *Heise*, DÖV 1973, 777 (779) weist darauf hin, daß dies auch deshalb nicht der Fall sein kann, weil der Anspruch des Begünstigten durch den Erlaß der Genehmigung bereits erfüllt ist.

Drittanfechtungsklage der Verpflichtungsanspruch des Begünstigten sei[29], nötigt deshalb zu der Annahme, daß dem Dritten kein eigenes materielles Recht, sondern nur ein prozessuales Beanstandungsrecht zusteht. Diese Auffassung wird dem verfassungsrechtlichen Maßstab des Art. 19 Abs. 4 GG jedoch nicht gerecht.[30] Der Drittanfechtungsklage muß vielmehr ein eigenes Recht des Drittbetroffenen zugrunde liegen.[31] Ein solches Recht könnte aus drittschützenden einfachrechtlichen Normen oder aus Grundrechten folgen. Zu untersuchen ist der Inhalt dieser möglichen subjektiven Rechte und das Verhältnis, in dem Grundrechte und einfaches Recht zueinander stehen.

a) Subjektive Rechte des Dritten aus einfachem Recht

Einigkeit besteht, daß die subjektiven Rechte Dritter grundsätzlich und zunächst im einfachen Recht zu suchen sind.[32] Sofern sich der drittschützende Charakter einer Norm - wie im Regelfall - nicht eindeutig aus dem Gesetzestext ergibt, ist der subjektiv-rechtliche Gehalt eines Rechtssatzes mit Hilfe von Methoden und Regeln zu erschließen, die unter der Bezeichnung Schutznormlehre und in Auseinandersetzung mit ihr entwickelt worden sind.[33] Die wissenschaftliche Diskussion um die Schutznormlehre kann in diesem Rahmen nicht nachgezeichnet werden.[34] Für das Problem des maßgeblichen Zeitpunkts zur Beurteilung der Rechtswidrigkeit eines Verwaltungsakts mit Drittwirkung kommt es auch nicht so sehr darauf an, wie man den drittschützenden Gehalt eines Rechtssatzes ermittelt[35], sondern welchen Inhalt das durch einen drittschützenden Rechtssatz vermittelte subjektive Recht hat.

---

29 Siehe die Nachweise in Fn. 25.

30 Zur Bedeutung des Art. 19 Abs. 4 GG für den vorliegenden Zusammenhang siehe oben 2. Kapitel II.

31 *Breuer*, DVBl. 1981, 300 (305); *Grziwotz*, AöR Bd 113 (1988), 213 (227); siehe auch *Czermak*, NJW 1964, 1662 (1663); *J. Martens*, DVBl. 1970, 260 (261).

32 Siehe nur *Schmidt-Aßmann*, in: Maunz/Dürig, GG, Art. 19 IV Rn. 127; *Ramsauer*, AöR Bd 111 (1986), 501 (514); *Kunig*, in: GS f. W. Martens, S. 599 (602); *Murswiek*, WiVerw. 1986, 179 (181); *Schmidt-Preuß*, Kollidierende Privatinteressen, S. 37 ff.

33 Vgl. *Schmidt-Aßmann*, in: Maunz/Dürig, GG, Art. 19 IV Rn. 128.

34 Siehe dazu zusammenfassend *Schmidt-Aßmann*, in: Maunz/Dürig, GG, Art. 19 IV Rn. 128 ff. m. w. N; siehe auch *Ramsauer*, AöR Bd 111 (1986), 501 (509 ff.) sowie oben 6. Kapitel I 2 b) bb) (1).

35 Zur Ermittlung des drittschützenden Gehalts von einfachem Recht siehe exemplarisch für das BImSchG *Kunig*, in: GS f. W. Martens, S. 599 ff.; zur Ermittlung subjektiver Rechte im mehrpoligen Rechtsverhältnis auf der Grundlage der von ihm entwickelten multipolaren Konfliktschlichtungsformel siehe nunmehr umfassend *Schmidt-Preuß*, Kollidierende Privatinteressen, S. 247 ff.

In Fällen der Drittanfechtungsklage gegen einen den Adressaten begünstigenden Verwaltungsakt ergibt sich das subjektive Recht aus Normen, welche Genehmigungsvoraussetzungen enthalten, die nicht nur im Interesse der Allgemeinheit, sondern (erkennbar) auch im Interesse eines abgrenzbaren und damit individualisierbaren Personenkreises[36] erlassen sind. Diese Normen enthalten die Pflicht der Verwaltung, die rechtlich geschützten Interessen der betroffenen Dritten bei der Genehmigungsentscheidung zu beachten. Dem korrespondiert der Anspruch des Dritten. Es handelt sich also um einen sachlich beschränkten Anspruch auf gesetzmäßiges Handeln, der im Falle eines Gesetzesverstoßes als Anspruch auf die Beseitigung der Folgen des rechtswidrigen Verwaltungshandelns durch Aufhebung des Verwaltungsakts geltend zu machen ist.[37] Maßgeblicher Zeitpunkt für die Beurteilung der Rechtswidrigkeit des Verwaltungsakts ist nach den oben entwickelten Kriterien[38] folglich der Zeitpunkt der Behördenentscheidung.[39]

b) Grundrechte als subjektive Rechte des Dritten

Inwieweit der Drittbetroffene sich über die einfachgesetzlich gewährten subjektiven Rechte hinaus auf Grundrechte berufen kann, ist umstritten. Uneinigkeit herrscht insbesondere darüber, ob die Grundrechte als auf Unterlassen gerichtete Abwehrrechte oder als Anspruchsgrundlage für staatliche Schutzgewährung Geltung beanspruchen können.

aa) Grundrechte als Schutzpflichten : Die herrschende Meinung

Nach überwiegender Auffassung kann sich ein durch privates Handeln Belasteter gegenüber dem Staat nur auf Grundrechte in ihrer Schutzfunktion berufen.[40] Das Rechtsgüter eines Dritten gefährdende oder beeinträchtigende

---

36 Siehe zu diesem Kriterium z.B. *Schmidt-Aßmann*, in: Maunz/Dürig, GG, Art. 19 Abs. 4, Rn. 118 m. w. N; *Ramsauer*, AöR Bd 111 (1986), 501 (509); *Kunig*, in: GS f. W. Martens, S. 599 (606).

37 *Enders*, AöR Bd 115 (1990), 610 (611); BVerwGE 60, 297 (301): Genehmigungsabwehranspruch; ebenso *Marburger*, 56. DJT, Gutachten C, S. 21; *Schmidt-Preuß*, Kollidierende Privatinteressen, S. 447.

38 Siehe 4. bis 6. Kapitel.

39 Zum Zusammenhang zwischen einem Anspruch auf rechtmäßigen Gesetzesvollzug durch die Verwaltung und der Behördenentscheidung als maßgeblichem Zeitpunkt siehe ausführlich oben 6. Kapitel I 2.

40 *Isensee*, Grundrecht auf Sicherheit, S. 34 ff.; *ders.*, HdbStR V, § 111 Abschnitt C und D; *Hermes*, Grundrecht auf Schutz, S. 97 f.; *Stern*, Staatsrecht III/1, § 69 (S. 945 ff.); *Wahl/Masing*, JZ

Tun eines privaten Bauherrn oder Anlagenbetreibers sei grundrechtliche Freiheitsbetätigung und als solche dem Staat nicht zurechenbar. Dies gelte auch für den Fall einer vorherigen staatlichen Genehmigungserteilung, denn durch diese stelle der Staat nur die grundrechtliche Betätigungsfreiheit wieder her, die er zunächst in Erfüllung seiner staatlichen Schutzpflicht einem Genehmigungsvorbehalt unterworfen hatte.[41]

Abgeleitet werden diese Schutzpflichten aus dem Charakter der Grundrechtsgewährleistungen als objektive Grundsatznormen oder Wertentscheidungen in Verbindung mit Art. 1 Abs. 1 Satz 2 und Abs. 3 GG.[42] Adressaten der Schutzverpflichtung sind danach alle drei staatlichen Gewalten, wobei jede nach ihrer spezifischen Aufgabenstellung zur Durchsetzung berufen ist.[43] Hinsichtlich der Art und Weise der Verwirklichung fehlt es allerdings an Angaben in der Verfassung. Aus den Grundrechten ergeben sich allenfalls ein geschuldetes Resultat, nicht aber konkrete Handlungsanweisungen.[44] Die grundrechtliche Schutzpflicht ist somit umsetzungs- und vollzugsbedürftig. Aus diesem Grunde hält die Literatur den Gesetzgeber für den vornehmlichen Adressaten der Schutzverpflichtung; diese sei grundsätzlich gesetzesmediatisiert.[45] Gegenüber der Exekutive wirke sie in erster Linie im Wege der Normauslegung und bei der Ermessensbetätigung.[46]

Den ausschlaggebenden Grund für die Notwendigkeit einfachrechtlicher Ausgestaltung der grundrechtlichen Schutzverpflichtung haben allerdings erst die heftigen Reaktionen[47] auf einen Beschluß des VGH Kassel[48] in das Zentrum der Aufmerksamkeit gerückt: Das Gericht hatte in einem einstweiligen

1990, 553 ff.; *Preu*, JZ 1991, 265 ff.; *E. Klein*, NJW 1989, 1633 ff.; *Schwerdtfeger*, NVwZ 1982, 5 (7 ff.); *Dietlein*, Schutzpflichten, S. 92 ff.

41 *Schwerdtfeger*, NVwZ 1982, 5 (7); *Lübbe-Wolff*, Grundrechte, S. 180 ff.; *Dietlein*, Schutzpflichten, S. 93; *Enders*, AöR Bd 115 (1990), 610 (613).

42 Siehe die unter Fn. 40 Genannten; vgl. auch BVerfGE 39, 1 (41 f.); 49, 89 (141); BVerfGE 88, 203 (251 ff.).

43 *Stern*, Staatsrecht III/1, § 69 (S. 950); *Wahl/Masing*, JZ 1990, 553 (558).

44 *Wahl/Masing*, JZ 1990, 553 (558).

45 *Isensee*, Grundrecht auf Sicherheit, S. 42 ff.; *Stern*, Staatsrecht III/1, § 69 (S. 951); *Wahl/Masing*, JZ 1990, 553 (559); siehe auch *Schmidt-Aßmann*, AöR Bd 106 (1981), 205 (216).

46 Siehe nur die unter Fn. 45 Genannten sowie *Dietlein*, Schutzpflichten, S. 233; *Kunig*, in: GS W. Martens, S. 599 (602); *E. Klein*, NJW 1989, 1633 (1637); *Ramsauer*, AöR Bd 111 (1986), 501 (514).

47 *Enders*, AöR Bd 115 (1990), 611 ff.; *Kloepfer*, in: Lerche-FS, S. 755 ff. (m. w. N.); *Preu*, JZ 1991, 265 ff.; *Rupp*, JZ 1990, 91 f.; *Sendler*, NVwZ 1990, 231 ff.; *Wahl/Masing*, JZ 1990, 553 ff.

48 NVwZ 1990, 276 ff. = NJW 1990, 336 ff. = DVBl. 1990, 63 ff. = JZ 1990, 88 ff. (mit Anmerkung *Rupp*) = UPR 1990, 33 ff.

Rechtsschutzverfahren nach § 80 Abs. 5 VwGO a.F. die aufschiebende Wirkung zahlreicher Nachbarklagen gegen die Genehmigung der Errichtung und des (auf zwei Jahre befristeten) Betriebs einer gentechnischen Anlage wiederhergestellt. Das Gericht war der Auffassung, daß gentechnische Anlagen nur aufgrund einer ausdrücklichen gesetzlichen Regelung über die Nutzung der Gentechnologie errichtet werden dürften und daß weder das BImSchG noch andere Fachgesetze eine ausreichende Rechtsgrundlage für die Erteilung der Genehmigung bildeten. Damit hatte es ein verfassungsunmittelbares Verbot mit Erlaubnisvorbehalt zu Lasten des Anlagenbetreibers statuiert.[49] Dagegen wurde in den durchweg kritischen Äußerungen der Literatur zu Recht mit Nachdruck darauf hingewiesen, daß die grundrechtsfundierte Schutzpflicht dem Staat keinen zusätzlichen Eingriffstitel gegen den Störer gibt und Schutzpflichten nur insoweit wirksam werden können, wie der Staat aufgrund anderweitiger Kompetenz- und Ermächtigungsnormen zum Eingreifen befugt ist.[50] Da Grundrechte nach dem rechtsstaatlich zwingenden Grundsatz vom Vorbehalt des Gesetzes[51] auch als Schutzverpflichtung der Exekutive niemals Eingriffsbefugnisse verleihen können, bedarf es in der Dreieckskonstellation Staat- Störer - Gestörter demnach notwendig der Verwirklichung der grundrechtlichen Schutzverpflichtung durch einfaches Gesetz.[52]

Unabhängig von der noch nicht vollständig geklärten Frage, wieweit der grundrechtlichen Schutzverpflichtung des Staates ein Schutzanspruch korrespondiert[53], läßt sich für die hier interessierende Konstellation der Drittanfechtungsklage festhalten, daß sich ein etwaiger grundrechtlicher Schutzanspruch gegen die Exekutive allein im Rahmen bestehender Normen, und zwar im Wege der Normauslegung sowie der Ermessensbetätigung entfalten kann. Aus den Grundrechten als Schutzpflichten kann dem Inhalt nach deshalb allein ein subjektives Recht folgen, kraft dessen sich der Dritte gegenüber der Verwaltung auf einen Gesetzesverstoß berufen kann.

---

49 So treffend *Wahl/Masing*, JZ 1990, 553 (555); siehe auch *Enders*, AöR Bd 115 (1990), 611 (636); *Rupp*, JZ 1990, 91 (92).

50 *Wahl/Masing*, JZ 1990, 553 (557 ff.); *Preu*, JZ 1991, 265 (266); *Enders*, AöR Bd 115 (1990), 611 (627).

51 Siehe dazu ausführlich *Kunig*, Das Rechtsstaatsprinzip, S. 176 ff. und insbesondere S. 316 ff.

52 *Isensee*, Grundrecht auf Sicherheit, S. 42 f.; *ders.*, HdbStR V, § 111 Rn. 152; *Hermes*, Grundrecht auf Schutz, S. 206 ff.

53 Dies grundsätzlich bejahend nunmehr BVerfGE 77, 170 (214) (C-Waffen-Beschluß); bejahend auch *E. Klein*, NJW 1989, 1633 (1637); *Robbers*, Menschenrecht auf Sicherheit, S. 135; für eine Vermutung zugunsten der subjektivrechtlichen Dimension *Alexy*, Grundrechtsdogmatik, S. 414 f.; *ders.*, Staat 29, 49 (60); eher vorsichtig *Stern*, Staatsrecht III/1, § 69 (S. 978 ff., 988 f.).

Das subjektive Recht des Dritten geht also, unabhängig davon, ob die grundrechtliche Schutzverpflichtung seine Gewährung zwingend fordert oder ob es unterhalb dieser Schwelle einfachrechtlich verliehen ist, stets nur auf Einhaltung bestimmter gesetzlicher Genehmigungsvoraussetzungen durch die Exekutive. Das Rechtswidrigwerden einer Genehmigung nach ihrem Erlaß als Folge einer Grundrechtsverletzung ist danach nicht denkbar.

bb) Der abwehrrechtliche Ansatz

Zu einem anderen Ergebnis könnte allerdings ein abwehrrechtliches Verständnis des Grundrechtsschutzes gegen Grundrechtseingriffe durch Private führen.

Einige Autoren wollen dem Staat privates Handeln, welches sich im Rahmen des Nicht-Verbotenen hält, regelmäßig als eigenes zurechnen.[54] Mit dem Verbot privater Gewalt lege der Staat seinen Bürgern die Pflicht auf, unverbotene beeinträchtigende Handlungen seitens der Mitbürger ohne Gegenwehr hinzunehmen. Es bestehe kein Unterschied, ob der Staat gefährlich handele oder ob der Staat Privaten gefährliches Verhalten erlaube.[55] In dem Verbot der Gegenwehr liege eine staatlich verordnete Duldungspflicht, die staatliche Mitverantwortung auslöse.[56] Nach dieser Auffassung kann also nicht nur die Erteilung einer Genehmigung, sondern auch deren private Ausnutzung, sogar einer Genehmigung nicht bedürftiges Tun[57] einen Grundrechtseingriff darstellen, der mit dem grundrechtlichen Unterlassungsanspruch abgewehrt werden könnte. Dieser bedürfte auch nicht mangels Bestimmtheit[58] gesetzgeberischer Ausgestaltung.

Allerdings findet auch ein unmittelbarer grundrechtlicher Unterlassungsanspruch - sieht man von allen anderen Einwänden gegen diese Konzeption ab[59]- seine Schranke in dem zwingenden rechtsstaatlichen Grundsatz vom

---

54 *Murswiek*, Die staatliche Verantwortung, S. 69, 276; *ders.*, WiVerw. 1986, S. 179 ff.; *Schwabe*, Grundrechte, S. 213 ff.

55 *Schwabe*, Grundrechte, S. 213 ff.

56 Siehe *Murswiek*, Die staatliche Verantwortung, S. 91 ff; *Schwabe*, Grundrechte, S. 213 ff.

57 *Murswiek*, Die staatliche Verantwortung, S. 92.

58 Zu dem insofern bestehenden Unterschied zwischen Unterlassungsanspruch und Anspruch auf Schutz siehe *Wahl/Masing*, JZ 1990, 553 (558); *Roth*, Verwaltungshandeln mit Drittbetroffenheit, S. 132 f.

59 Zur Kritik siehe *Isensee*, HdbStR V, § 111 Rn. 119; *Stern*, Staatsrecht III/1, § 69 (S. 947); *Lübbe-Wolff*, Grundrechte, S. 178 ff.; *Dietlein*, Schutzpflichten, S. 43 ff.; *E. Klein*, NJW 1989, 1633 (1639).

Vorbehalt des Gesetzes für Eingriffe in Freiheit und Eigentum. Damit kommt aber auch der abwehrrechtliche Ansatz nicht um die Notwendigkeit einfachrechtlicher Ausgestaltung und Zuordnung der sich überschneidenden Grundrechtssphären Privater herum.[60] Eine Grundrechtsverletzung durch staatlichen Eingriff ist in der Drittwirkungskonstellation folglich nur in der Weise denkbar, daß eine Genehmigung in durch einfaches Recht konstituierte Rechtspositionen Dritter eingreift, die in ihrem Bestand grundrechtlich geschützt sind, so daß die Verletzung dieser einfachrechtlichen Rechtspositionen gleichzeitig eine Grundrechtsverletzung darstellt.[61] Inhaltlich ist der grundrechtliche Abwehranspruch damit von einem umfassenden Unterlassungsanspruch gewandelt zu einem Anspruch auf gesetzmäßiges Handeln, soweit der grundrechtliche Schutz der einfachrechtlichen Rechtsposition reicht.

c) Folgerungen

Festzuhalten ist, daß - unabhängig von der dogmatischen Konzeption des Grundrechtsschutzes Dritter[62] - dieser seine Wirkung gegenüber der Exekutive nur über das einfache Recht bei der Normauslegung und bei der Ermessensbetätigung entfalten kann. Fehlt es völlig an einfachem Recht, steht dem Dritten nur ein Anspruch gegen den Gesetzgeber zu.[63] Da der Anspruch des Dritten gegen einen begünstigenden, ihn aber belastenden Verwaltungsakt damit nur auf Einhaltung der ihn schützenden Gesetze bei dessen Erlaß geht, ist das Rechtswidrigwerden einer rechtmäßig erlassenen Genehmigung wegen Verletzung in einem subjektiven Recht ausgeschlossen. Dieses Ergebnis wird bestätigt durch den Charakter der Genehmigung als gestaltendem Verwal-

---

[60] So im Ergebnis wohl auch *Murswiek*, WiVerw. 1986, 179 (198): "Ansonsten scheint ein unmittelbares Zurückgreifen auf die verfassungsrechtlichen Schutzpflichten wohl nur im Rahmen der gesetzesfreien Verwaltung möglich."; a.A. dagegen *Schwabe*, Grundrechtsdogmatik, S. 214; *ders.*, NVwZ 1983, 523 ff.

[61] *Lübbe-Wolff*, Grundrechte, S. 196. Auch die Verletzung des abwehrrechtlich konzipierten subjektiven Rechts des Dritten aus Art. 14 GG in der Rechtsprechung des BVerwG setzt stets einen Verstoß gegen das einfache Recht bei Erlaß der Genehmigung voraus. Siehe BVerwGE 32, 173 (179); 50, 282 (286 ff.).

[62] Siehe auch den beispielhaft geführten Nachweis *Ramsauers* (AöR Bd 111 [1986], 501 [515 ff.]), daß im Ergebnis kein Unterschied zwischen dem Schutzpflichten- und dem abwehrrechtlichen Ansatz besteht.

[63] *Lübbe-Wolff*, Grundrechte, S. 203; *Wahl/Masing*, JZ 1990, 553 (562); *Enders*, AöR Bd 115 (1990), 611 (632 f.); *Preu*, JZ 1991, 265 (270 f.).

tungsakt.[64] Dessen Rechtsfolge löst gegenüber dem Dritten allenfalls eine gesetzliche Duldungspflicht aus, beinhaltet sie aber nicht selbst und folglich auch keine Dauerwirkung als Mindestvoraussetzung für die Möglichkeit des Rechtswidrigwerdens.[65]

Die Tatsache, daß eine rechtmäßig erlassene Genehmigung nicht rechtswidrig werden kann, schließt allerdings nicht aus, daß der Dritte infolge einer Änderung der Sach- oder Rechtslage einen Anspruch auf Widerruf der Genehmigung erwirbt. Dieser Anspruch ist aber selbständig und mit dem gegen die Genehmigungserteilung gerichteten subjektiven Recht nicht identisch. Demzufolge verstieße ein Gericht gegen die ihm durch die Funktionenordnung auferlegten Kompetenzgrenzen, wenn es seine Prüfung ohne weiteres auf einen solchen Anspruch erstreckte.[66]

2. Konsequenzen für die Behandlung von Änderungen der Sach- oder Rechtslage im Widerspruchsverfahren und im Verwaltungsprozeß

Nachdem der Inhalt der subjektiven Rechte Drittbetroffener als dem entscheidenden Kriterium für die Bestimmung des maßgeblichen Zeitpunkts zur Beurteilung der Rechtswidrigkeit eines Verwaltungsakts mit Drittwirkung behandelt ist, verbleibt die Aufgabe, kurz die verfahrensmäßigen Konsequenzen von Änderungen der Sach- oder Rechtslage im Drittwiderspruchsverfahren und im Drittanfechtungsprozeß aufzuzeigen.

a) Drittwiderspruchsverfahren

aa) Rechtswidriger Erlaß der Genehmigung

Ist die Genehmigung von Anfang an wegen Verstoßes gegen eine drittschützende Norm rechtswidrig, muß die Widerspruchsbehörde dem Begehren

---

64 Zum Zusammenhang zwischen gestaltender Wirkung eines Verwaltungsakts und maßgeblichem Zeitpunkt siehe oben 5. Kapitel II 1.

65 Siehe zur Bedeutung der Dauerwirkung für die Bestimmung des maßgeblichen Zeitpunkts oben 5. Kapitel I.

66 Diese von der Funktionenordnung geforderte Unterscheidung zwischen den beiden Ansprüchen verkennt *Grziwotz* (AöR Bd 113 [1988], 213 [228]), wenn er meint, Ziel der Klage des Dritten sei nicht allein die Vernichtung der Bauerlaubnis, sondern die Verhinderung des Bauvorhabens durch Inanspruchnahme staatlichen Verfahrensschutzes. Es sei allein darüber zu entscheiden, ob der Bauherr das geplante Vorhaben verwirklichen dürfe oder nicht. Damit kommt er der unzutreffenden Auffassung nahe, im Streit stehe der Verpflichtungsanspruch des Genehmigungsadressaten.

des Dritten durch Aufhebung oder Änderung des Verwaltungsakts stattgeben. Begnügt sie sich nicht mit der Aufhebung des Verwaltungsakts, sondern trifft sie eine eigene Entscheidung, wozu sie nach herrschender Meinung befugt ist[67], hat sie insoweit auch zwischenzeitlich erfolgte Änderungen der Sach- oder Rechtslage zu berücksichtigen. Dies gilt sowohl für Änderungen zu Gunsten als auch zu Lasten des Adressaten.

bb) Rechtmäßiger Erlaß der Genehmigung

Ist die Genehmigung dagegen rechtmäßig erlassen worden, ist die Widerspruchsbehörde auch im Falle einer Änderung der Sach- oder Rechtslage zu Lasten des Adressaten weder zur Aufhebung noch zur Änderung des durch einen Dritten angefochtenen Verwaltungsakts befugt, denn diese Kompetenz setzt die nach materiellem Recht zu bestimmende Rechtswidrigkeit des zu ihr gelangten Verwaltungsakts voraus[68], und maßgeblicher Zeitpunkt für die Beurteilung der Rechtswidrigkeit von Genehmigungen ist der Zeitpunkt des Erlasses durch die Ausgangsbehörde.

Damit findet die Auffassung des Bundesverwaltungsgerichts, wonach Änderungen der Sach- oder Rechtslage zu Lasten des Bauherrn auch im Widerspruchsverfahren nicht zu berücksichtigen sind[69], im Ergebnis Bestätigung. Hierbei handelt es sich jedoch nicht um eine von Art. 14 GG oder dem Grundsatz der nachbarrechtlichen Billigkeit geforderte Ausnahme, sondern um die Anwendung der für alle gestaltenden Verwaltungsakte geltenden Regel. Der Gesetzgeber hat mit der Schaffung eines Genehmigungsvorbehalts auch die Änderungsrisiken zwischen Begünstigtem und Behörde bzw. Begünstigtem und Drittem abschließend verteilt, so daß es hinsichtlich der Frage des Rechtswidrigwerdens auf Umstände des Einzelfalls, insbesondere Bestands- oder Investitionsschutz nicht ankommt. Nachträglichen Änderungen der Sach- oder Rechtslage kann danach nur im Rahmen eines Widerrufsverfahrens oder durch nachträgliche Anordnungen Rechnung getragen werden; hier ist auch der Raum für Einzelfallerwägungen.

Welche Maßnahmen zu treffen sind, wenn nachträgliche Änderungen der Sach- oder Rechtslage, die Rechtmäßigkeit des angefochtenen Verwaltungsakts nicht berühren, hat die Widerspruchsbehörde allerdings nur dann zu prü-

---

67 Siehe oben 8. Kapitel I und II 2 b.

68 Siehe oben 8. Kapitel II 2 b.

69 Siehe oben I 1 a.

fen, sofern sie zugleich Aufsichtsbehörde ist. Bejaht sie die Notwendigkeit eines Widerrufs oder ggf. einer nachträglichen Anordnung, regelt sich das weitere Vorgehen nach Landesrecht, das der Aufsichtsbehörde in der Regel eine Weisungsbefugnis einräumt.

cc) Exkurs - Vertrauensschutz des Genehmigungsadressaten im Falle eines Widerrufs anläßlich eines Drittwiderspruchs

Hinsichtlich eines Widerrufs im Rahmen des Widerspruchverfahrens stellt sich die Frage, inwieweit der Begünstigte bereits zu diesem Zeitpunkt Vertrauensschutz verdient. Die Antwort hierauf gibt - sofern nicht durch Spezialvorschriften verdrängt - § 50 VwVfG. Für das Immissionsschutzrecht findet sich z.B. eine inhaltlich entsprechende Vorschrift in § 21 Abs. 7 BImSchG.[70]

Nach § 50 VwVfG genießt der Adressat eines begünstigenden Verwaltungsakts keinen Vertrauensschutz, wenn dieser von einem Dritten angefochten worden ist und während des Vorverfahrens oder während des Verwaltungsprozesses aufgehoben wird, soweit dadurch dem Widerspruch oder der Klage abgeholfen wird. Bedeutung und Reichweite dieser Vorschrift sind umstritten. Nach herrschender Auffassung berechtigt § 50 VwVfG die Ausgangsbehörde, den von einem Dritten angefochtenen Verwaltungsakt während eines laufenden Rechtsbehelfverfahrens aufzuheben, um dem begründeten Rechtsbehelf des Dritten Rechnung zu tragen und einer Aufhebung durch die Rechtsmittelinstanz zuvorzukommen.[71] Für diese Auffassung spricht, daß das Zurücktreten des Vertrauensschutzgrundsatzes nur gerechtfertigt ist, soweit der Dritte einen Anspruch auf Korrektur des Verwaltungsakts hat.[72] Sie wird außerdem bestätigt durch die Entstehungsgeschichte des § 50 VwVfG. Danach sollte für den Fall, daß die Regelungen des Widerspruchverfahrens in der VwGO wegen der eingeschränkten Gesetzgebungskompetenz des Bundes nur als prozessuale Vorschriften Geltung haben könnten und sich die materielle Aufhebungsbefugnis nach dem Verwaltungsverfahrensrecht richten würde,

---

[70] *Breuer*, DVBl. 1981, 300 (307).

[71] *Maurer*, Allgemeines Verwaltungsrecht, § 11 Rn. 71; *Erichsen*, in: Erichsen/Martens, Allgemeines Verwaltungsrecht, § 18 Rn. 10 ff.; *Knoke*, Rechtsfragen der Rücknahme, S. 297 ff.; *Lange*, Jura 1980, 463 (465); *Klostermann*, Die Aufhebung eines Verwaltungsakts mit Doppelwirkung, S. 184 (These V); *Schmidt-Preuß*, Kollidierende Privatinteressen, S. 543.

[72] *Maurer*, Allgemeines Verwaltungsrecht, § 11 Rn. 71; *Erichsen*, in: Erichsen/Martens, Allgemeines Verwaltungsrecht, § 18 Rn. 13; *Klappstein*, in: Knack, VwVfG, § 50 Rn. 4.1; *Knoke*, Rechtsfragen der Rücknahme, S. 309; *Allesch*, Die Anwendbarkeit der Verwaltungsverfahrensgesetze, S. 223; *Pietzner/Ronellenfitsch*, Öffentliches Recht, § 27 Rn. 6.

klargestellt werden, daß die Verwaltungsbehörde im Widerspruchsverfahren von den im Rechtsbehelfsverfahren unpassenden Vertrauensschutzgrenzen befreit ist.[73] Demgegenüber ist kein Grund ersichtlich, den Vertrauensschutz des Adressaten über das vom Rechtsschutz des Dritten geforderte Maß hinaus zu verkürzen.[74]

Insbesondere spricht nicht gegen die hier vertretene Auffassung, daß § 50 VwVfG sich nicht nur auf rechtswidrige, sondern auch auf rechtmäßige Verwaltungsakte bezieht[75], denn die Verwaltung kann rechtmäßige Verwaltungsakte aus Zweckmäßigkeitserwägungen aufheben. Auf diese Prüfung hat der Widerspruchsführer Anspruch.[76]

Soweit es heißt, Widerspruch oder Klage dürften nicht offensichtlich unzulässig oder offensichtlich unbegründet sein[77], liegt darin nur scheinbar eine Abweichung von der hier vertretenen Auffassung. Die Einschränkung "offensichtlich" ist die Folge einer Vermischung der Tatbestandsvoraussetzungen (nämlich: zulässig und begründet) und der Letztentscheidungsbefugnis[78], die in der Tat nicht bei der Verwaltung, sondern beim Gericht liegt.

Festzuhalten ist, daß § 50 VwVfG auf rechtmäßige Verwaltungsakte nur insoweit anwendbar ist, als sich ihr Erlaß im Rahmen von Beurteilungs- und Ermessensspielräumen als zweckwidrig erweist.[79] Der Widerruf eines rechtmäßigen gebundenen Verwaltungsakts wegen Änderung der Sach- oder Rechtslage bemißt sich dagegen allein nach § 49 Abs. 2 VwVfG bzw. spezialgesetzlichen Vorschriften. Danach kommt ein Widerruf infolge einer geänderten

73 *Pietzner/Ronellenfitsch*, Öffentliches Recht, § 27 Rn. 6; *Knoke*, Rechtsfragen der Rücknahme, S. 292; vgl. auch BT-Drs. 7/910, S. 70 und 74.

74 Die Auffassung von *Grziwotz*, dem Bauherrn komme bis zur Unanfechtbarkeit kein Vertrauensschutz zu, beruht auf dem hier abgelehnten und von Grziwotz nicht weiter begründeten Verständnis von § 50 VwVfG und bleibt damit Behauptung; vgl. AöR Bd 113 (1988), 213 (231).

75 So aber *Ule/Laubinger*, Verwaltungsverfahrensrecht, § 67 I 2 c; OVG Münster, NVwZ 1989, 72 (73).

76 *Pietzner/Ronellenfitsch*, Öffentliches Recht, § 27 Rn. 6 Fn. 12; *Maurer*, Allgemeines Verwaltungsrecht, § 11 Rn. 71.

77 *Kopp*, VwVfG, § 50 Rn. 14; *Obermayer*, VwVfG, § 50 Rn. 26 f.; *Sachs*, in: Stelkens/Bonk/Sachs, VwVfG, § 50 Rn. 61 ff. und 64.

78 *Maurer*, Allgemeines Verwaltungsrecht, § 11 Rn. 71; siehe auch *Allesch*, Die Anwendbarkeit der Verwaltungsverfahrensgesetze, S. 223; *Knoke*, Rechtsfragen der Rücknahme, S. 309.

79 So ausdrücklich *Maurer*, Allgemeines Verwaltungsrecht, § 11 Rn. 71; *Erichsen*, in: Erichsen/Martens, Allgemeines Verwaltungsrecht, § 18 Rn. 12; *Breuer*, DVBl. 1981, 300 (306) legt in gleicher Weise § 21 Abs. 7 BImSchG aus.

Sach- oder Rechtslage regelmäßig nur bei überwiegendem öffentlichen Interesse und gegen Entschädigung in Betracht.[80]

b) Verwaltungsprozeß

Die Kompetenzen des Verwaltungsgerichts sind im Hinblick auf die Berücksichtigung nachträglicher Änderungen der Sach- oder Rechtslage insoweit eingeschränkter als die der Widerspruchsbehörde, als ein Gericht niemals anläßlich eines Rechtsschutzverfahrens Befugnisse einer Aufsichtsbehörde ausüben kann.

aa) Änderungen zu Gunsten des Genehmigungsadressaten

Es besteht dennoch Einigkeit, daß Änderungen der Sach- oder Rechtslage zu Gunsten des Adressaten den Dritten um die Erfolgsaussichten seiner Anfechtungsklage bringen. Obwohl eine einmal rechtswidrig erteilte Genehmigung nicht rechtmäßig werden kann[81], ist diese Ansicht zutreffend. Der Grund dafür ist, daß der Dritte für seinen auf Beseitigung der Folgen eines Gesetzesverstoßes gerichteten Anspruch das Rechtsschutzbedürfnis verliert, wenn der Adressat der Begünstigung von der Verwaltungsbehörde verlangen kann, sogleich einen Verwaltungsakt desselben Inhalts - nunmehr rechtmäßig - wieder zu erlassen. Mit dem Verlust des Rechtsschutzbedürfnisses für die Aufhebung des Verwaltungsakts wird die Drittanfechtungsklage unzulässig. Prozessual sind diese Fälle am besten durch Erklärung der Erledigung des Rechtsstreits in der Hauptsache zu bewältigen.[82] Bei der Entscheidung über die Kosten gemäß § 161 Abs. 2 VwGO ist zu berücksichtigen, daß nach dem materiellrechtlich maßgeblichen Zeitpunkt die Klage erfolgreich gewesen wäre.[83]

bb) Änderungen zu Lasten des Genehmigungsadressaten

Demgegenüber kommt die Berücksichtigung einer Änderung der Sach- oder Rechtslage zu Lasten des Begünstigten im Drittanfechtungsprozeß nicht

---

[80] Vgl. § 49 Abs. 5 VwVfG; § 21 Abs. 4 BImSchG; § 18 AtG.

[81] Siehe oben 4. Kapitel IV 1.

[82] *Schenke* (Verwaltungsprozeßrecht, Rn. 327) befürwortet die Zulässigkeit einer Fortsetzungsfeststellungsklage gemäß § 113 Abs. 1 S. 4 VwGO analog.

[83] Siehe dazu *Günther*, DVBl. 1988, 612 (614 f.); *Burgi*, DVBl. 1991, 193 (194).

in Betracht, denn die ursprünglich rechtmäßig erteilte Genehmigung wird durch spätere Änderungen nicht rechtswidrig[84]. Möglich ist allein eine Erweiterung des anhängigen Prozesses gemäß § 44 VwGO auf einen im Wege der Verpflichtungsklage geltend zu machenden Anspruch des Dritten auf Widerruf der Genehmigung. Über diesen Anspruch müßte jedoch zunächst die Ausgangsbehörde entscheiden. Ein Verzicht auf die Durchführung eines etwaigen Widerspruchsverfahrens kommt allenfalls in Frage, wenn der Anspruch des Dritten auf Widerruf kein Ermessen zuläßt. Damit erweist sich auch im Hinblick auf den Verwaltungsprozeß die Rechtsprechung des Bundesverwaltungsgerichts zum maßgeblichen Zeitpunkt für die Beurteilung der Rechtswidrigkeit eines Verwaltungsakts mit Drittwirkung im Falle der Drittanfechtungsklage als zutreffend.

3. Der maßgebliche Zeitpunkt für die Beurteilung der Rechtswidrigkeit einer immissionsschutzrechtlichen Genehmigung im Drittanfechtungsprozeß

Abschließend bleibt zu klären, ob die Überleitungsvorschriften des § 67 BImSchG Sonderregelungen enthalten, die die dargelegten Grundsätze modifizieren.

Nach § 67 Abs. 1 BImSchG gilt eine Genehmigung, die vor dem Inkrafttreten des Bundesimmissionsschutzgesetzes nach § 16 oder 25 Abs. 1 der Gewerbeordnung erteilt worden ist, nach dem BImSchG fort. Gemäß § 67 Abs. 4 BImSchG sind bereits begonnene Verfahren nach den Vorschriften des BImSchG und der darauf gestützten Rechts- und Verwaltungsvorschriften zu Ende zu führen.

a) Abgrenzung der Anwendungsbereiche von § 67 Abs. 1 und Abs. 4 BImSchG

Fraglich ist zunächst, ob auf die bereits erteilte, aber von einem Dritten angefochtene Genehmigung § 67 Abs. 1 oder § 67 Abs. 4 BImSchG anwendbar ist.

---

84 Siehe oben II 1 c.

aa) Auffassungen in der Rechtsprechung

Obwohl der VGH Mannheim und das BVerwG im Ergebnis einig sind, daß Rechtsänderungen bis zur letzten mündlichen Verhandlung bei der Beurteilung der Rechtswidrigkeit der angefochtenen Genehmigung zu berücksichtigen sind[85], besteht hinsichtlich der normativen Anknüpfung und der Begründung keine Übereinstimmung.

Der VGH Mannheim ist der Auffassung, § 67 Abs. 1 BImSchG sei nur auf "bestandskräftige", nicht aber auf noch im Rechtsstreit befindliche Verwaltungsakte anwendbar. Von Dritten angefochtene Genehmigungen unterfielen deshalb nach Sinn und Zweck der Überleitungsvorschriften, der darin liege, das neue Recht möglichst frühzeitig zur Anwendung zu bringen, dem § 67 Abs. 4 BImSchG.[86]

Demgegenüber vertritt das BVerwG, daß § 67 Abs. 1 BImSchG auch für die Überprüfung noch nicht "bestandskräftiger" Altgenehmigungen die Anwendung des neuen Rechts vorschreibe. Denn wenn die angefochtene Altgenehmigung als eine solche nach dem Bundesimmissionsschutzgesetz fortgelte, so bedeute dies, daß sie sich vorbehaltlich einer abweichenden Aussage des Gesetzgebers am Maßstab des neuen Rechts bewähren müsse.[87] Bei dieser Auslegung des § 67 Abs. 1 BImSchG bedarf es nicht der Anwendung des § 67 Abs. 4 BImSchG im Falle von Drittanfechtungsklagen; das Ergebnis ist jedoch das gleiche.

bb) Eigene Auffassung

Nach dem Wortlaut des § 67 Abs. 1 BImSchG ist diese Vorschrift auf alle bereits erteilten Genehmigungen anwendbar. In Abgrenzung dazu erfaßt § 67 Abs. 4 BImSchG Verfahren, die noch nicht zur Erteilung einer Genehmigung geführt haben.[88] Da im Falle einer Drittanfechtungsklage die Genehmigung bereits erteilt ist, muß folglich § 67 Abs. 1 BImSchG zur Anwendung gelangen. Für eine Einschränkung auf "bestandskräftige" Verwaltungsakte, wofür nach Auffassung des VGH Mannheim die Unanfechtbarkeit Voraussetzung

---

[85] Siehe oben II 1 c.

[86] VGH Mannheim, GewArch. 1974, 396 (397).

[87] BVerwGE 65, 313 (315); 68, 58 (59); zustimmend *Feldhaus*, BImSchG, § 67 Rn. 2; *Jarass*, BImSchG, § 6 Rn. 45 und § 67 Rn. 27; a.A. *Ule/Laubinger*, BImSchG, § 67 Rn. 4.

[88] Zum Fall einer Verpflichtungsklage auf Erteilung einer Genehmigung siehe BVerwGE 50, 49 (52).

ist[89], gibt der Wortlaut nichts her. Diese Auffassung läßt sich auch nicht damit begründen, daß § 67 Abs. 4 BImSchG andernfalls überflüssig sei, da der Gesetzgeber nicht ausdrücklich hätte bestimmen müssen, daß das neue Recht auf noch nicht abgeschlossene Verfahren zur Anwendung komme.[90] Angesichts des Streits um die Frage, ob im Falle einer von der Verwaltung zu Unrecht verweigerten Genehmigung im Rahmen einer Verpflichtungsklage Rechtsänderungen zu Ungunsten des Klägers berücksichtigt werden dürfen[91], ist eine solche Klarstellung keineswegs überflüssig.

b) Fortgeltung der Altgenehmigung im Sinne des § 67 Abs. 1 BImSchG

Unterfällt somit die erteilte Genehmigung unabhängig von ihrer Unanfechtbarkeit der Überleitungsregelung des § 67 Abs. 1 BImSchG, stellt sich die weitere Frage, was "Fortgeltung nach dem BImSchG" im Sinne dieser Vorschrift bedeutet. Unstreitig ist, daß mit § 67 Abs. 1 BImSchG die Anordnung getroffen wird, daß die Normen des BImSchG, die an eine erteilte Genehmigung anknüpfen, auch auf Altgenehmigungen anwendbar sind. So gelten die Regelungen über den Widerruf[92] gemäß § 21 BImSchG oder nachträgliche Anordnungen gemäß § 17 BImSchG auch für Altgenehmigungen. Versteht man die Vorschrift ausschließlich in dieser Weise, enthält sie für den Vorgang der Genehmigungserteilung keine Anordnung der Geltung des neuen Rechts. Da es im Fall der Drittanfechtungsklage um die Frage geht, ob die Genehmigung rechtmäßig erteilt worden ist, bedeutet dies, daß sich das maßgebliche Recht, wie stets bei gestaltenden Verwaltungsakten, nach dem Erlaßzeitpunkt bestimmt, die Rechtmäßigkeit der Genehmigung also nach dem alten Recht zu beurteilen ist. Ist sie nach Anwendung des alten Rechts rechtswidrig, ist sie ohnehin aufzuheben, ist sie rechtmäßig, fordert § 67 Abs. 1 BImSchG nunmehr die Überprüfung, ob diese Altgenehmigung nach dem BImSchG fortgelten darf oder ggf. zu widerrufen oder mit nachträglichen Auflagen zu versehen ist. Dies zu beurteilen ist jedoch zunächst Sache der Verwaltung. Insbesondere der VGH Mannheim verkennt die von der Funktionenordnung gezogenen

---

89 VGH Mannheim, GewArch. 1980, 197 (199).

90 VGH Mannheim, GewArch. 1980, 197 (199).

91 Siehe zu diesem Problem *Sendler*, in: Fröhler-FS, S. 209 ff.

92 Die Rücknahme ist im BImSchG nicht geregelt. Zur Frage der Anwendbarkeit des § 48 VwVfG siehe *Brodale*, Die Rücknahme von Verwaltungsakten im Industriegenehmigungsverfahren, im Ergebnis verneinend (siehe S. 254).

Grenzen seiner Kompetenz[93], wenn er meint, daß Genehmigungen, die nach neuem Recht widerrufen werden dürfen, erst recht im gerichtlichen Verfahren aufgehoben werden müßten und daß es nicht angehen könne, daß das neue Recht für die Verwaltung, aber nicht für die Gerichte gelte. Damit setzt er sich darüber hinweg, daß die Gerichte nur zur Aufhebung rechtswidriger Verwaltungsakte befugt sind und übersieht, daß eine nach neuem Recht bestehende Verpflichtung der Verwaltung zum Widerruf nicht ohne weiteres die Gerichte zum Vollzug dieses Widerrufs in einem Anfechtungsprozeß berechtigt.

Das Bundesverwaltungsgericht ist nun allerdings der Auffassung, daß § 67 Abs. 1 BImSchG sich nicht auf die Anordnung der Geltung des BImSchG in der aufgezeigten Weise beschränkt, sondern für noch nicht "bestandskräftige" - gemeint sind noch anfechtbare - Genehmigungen fordere, daß diese sich "am Maßstab des neuen Rechts bewähren müssen"[94]. Daraus folgert das Gericht seine Berechtigung, die Rechtmäßigkeit nach neuem Recht zu beurteilen. Diese Auslegung hat zur Folge, daß dem Genehmigungsbegünstigten ungeachtet dessen, ob eine Genehmigung rechtmäßig erteilt worden ist oder nicht, im Falle einer Drittanfechtungsklage keinerlei Vertrauensschutz gewährt wird. In der Tat scheint das BVerwG, wenn es von "noch nicht bestandskräftigen" Verwaltungsakten spricht, von einer minderen materiellen Verbindlichkeit der Genehmigung bis zu ihrer Unanfechtbarkeit auszugehen. Diese verbreitete, in Parallelität zum Rechtskraftbegriff entwickelte Vorstellung, daß die Unanfechtbarkeit als formelle Bestandskraft Voraussetzung für die materielle Bestandskraft sei[95], ist jedoch unzutreffend. Vielmehr erlangt ein Verwaltungsakt mit seinem Erlaß eine materielle Verbindlichkeit die, entsprechend den unterschiedlichen Funktionen von Verwaltungsakt und Urteil, mit der materiellen Rechtskraft eines Urteils nicht zu vergleichen ist[96] und der in materi-

---

93 Dazu ausführlich oben 2. Kapitel III.

94 BVerwGE 65, 313 (315).

95 So wohl die herrschende Meinung, siehe z.B. *Badura*, in: Erichsen/Martens, Allgemeines Verwaltungsrecht, § 41 Rn. 49; *Bull*, Verwaltungsrecht, Rn. 671; *Ipsen*, Die Verwaltung 1984, 169 (173 f.); *Erichsen/Knoke*, NVwZ 1983, 185 (188); *Classen*, DÖV 1989, 156 (157); siehe auch *Randak*, JuS 1992, 33 (34). Zur Problematik des Begriffs materielle Bestandskraft und zum Meinungsstand im einzelnen siehe *Seibert*, Bindungswirkung, S. 132 ff., 159 ff.

96 *Seibert*, Die Bindungswirkung, S. 155: "Die Verknüpfung von Verbindlichkeit und Unanfechtbarkeit ist jahrzehntelanger Ausdruck für die verhängnisvolle Beherrschung der Verwaltungsrechtsdogmatik durch die Urteilslehre und das Prozeßrecht gewesen." Siehe auch S. 176, S. 186. Siehe auch *Maurer*, Allgemeines Verwaltungsrecht, § 11 Rn. 3; *Wolff/Bachof*, Verwaltungsrecht I, § 52 (S. 446 f.). Dagegen hält *Classen* (DÖV 1989, 156 [158]) die Rechtskraft und die Bestandskraft ausdrücklich für vergleichbare Phänomene.

eller Hinsicht durch die Unanfechtbarkeit nichts hinzugefügt wird.[97] Dies belegen nicht zuletzt die §§ 48, 49 VwVfG sowie entsprechende Spezialregelungen, die gerade unabhängig von der Anfechtbarkeit eines Verwaltungsakts dessen Aufhebbarkeit und damit das Ausmaß und die Grenzen der materiellen Verbindlichkeit normieren. Der Begünstigte genießt also bereits mit dem Erlaß der Genehmigung Vertrauensschutz im Rahmen der materiellen Verbindlichkeit. Eine weitergehende Einschränkung dieses Vertrauensschutzes ist nur im Falle einer begründeten Drittanfechtungsklage berechtigt.

Darüber hinaus beinhaltet die vom Bundesverwaltungsgericht vertretene Auslegung des § 67 Abs. 1 BImSchG eine rückwirkende Anwendung des neuen Rechts auf den mit Erlaß der Genehmigung bereits abgeschlossenen Sachverhalt.[98] Dem kann nicht der durch die Drittanfechtungsklage eingetretene Suspensiveffekt entgegengehalten werden, denn dieser setzt die mit dem Erlaß der Genehmigung eintretenden Rechtsfolgen zwar zeitweilig außer Kraft, verschiebt ihren Eintritt aber nicht auf einen späteren Zeitpunkt.[99]

Die Auffassung des Bundesverwaltungsgerichts, in der immissionsschutzrechtlichen Drittanfechtungsklage seien Rechtsänderungen bis zur letzten mündlichen Verhandlung zu berücksichtigen, ist demnach unzutreffend. Zuzustimmen ist vielmehr dem OVG Münster, daß zu Recht die Meinung vertritt, daß sich aus den Überleitungsvorschriften des BImSchG kein Anhaltspunkt dafür ergibt, daß der Gesetzgeber die einem Betreiber durch die Genehmigung erwachsene Rechtsposition wieder entziehen wollte.[100] Auch für das Immissionsschutzrecht gilt demnach, daß maßgeblicher Zeitpunkt für die Beurteilung der Rechtswidrigkeit einer Genehmigung der Zeitpunkt des Erlasses durch die Ausgangsbehörde ist.

---

97 *Seibert*, Die Bindungswirkung, S. 157, 168, 173, 186; siehe auch *Wolff/Bachof*, Verwaltungsrecht I, § 52 (S. 447).

98 Zu dem Begriff der Abgechlossenheit siehe oben 2. Kapitel III 2 c.

99 Siehe oben 5. Kapitel II 1 b.

100 OVG Münster, GewArch. 1979, 164 (165); zustimmend *Ule/Laubinger*, BImSchG, § 67 Rn. 4.

Zusammenfassung und Ergebnis

Der Gang der Untersuchung und die Ergebnisse lassen sich folgendermaßen zusammenfassen:

Erster Teil

1. Kapitel

1. Die Frage nach dem maßgeblichen Zeitpunkt für die Beurteilung der Rechtswidrigkeit eines Verwaltungsakts ist eines der ältesten und umstrittensten Probleme des Verwaltungsprozeßrechts. Die Rechtsprechung vertritt nach manchen Wendungen nunmehr die Auffassung, es handele sich um eine Frage des materiellen Rechts, orientiert sich aber weiter an der Grundregel, daß maßgeblicher Zeitpunkt im Falle einer Anfechtungsklage regelmäßig die letzte Behördenentscheidung, im Falle einer Verpflichtungsklage regelmäßig die letzte mündliche Verhandlung vor Gericht sei. Ausnahmen von dieser Regel begründet sie in kasuistischer Weise mit Besonderheiten des materiellen Rechts. Eine dogmatisch befriedigende Erklärung für dieses Vorgehen fehlt. Dementsprechend gibt es keinen allseits anerkannten Maßstab, an dem sich die Richtigkeit einzelner Entscheidungen messen ließe.

2. Die Lösung des Problems erfordert, sich Klarheit über das Verhältnis von Verwaltung und Verwaltungsgerichtsbarkeit zu verschaffen, die prozeßrechtlichen Vorgaben zu untersuchen und als Ausgangspunkt einer materiellrechtlichen Dogmatik des maßgeblichen Zeitpunkts den Begriff der Rechtswidrigkeit zu klären.

2. Kapitel

3. Das Verhältnis von Verwaltung und Verwaltungsgerichtsbarkeit ist im Lichte des Art. 19 Abs. 4 GG zu bestimmen. Da dieses Grundrecht die richterliche Überprüfung von Maßnahmen der öffentlichen Gewalt in tatsächlicher und rechtlicher Hinsicht garantiert, darf das Recht der Verwaltung zur Erstentscheidung nicht mißverstanden werden als ein Monopol unmittelbarer Tat-

sachenbewertung. Die funktionelle Unterscheidung zwischen Verwaltung und Verwaltungsgerichtsbarkeit geht vielmehr dahin, daß die Verwaltung die Letztverantwortung für eine zielorientierte Auswahl und Durchsetzung von gesetzlich vorgegebenen Rechtsfolgen trägt, die Gerichte dagegen die Letztverantwortung für die Prüfung der tatbestandlichen Voraussetzungen einer von den streitenden Parteien vorgegebenen Rechtsfolgenalternative haben. In die Letztverantwortung der Verwaltung fallen darüber hinaus die vom Gesetzgeber zu bestimmenden Bereiche von Prognoseermächtigungen sowie Ermessens- und Beurteilungsspielräumen.

4. Aus der Letztverantwortung der Verwaltung für die Wahl der Rechtsfolgen und aus der Bindung des Gerichts an die ihm zur Entscheidung gestellte Rechtsfolgenalternative folgt, daß die Grenze der gerichtlichen Kompetenz dort liegt, wo das Gericht durch die Einbeziehung von Änderungen der Sach- oder Rechtslage über Rechtsfolgen entscheiden würde, die von den Parteien nicht zur Entscheidung gestellt worden sind.

5. Des weiteren bestimmt sich nach dem Umfang der unterschiedlichen Verantwortungsbereiche der Begriff der Abgeschlossenheit eines Sachverhalts, der den Zeitpunkt markiert, von dem an Änderungen der Sachlage nicht mehr und Änderungen der Rechtslage nur im Falle der Anordnung echter Rückwirkung Auswirkungen auf die rechtliche Beurteilung eines Sachverhalts haben können. Danach ist für die Verwaltung ein Sachverhalt abgeschlossen, wenn die von ihr mittels Erlaß eines Verwaltungsakts angestrebten Rechtsfolgen tatsächlich eingetreten sind. Für das letztverbindlich über die Tatbestandsvoraussetzungen entscheidende Gericht ist ein Sachverhalt demgegenüber stets mit seinem verbindlichen Urteil über das Vorliegen der tatbestandlichen Voraussetzungen abgeschlossen. Liegt der für die Verwaltung maßgebliche Zeitpunkt der Rechtsfolgenverwirklichung vor der gerichtlichen Entscheidung, ist dies auch für das Gericht der maßgebliche Beurteilungszeitpunkt; ist die Rechtsfolgenverwirklichung noch nicht eingetreten, ist für das Gericht der Zeitpunkt seiner Entscheidung maßgeblich.

3. Kapitel

6. Dem Prozeßrecht lassen sich, abgesehen von § 137 Abs. 2 VwGO, der die Beachtlichkeit von Änderungen der Sachlage für die Revisionsinstanz grundsätzlich ausschließt, keine den funktionenrechtlichen Rahmen weiter einschränkenden Vorgaben für die Bestimmung des maßgeblichen Zeitpunkts entnehmen. Insbesondere ist eine Anfechtungsklage weder wesensmäßig noch

wegen eines besonderen Streitgegenstands auf eine ex-tunc Aufhebung des angefochtenen Verwaltungsakts beschränkt.

7. Zutreffend ist die Lehre vom Klageantrag, wonach das klägerische Begehren bestimmt, für welchen Zeitpunkt die Aufhebung eines Verwaltungsakts begehrt wird. Mit der Richtigkeit dieses Ansatzes erweist sich aber auch, daß das Prozeßrecht keine Antwort darauf geben kann, ob Änderungen der Sach- oder Rechtslage nach Erlaß eines Verwaltungsakts zu berücksichtigen sind. Denn ob das klägerische Begehren vom materiellen Recht getragen wird, kann und will die Lehre vom Klageantrag nicht beantworten.

Zweiter Teil

4. Kapitel

8. Ein die Kasuistik überwindender materiellrechtlicher Ansatz muß zunächst Gegenstand und Inhalt des Rechtswidrigkeitsbegriffs klären. Hierbei erweist sich die Orientierung allein an dem rechtswidrigen Erlaß eines Verwaltungsakts auf der einen Seite bzw. allein an dem Regelungsinhalt eines Verwaltungsakts und der durch ihn verursachten Verletzung in subjektiven Rechten auf der anderen Seite als zu kurz. Der Rechtswidrigkeitsbegriff ist vielmehr zweigliedrig: Rechtswidrigkeit folgt sowohl aus dem Verstoß der Verwaltung gegen das objektive Recht bei Erlaß des Verwaltungsakts als auch aus einer Verletzung subjektiver Rechte durch die Regelungswirkungen eines Verwaltungsakts. Dementsprechend kann ein rechtswidrig erlassener Verwaltungsakt - außer in den Fällen gesetzlicher Anordnung, insbes. der Fiktion rechtmäßigen Erlasses durch rückwirkendes Gesetz - nicht rechtsmäßig werden. Umgekehrt ist es denkbar, daß ein rechtmäßig erlassener Verwaltungsakt infolge einer Änderung der Sach- oder Rechtslage subjektive Rechte nunmehr verletzt und infolge dessen rechtswidrig wird.

5. Kapitel

9. Als Typen von Verwaltungsakten, die rechtswidrig werden können, werden vielfach Dauerverwaltungsakte und noch nicht vollzogene Verwaltungsakte genannt. Die Verwendung des Begriffs Dauerverwaltungsakt ist nicht einheitlich. In der Regel sind damit Verwaltungsakte gemeint, deren Regelungswirkungen über den Erlaßzeitpunkt andauern. Die Vergegenwärtigung des gerichtlichen Prüfungsvorgangs zeigt jedoch, daß das Andauern der Regelungswirkungen allein noch keine hinreichende Voraussetzung für das Rechtswid-

rigwerden von Verwaltungsakten ist. Eine Änderung der Sach- oder Rechtslage kann vielmehr nur dann Auswirkungen auf die Beurteilung eines Verwaltungsakts haben, wenn außerdem die gesetzliche Grundlage fordert, daß die tatbestandlichen Voraussetzungen während des gesamten Wirkungszeitraums der Regelung vorliegen. Nur bei einem Verständnis des Dauerverwaltungsakts, das die beiden genannten Elemente umfaßt, handelt es sich um eine für die Bestimmung des maßgeblichen Beurteilungszeitpunkts erhebliche Kategorie.

10. Da die noch nicht vollzogenen Verwaltungsakte herkömmlich den Dauerverwaltungsakten gleichgestellt werden, weil bei ihnen die Regelungswirkungen in der Weise über den Erlaßzeitpunkt andauern, als sie noch ausstehen, erweist sich mit der Präzisierung des Begriffs "Dauerverwaltungsakt" die pauschale Anwendung dieser zweiten Kategorie zur Bestimmung von Verwaltungsakten, die rechtswidrig werden können, als untauglich. Soweit zu den noch nicht vollzogenen Verwaltungsakten auch gestaltende Verwaltungsakte gezählt werden, beruht dies darüber hinaus auf einer Verkennung des Suspensiveffekts. Der Regelungsinhalt eines gestaltenden Verwaltungsakts verwirklicht sich materiellrechtlich mit seinem Erlaß. Hieran kann die aufschiebende Wirkung von Widerspruch und Klage nichts ändern.

6. Kapitel

11. Nach dem hier zugrunde gelegten zweigliedrigen Rechtswidrigkeitsbegriff setzt das Rechtswidrigwerden eines Verwaltungsakts des weiteren eine Verletzung subjektiver Rechte voraus. Als Folge einer Änderung der Sach- oder Rechtslage kommt dies nur in Betracht, wenn sich der Inhalt des betroffenen subjektiven Rechts nicht in einem Anspruch auf gesetzmäßiges Handeln der Verwaltung erschöpft. Zur Ermittlung des Inhalts subjektiver Rechte bedarf es der Klärung des Verhältnisses von subjektiven Rechten und einfachgesetzlichen Handlungsermächtigungen, wobei zu unterscheiden ist zwischen dem Bereich der Eingriffsverwaltung und dem Bereich der Leistungsverwaltung.

12. In der Eingriffsverwaltung folgen die subjektiven Rechte aus den Grundrechten in ihrer Abwehrfunktion. Grundrechte beinhalten die Gewährung eines bestimmten Lebensbereiches zur eigenverantwortlichen privaten Wahrnehmung sowie Abwehransprüche, die diese rechtlich gewährten Freiheiten bewehren. Indem der Gesetzgeber von den Grundrechtsschranken in verfassungskonformer Weise Gebrauch macht, spezifiziert er den Umfang der

Freiheit und den Inhalt der Abwehransprüche. Das einfache Gesetz in der Eingriffsverwaltung hat demnach drei Funktionen: Es beschränkt die grundrechtliche Freiheitsgewährung, konkretisiert den grundrechtlichen Abwehranspruch und ist Ermächtigungsnorm für die Verwaltung. Eine Klassifizierung subjektiver Rechte kann folglich in Anlehnung an die Unterscheidung grundrechtseinschränkender Gesetze in Eingriffsvorbehalte und Verbote mit Erlaubnis- bzw. Ausnahmevorbehalt entwickelt werden.

13. Je nachdem, ob der Gesetzgeber die Verwaltung unter bestimmten Bedingungen zu Grundrechtseingriffen ermächtigt (Eingriffsvorbehalt) oder ob er selbst unmittelbar in ein Grundrecht eingreift, indem er einen bestimmten Lebensbereich der privaten Wahrnehmung ganz oder hinsichtlich der spontanen Betätigungsfreiheit entzieht (Verbote mit Erlaubnis- bzw. Ausnahmevorbehalt), hat der Bürger entweder einen Anspruch auf Unterlassen eines erst durch die Verwaltung vorgenommenen Grundrechtseingriffs oder nur einen Anspruch auf gesetzmäßiges Handeln der Verwaltung. Im ersten Fall gehören die Verwaltungsakte zur Kategorie der Dauerverwaltungsakte, oder es handelt sich um noch nicht vollzogene befehlende Verwaltungsakte, die in ihren tatbestandlichen Voraussetzungen Dauerverwaltungsakten entsprechen. Im zweiten Fall ist die Verwaltung zum Erlaß von gestaltenden Verwaltungsakten ermächtigt. Diese sind dadurch gekennzeichnet, daß sie nur gesetzlich vorgegebene Rechtsfolgen auslösen. Im ersten Fall ist für die gerichtliche Beurteilung der Rechtswidrigkeit des Verwaltungsakts der Zeitpunkt der Gerichtsentscheidung maßgeblich; im zweiten Fall ist es derjenige der Behördenentscheidung.

14. Im Rahmen der Verpflichtungsklage stellt sich der grundrechtliche Unterlassungsanspruch als gebundener Anspruch auf Genehmigungserteilung dar, der Anspruch auf gesetzmäßiges Handeln als Anspruch auf ermessensfehlerfreie Entscheidung.

15. Die Vielfalt gesetzlicher Gestaltungsmöglichkeiten läßt sich allerdings nicht auf die Formen des Eingriffsvobehalts und der Verbote mit Erlaubnis- oder Ausnahmevorbehalt beschränken. Die Untersuchung dieser Grundtypen von Verwaltungsermächtigungen hat aber die für die Bestimmung des maßgeblichen Beurteilungszeitpunkts entscheidenden Parameter und die zwischen ihnen bestehenden Beziehungen aufgezeigt. Mit der Einsicht in die Zusammenhänge zwischen subjektivem Recht, Ermächtigungsnorm und Regelungsinhalt eines Verwaltungsakts läßt sich auch für untypische Formen gesetzlicher Ermächtigungen der maßgebliche Zeitpunkt bestimmen.

16. Im Bereich der Leistungsverwaltung ist gemäß diesen Grundsätzen zu unterscheiden zwischen gebundenen Ansprüchen auf eine bestimmte Leistung und Ansprüchen auf fehlerfreie Ermessensentscheidung. Maßgeblicher Zeitpunkt für die Beurteilung der Begründetheit des Anspruchs und damit auch für die Beurteilung der Rechtswidrigkeit des versagenden Verwaltungsakts ist im Falle von Ermessensansprüchen der Zeitpunkt der Behördenentscheidung. Die gebundenen Ansprüche auf eine bestimmte Leistung entziehen sich einer abschließenden Systematisierung. Insoweit ist im Einzelfall Tatbestand und Rechtsfolge der Anspruchsnorm auf zeitliche Vorgaben zu untersuchen.

17. Eine Änderung der Rechtslage zu Lasten des Klägers bei ursprünglich rechtswidriger Versagung einer Begünstigung stellt nicht eigentlich ein Problem des maßgeblichen Beurteilungszeitpunkts dar. Der Anspruch war zunächst entstanden und die Versagung rechtswidrig. Problematisch ist aber der Geltungsanspruch des neuen Rechts. Dieser ist durch eine an der Verfassung, insbesondere an dem verfassungsrechtlichen Gebot des Vertrauensschutzes orientierte Auslegung zu ermitteln.

7. Kapitel

18. Die Frage nach dem maßgeblichen Zeitpunkt für die Beurteilung der Rechtswidrigkeit eines Verwaltungsakts stellt sich auch für die Abgrenzung von Rüchnahme und Widerruf im Verwaltungsverfahrensrecht. Es ist zu unterscheiden zwischen begünstigenden und belastenden Verwaltungsakten.

19. Begünstigende Verwaltungsakte (im zweipoligen Rechtsverhältnis) können mangels Verletzung in subjektiven Rechten nicht rechtswidrig werden. Die direkte Anwendung des § 48 VwVfG ist deshalb ausgeschlossen. Begünstigende Dauerverwaltungsakte bedürfen im Fall einer Änderung der Sach- oder Rechtslage allerdings auch nicht des Widerrufs gemäß § 49 Abs. 2 Nr. 3 und 4 VwVfG. Dessen Anwendungsbereich umfaßt in erster Linie solche Verwaltungsakte, deren Geltungsanspruch (innere Wirksamkeit) durch eine Änderung der Sach- oder Rechtslage nicht berührt wird. Dies sind insbesondere gestaltende Verwaltungsakte und Bescheide, die eine einmalige Leistung gewähren. Da die Geltung der Regelung von Dauerverwaltungsakten bedingt ist durch das Vorliegen der gesetzlichen Tatbestandsvoraussetzungen, erstreckt sich ihre innere Wirksamkeit nicht auf Situationen, die infolge einer tatbestandsrelevanten Änderung der Sach- oder Rechtslage eingetreten ist. Sie erledigen sich tatbestandlich, ohne daß dadurch ihre äußere Wirksamkeit berührt würde. In Verkennung dieser Umstände erbrachte Leistungen sind ohne

Rechtsgrund erfolgt und können mit dem öffentlich-rechtlichen Erstattungsanspruch zurückgefordert werden, sofern sich der Bürger demgegenüber nicht ausnahmsweise auf Vertrauensschutz berufen kann.

20. Belastende Dauerverwaltungsakte und ihnen entsprechende noch nicht vollzogene Verwaltungsakte verlieren mit dem Wegfall der tatbestandlichen Voraussetzungen ebenfalls ihren Geltungsanspruch (innere Wirksamkeit). Da von ihnen aufgrund ihrer nach wie vor bestehenden äußeren Wirksamkeit der Rechtsschein eines Vollstreckungstitels und damit die Gefahr tatsächlicher Verletzung in Grundrechten ausgeht, stehen sie aber den von Anfang an rechtswidrigen Verwaltungsakten dieser Art gleich. Die Gefahr tatsächlicher Verletzung in Grundrechten erfüllt den Tatbestand des grundrechtlichen Unterlassungsanspruch, mit dem folglich ihre Aufhebung ebenso begehrt werden kann wie die Aufhebung anfänglich rechtswidriger Verwaltungsakte.

Dritter Teil

8. Kapitel

21. Die erarbeiteten materiellrechtlichen Grundsätze gelten auch für die Bestimmung des maßgeblichen Zeitpunkts zur Beurteilung der Rechtswidrigkeit eines Verwaltungsakts im Widerspruchsverfahren. Ist der angegriffene Verwaltungsakt danach rechtswidrig oder zweckwidrig, so ist die Widerspruchsbehörde aufgrund des Devolutiveffekts nicht nur zur Aufhebung, sondern auch zu einer reformatorischen Entscheidung anhand der aktuellen Sach- und Rechtslage befugt. Ist der Verwaltungsakt dagegen nach dem materiellrechtlich maßgeblichen Zeitpunkt recht- und zweckmäßig und liegt dieser Zeitpunkt vor dem Zeitpunkt der Entscheidung der Widerspruchsbehörde, ist diese nicht berechtigt, deshalb eine neue und eigene Entscheidung zu treffen, weil der rechtmäßige Verwaltungsakt aufgrund einer neuen Sach- oder Rechtslage nicht mehr erlassen werden dürfte. In diesem Fall ist der Verwaltungsakt allein im Wege des Widerrufs durch die Ausgangsbehörde aufzuheben. Ist die Widerspruchsbehörde zugleich Aufsichtsbehörde, kann sie die Ausgangsbehörde hierzu nach Maßgabe des Landesrechts anweisen.

9. Kapitel

22. Im einstweiligen Rechtsschutzverfahren ist zu unterscheiden zwischen der Prüfung der Erfolgsaussichten in der Hauptsache, bei der sich die maßgebliche Sach- und Rechtslage nach den materiellrechtlichen Grundsätzen be-

stimmt, und der Prüfung der Eilbedürftigkeit, für die es stets auf den Zeitpunkt der Gerichtsentscheidung ankommt.

10. Kapitel

23. Auch für die Bestimmung des maßgeblichen Zeitpunkts zur Beurteilung der Rechtswidrigkeit von Verwaltungsakten mit Drittwirkung ist entscheidend, welcher Art die subjektiven Rechte sind, die der Dritte geltend machen kann. In der Regel handelt es sich um einfachrechtlich gewährte Ansprüche auf Einhaltung schutzgewährender Normen. Umstritten ist, inwieweit sich Drittbetroffene darüberhinaus auf Grundrechte als subjektive Rechte berufen können. Für die Frage des maßgeblichen Zeitpunkts erweist sich dabei als bedeutungslos, ob man davon ausgeht, daß die Grundrechte in ihrer Funktion als staatliche Schutzverpflichtung oder als Abwehrrechte zum Tragen kommen. Wegen des rechtsstaatlich zwingenden Gebots vom Vorbehalt des Gesetzes können Grundrechte als subjektive Rechte zu Lasten anderer Privater nur vermittelt über das einfache Recht geltend gemacht werden. Unabhängig davon, ob das einfache Recht grundrechtsgeboten ist oder nicht, gewährt es dem Dritten nur einen sachlich eingeschränkten Anspruch auf gesetzmäßiges Handeln der Verwaltung. Maßgeblicher Zeitpunkt ist demzufolge stets die Verwaltungsentscheidung.

24. Ist ein begünstigender Verwaltungsakt mit belastender Drittwirkung (Genehmigung) rechtmäßig erlassen worden, kann er wegen einer Änderung der Sach- oder Rechtslage weder im Widerspruchsverfahren noch im Verwaltungsprozeß aufgehoben werden. In Betracht kommt allein ein Widerruf anläßlich des Widerspruchverfahrens. § 50 VwVfG ist auf diesen Fall nicht anwendbar.

25. Ist ein solcher Verwaltungsakt rechtswidrig erlassen worden und ändert sich die Sach- oder Rechtslage zu Gunsten des Adressaten und zu Lasten des Dritten, so ändert dies nichts an der Rechtswidrigkeit des Verwaltungsakts. Infolge einer solchen Änderung entfällt für die Anfechtungsklage des Dritten jedoch das Rechtsschutzbedürfnis, da er die Aufhebung eines Verwaltungsakts begehrt, dessen nunmehr rechtmäßigen Erlaß der Begünstigte sogleich wieder von der Verwaltung verlangen könnte.

Literaturverzeichnis

Achterberg, Norbert, Der Begriff "Rechtsprechung im materiellen Sinne", in: Festschrift für Christian-Friedrich Menger zum 70. Geburtstag, hrsg. von Hans-Uwe Erichsen / Werner Hoppe / Albert v. Mutius, Köln 1985, S. 125 ff.

Alexy, Robert, Grundrechte als subjektive Rechte und als objektive Normen, Der Staat 29 (1990), S. 49 ff.

— Theorie der Grundrechte, Baden-Baden, 1985.

Allesch, Die Anwendbarkeit der Verwaltungsverfahrensgesetze auf das Widerspruchsverfahren nach der VwGO, Schriften zum Öffentlichen Recht Band 465, Berlin, 1984.

Amelung, Martin / *Brüssow*, Rainer / *Keck*, Ludwig-Wilhelm / *Kemper*, Kurt / *Mehle*, Volkmar, Rehabilitierung und Kassation, Beseitigung von Justizunrecht in der DDR - Gesetzliche Bestimmungen und Erläuterungen, München 1991.

Arndt, Hans-Wolfgang, Wirtschaftsverwaltungsrecht, in: Udo Steiner (Hrsg.), Besonderes Verwaltungsrecht, 4. Auflage, Heidelberg 1992, S. 735 ff.

Arndt, Wolfgang, Steuergeheimnis, steuerliche Unzuverlässigkeit und gewerberechtliches Untersagungsverfahren, GewArch. 1988, S. 281 ff.

Auby, Jean-Marie / *Drago*, Roland, Traité de Contentieux administratif, Band II, 2. Auflage, Paris 1975.

Bachof, Otto, Anmerkung zu BVerwG, Urteil vom 5.8.1965 - IC 69.62 -, JZ 1966, S. 138, JZ 1966, S. 140 ff.

— Der maßgebende Zeitpunkt für die gerichtliche Beurteilung von Verwaltungsakten, JZ 1954, S. 416 ff.

— Die verwaltungsgerichtliche Klage auf Vornahme einer Amtshandlung, 2. Auflage, Tübingen 1968.

— Reflexwirkungen und subjektive Rechte im öffentlichen Recht, in: Forschungen und Berichte aus dem öffentlichen Recht, Gedächtnisschrift für Walter Jellinek, hrsg. von Otto Bachof / Martin Drath / Otto Gönnenwein, Ernst Walz, München 1955, S. 287 ff.

— Zur maßgeblichen Rechts- und Sachlage bei Anfechtungs- und Vornahmeklagen, JZ 1958, S. 301 ff.

Badura, Peter, Gestaltungsfreiheit und Beurteilungsspielraum der Verwaltung, bestehend aufgrund und nach Maßgabe des Gesetzes, in: Festschrift für Otto Bachof, hrsg. von Günter Püttner in Verbindung mit Detlef Göldner / Günter Kisker / Jost Pietzcker / Hans-Heinrich Rupp / Dieter Scheuing, München 1984, S. 169 ff.

Bähr, Peter, Die maßgebliche Rechts- und Sachlage für die gerichtliche Beurteilung von Verwaltungsakten, Köln 1967.

Barbey, Günther, Bemerkungen zum Streitgegenstand im Verwaltungsprozeß, in: Festschrift für Christian-Friedrich Menger, zum 70. Geburtstag, hrsg. von Hans-Uwe Erichsen / Werner Hoppe / Albert v. Mutius, Köln 1985, S. 177 ff.

— Verfahrensfragen der Gewerbeuntersagung, WiVerw. 1982, S. 82 ff.

Battis, Ulrich, Allgemeines Verwaltungsrecht, Heidelberg 1985.

Bauer, Hartmut, Die Schutznormtheorie im Wandel, in: Gegenwartsfragen des Öffentlichen Rechts, hrsg. von Dirk Heckmann / Klaus Meßerschmitt, Schriften zum Öffentlichen Recht Band 552, Berlin 1988, S. 113 ff.

Baumbach, Adolf / *Lauterbach*, Wolfgang / *Albers*, Jan / *Hartmann*, Peter, Zivilprozeßordnung, 52. Auflage, München 1994.

Baur, Fritz, Der Beseitigungsanspruch aus § 1004 BGB - Zugleich ein Beitrag zum Problem der Rechtswidrigkeit auf dem Gebiet des Rechtsgüterschutzes -, AcP 160 (1961), S. 465 ff.

Bender, Bernd, Gefahrenabwehr und Risikovorsorge als Gegenstand nukleartechnischen Sicherheitsrechts, NJW 1979, S. 1425 ff.

Berger, Ulrich, Grundfragen umweltrechtlicher Nachbarklagen. Zum verwaltungsgerichtlichen Drittschutz im Bauplanungsrecht, Immissionsschutzrecht und Kernenergierecht, Köln 1982.

Bettermann, Karl-August, Sofortiger Vollzug und Erfolgsaussichten der Anfechtung, DVBl. 1976, S. 64 ff.

— Über die Rechtswidrigkeit von Staatsakten, in: Recht als Prozeß und Gefüge, Festschrift für Hans Huber zum 80. Geburtstag, Bern 1981, S. 25 ff.

— Wesen und Streitgegenstand der verwaltungsgerichtlichen Anfechtungsklage, DVBl. 1953, S. 163 ff.

Bosch, Edgar / *Schmidt*, Jörg, Praktische Einführung in das verwaltungsgerichtliche Verfahren, 4. Auflage, Stuttgart 1988.

Breuer, Rüdiger, Baurechtlicher Nachbarschutz, DVBl. 1983, S. 431 ff.

— Der maßgebende Zeitpunkt für die gerichtliche Kontrolle atom- und immissionsschutzrechtlicher Genehmigungen, DVBl. 1981, S. 300 ff.

Brodale, Martin, Die Rücknahme von Verwaltungsakten im Industriezulassungsverfahren im weitesten Sinne, München 1993.

Buhren, Gert-Dieter, Die Änderung der Sach- oder Rechtslage bei Klagen gegen Verwaltungsakten mit drittbelastender Wirkung, DVBl. 1976, S. 68 ff.

Burgi, Martin, Die Erledigung des Rechtsstreits als Problem der verwaltungsprozessualen Dogmatik, DVBl. 1991, S. 193 ff.

Classen, Claus Dieter, Zur Änderung der Sach- und Rechtslage nach Erlaß eines Verwaltungsakts, DÖV 1989, 156 ff.

Constantinesco, Vlad / *Hübner*, Ulrich, Einführung in das französische Recht, 2. Auflage, München 1988.

Czermak, Fritz, Beurteilung der verwaltungsgerichtlichen Anfechtungsklage nach der gegenwärtigen Sach- und Rechtslage, NJW 1964, S. 1662 ff.

— Der gerichtliche Beurteilungszeitpunkt bei der Anfechtung von Verwaltungsakten, BayVBl. 1978, S. 661 ff.

— Der maßgebliche Zeitpunkt bei der gerichtlichen Entscheidung über angefochtene Verwaltungsakte, insbesondere im Fahrerlaubnisrecht, NVwZ 1987, S. 116 f.

Degenhart, Christoph, Vollendete Tatsachen und faktische Rechtslagen im Verwaltungsrecht, AöR Band 103 (1978), S. 163 ff.

Deutsches Rechts-Lexikon, Herausgeber: Horst Tilch, 2. Auflage, München 1992.

Dickersbach, Alfred, Die Gewerbeuntersagung wegen Unzuverlässigkeit, WiVerw. 1982, S. 65 ff.

— Die Rücknahme und der Widerruf von Zuwendungsbescheiden, GewArch. 1993, 177 ff.

Diefenbach, Wilhelm, Die Rechtsprechung des Bundesverwaltungsgerichts zur Gewerbeordnung, GewArch. 1991, S. 281 ff.

Dietlein, Johannes, Die Lehre von den grundrechtlichen Schutzpflichten, Münsterische Beiträge zur Rechtswissenschaft Band 58, Berlin 1992.

Dommach, Hermann A., Die Neuregelung der Rückforderung von Zuwendungen des Bundes, DÖV 1981, S. 122 ff.

Dörr, Dieter, Der "numerus clausus" und die Kapazitätskontrolle durch die Verwaltungsgerichte, Jus 1988, S. 96 ff.

Drews, Bill / *Wacke*, Gerhard / *Vogel*, Klaus / *Martens*, Wolfgang, Gefahrenabwehr. Allgemeines Polizeirecht des Bundes und der Länder, 9. Auflage, Köln 1986.

Driehaus, Hans-Joachim, Erschließungs- und Ausbaubeiträge nach Inkrafttreten des BauGB, 3. Auflage, München 1991.

Enders, Christoph, Neubegründung des öffentlich-rechtlichen Nachbarschutzes aus der grundrechtlichen Schutzpflicht ? Konsequenzen aus dem Gentechnikbeschluß des VGH Kassel vom 6.11.1989, AöR 115 (1990), S. 610 ff.

Engisch, Karl, Einführung in das juristische Denken, 8. Auflage, Stuttgart 1983.

Erichsen, Hans-Uwe, Vorläufiger Rechtsschutz nach § 80 Abs. 5 VwGO, Jura 1984, S. 378 ff.

— / *Klenke*, Reiner, Rechtsfragen der "aufschiebenden Wirkung" des § 80 VwGO, DÖV 1976, S. 833 ff.

— / *Knoke*, Ulrich, Bestandskraft von Verwaltungsakten, NVwZ 1983, S. 185 ff.

— / *Martens*, Wolfgang (Hrsg.), Allgemeines Verwaltungsrecht, 9. Auflage, Berlin 1992.

Esser, Josef, Vorverständnis und Methodenwahl in der Rechtsfindung. Rationalitätsgrundlagen richterlicher Entscheidungsfindung, Frankfurt a.M. 1972.

Eyermann, Erich / *Fröhler*, Ludwig, unter Mitarbeit von Max *Hofmann*, Verwaltungsgerichtsgesetz Kommentar, 2. Auflage, München 1954.

— / *Fröhler*, Ludwig / *Kormann*, Joachim, Verwaltungsgerichtsordnung Kommentar, 9. Auflage, München 1988.

Feldhaus, Gerhard, Anwendbarkeit des Bundesimmissionsschutzgesetzes in laufenden Genehmigungsverfahren - Entspricht eine Rauchgasentschwefelungsanlage dem Stand der Technik?, Anmerkung zum Beschluß des VGH Baden-Württemberg vom 20.5.1974, DÖV 1974, S. 706, DÖV 1974, S. 699 ff.

— / *Vallendar*, Willi, unter Mitarbeit von Herbert *Ludwig* und Horst D. *Hansel*, Bundesimmissionsschutzgesetz Kommentar, Wiesbaden, Stand: September 1993.

Finkelnburg, Klaus / *Jank*, Klaus Peter, Vorläufiger Rechtsschutz im Verwaltungsstreitverfahren, 3. Auflage, München 1986.

— / *Ortloff*, Karsten-Michael, Öffentliches Baurecht Band 2, 2. Auflage, München 1990.

Fischer, Hans Albrecht, Die Rechtswidrigkeit, Frankfurt a.M. 1966; Neudruck der Abhandlungen zum Privatrecht und Zivilprozeß des Deutschen Reiches, in zwanglosen Heften, hrsg. von Otto Fischer, 21. Band, 2. Heft, München 1911.

Fleiner-Gerster, Thomas, Rechtsverhältnisse in der Leistungsverwaltung, VVDStRL Heft 45 (1987), S. 152 ff.

Förster, Hans / *Grundei*, Albrecht H. / *Steinhoff*, Dietrich / *Dageförde*, Hans-Jürgen / *Wilke*, Dieter, Bauordnung für Berlin 1985 Kommentar, 4. Auflage, Braunschweig 1986.

Forsthoff, Ernst, Lehrbuch des Verwaltungsrechts Allgemeiner Teil, 10. Auflage, München 1973.

Frank, Götz / *Langrehr*, Heinrich Wilhelm, Verwaltungsprozeßrecht, Heidelberg 1987.

Friauf, Karl Heinrich (Hrsg.) Kommentar zur Gewerbeordnung Band 2 (§§ 29-104), Neuwied, Stand : April 1993.

Fröhler, Ludwig / *Kormann*, Joachim, Gewerbeordnung, Heidelberg 1978.

Frohn, Hansgeorg, Die Korrektur von Verwaltungsakten wegen nachträglicher Verhältnisänderung, Jura 1993, S. 393 ff.

Fromont, Michel, La protection juridictionelle du particulier contre le pouvoir exécutif en France, in: Gerichtsschutz gegen die Exekutive, hrsg. von Hermann Mosler, Max-Planck-Institut für ausländisches öffentliches Recht und Völkerrecht, Band 1, Köln, 1969, S. 221 ff.

Frotscher, Werner, Grundfälle zum Wirtschaftsverfassungs- und Wirtschaftsverwaltungsrecht, Jus 1983, S. 114 ff.

Fürst, Walther / *Strecker*, Arved, Beamtenrecht, Heidelberg 1987.

Gern, Alfons, Erledigung der Hauptsache im Kommunalabgabenprozeß, ZKF 1987, S. 58 ff.

Girardi, Johann, Die anspruchsbegründende Leidensverschlimmerung im Rentenprozeß - Maßgebender Zeitpunkt für die Beurteilung der Sach- und Rechtslage, SGb 1986, S. 448 ff.

Gliss, Jürgen, Die Entwicklung der deutschen Verwaltungsgerichtsbarkeit bis zur Bundesverwaltungsgerichtsordnung - unter besonderer Berücksichtigung der Grundpositionen von Bähr und Gneist, Diss., Frankfurt a.M. 1962.

Götz, Volkmar, Allgemeines Polizei- und Ordnungsrecht, 11. Auflage, Göttingen 1993.

— Bundesverfassungsgericht und Vertrauensschutz, in: Bundesverfassungsgericht und Grundgesetz, Festgabe aus Anlaß des 25jährigen Bestehens des Bundesverfassungsgerichts, hrsg. von Christian Starck, Band 2, Tübingen 1976, S. 421 ff.

Grabitz, Eberhard, Der Grundsatz der Verhältnismäßigkeit in der Rechtsprechung des Bundesverfassungsgerichts, AöR Band 98 (1973), S. 568 ff.

Grunsky, Wolfgang, Grundlagen des Verfahrensrechts, 2. Auflage, Bielefeld 1974.

Grziwotz, Herbert, Baufreiheit und Schutzanspruch des Dritten angesichts einer Änderung der Sach- und Rechtslage, AöR Band 113 (1988), S. 213 ff.

Günther, Hellmuth, Kostenentscheidung nach beiderseitiger Erledigungserklärung, DVBl. 1988, S. 612 ff.

— Maßgebender Zeitpunkt für die Beurteilung der Rechtmäßigkeit von Versetzung und Abordnung?, DÖD 1993, S. 9 ff.

Gusy, Christoph, Verbot mit Erlaubnisvorbehalt - Verbot mit Dispensvorbehalt, JA 1981, S. 80 ff.

Haedrich, Heinz, Atomgesetz, Baden-Baden 1986.

Hänlein, Andreas, Wohngeld für den Erben?, Zur Rückforderung nach dem Tode weitergezahlter Sozialleistungen, BVerwGE 84, 274, JuS 1992, S. 559 ff.

Hauck, Karl / *Heines*, Hartmut, Sozialgesetzbuch, SGB X/1, 2 Verwaltungsverfahren und Schutz der Sozialdaten, Kommentar von Karl *Hauck* / Dieter *Freischmidt* / Georg *Recht* / Wolf-Dietrich *Walloth* unter Mitarbeit von Jürgen *Nehls*, Berlin, Stand: 1. Juli 1992.

Haueisen, Fritz, Betrachtungen über die Rücknahme fehlerhafter Verwaltungsakte, DVBl. 1959, S. 228 ff.

— Vom rechtmäßigen zum rechtswidrigen Verwaltungsakt - Unter besonderer Berücksichtigung sozialrechtlicher Tatbestände, NJW 1956, S. 201 ff.

Heise, Detlef, Nachbarklage (Nachbarwiderspruch) und rechtsverschärfende Änderung der Rechtslage, DÖV 1973, S. 777 ff.

— Verpflichtungsklage und rechtsverschärfende Änderung der Rechtslage im Baurecht, DÖV 1972, S. 271 ff.

Held, Jürgen, Der Grundrechtsbezug des Verwaltungsverfahrens, Schriften zum Öffentlichen Recht Band 462, Berlin 1984.

Henke, Wilhelm, Das subjektive öffentliche Recht im System des öffentlichen Rechts, DÖV 1980, S. 621 ff.

— Das subjektive öffentliche Recht, Tübingen 1968.

— Systeme und Institute des öffentlichen Rechts der Wirtschaft, DVBl. 1983, 982 ff.

Hermes, Georg, Das Grundrecht auf Schutz von Leben und Gesundheit. Schutzpflicht und Schutzanspruch aus Art. 2 Abs. 2 S. 1 GG, Heidelberg 1987.

Herschel, Wilhelm / *Löwisch*, Manfred, Kündigungsschutzgesetz, 6. Auflage, Heidelberg 1984.

Hesse, Konrad, Grundzüge des Verfassungsrechts der Bundesrepublik Deutschland, 19. Auflage, Heidelberg 1993.

Hill, Hermann, Das fehlerhafte Verfahren und seine Folgen im Verwaltungsrecht, Heidelberg 1986.

Hoffmann-Riem, Wolfgang, Selbstbindung der Verwaltung, VVDStRL Heft 40 (1982), S. 187 ff.

Horn, Thomas J., Die Wiederaufnahme des Gewerbebetriebes nach Untersagung, GewArch. 1983, S. 369 ff.

Huber, Bertold, Zur Verfassungsmäßigkeit der Beschränkungen des Ehegatten- und Familiennachzugs im Ausländerrecht, NJW 1988, S. 609 ff.

Hueck, Alfred / *Hueck*, Götz / *Hoyningen-Huene*, Gerrick v., Kündigungsschutzgesetz, 11. Auflage, München 1992.

Hufen, Friedhelm, Fehler im Verwaltungsverfahren, 2. Auflage, Baden Baden 1991.

Husen, Justus van, "Entfesselung der Dritten Gewalt", AöR Band 78 (1952-53), S. 49 ff.

Ipsen, Jörn, Bestandskraft und Bindungswirkung von Verwaltungsakten, Die Verwaltung Band 17 (1984), S. 169 ff.

Isensee, Josef, Das Grundrecht als Abwehrrecht und als staatliche Schutzpflicht, in: Handbuch des Staatsrechts Band 5, hrsg. von Paul Kirchhof und Josef Isensee, Heidelberg 1992, § 111.

— Das Grundrecht auf Sicherheit. Zu den Schutzpflichten des freiheitlichen Verfassungsstaats, Schriftenreihe der Juristischen Gesellschaft zu Berlin Heft 79, Berlin 1983.

Jahn, Kurt (Begründer), Sozialgesetzbuch für die Praxis, SGB-X, Freiburg, Stand: 1992.

Jarass, Hans D., Bundesimmissionsschutzgesetz, 2. Auflage, München 1993.

— Der Rechtsschutz bei Genehmigung von Anlagen, NJW 1983, S. 2844 ff.

Jauernig, Othmar, Zivilprozeßrecht, 24. Auflage, München 1993.

Jellinek, Georg, System der subjektiven öffentlichen Rechte, Darmstadt 1963; Nachdruck der 2. Auflage, Tübingen 1905.

Kemper, Gerd Heinrich, Die Rechtsprechung des Bundesverwaltungsgerichts zum Aufenthalts- und Einbürgerungsrecht 1988/1989, NVwZ 1990, S. 1122 ff.

Kienzle, Werner, Die Gewerbeuntersagung nach der Neufassung des § 35 Gewerbeordnung, GewArch. 1975, S. 253 ff.

Kirchhof, Paul, Unterschiedliche Rechtswidrigkeiten in einer einheitlichen Rechtsordnung, Juristische Studiengesellschaft Karlsruhe, Schriftenreihe Band 137, Heidelberg 1978.

Klein, Eckart, Grundrechtliche Schutzpflicht des Staates, NJW 1989, S. 1633 ff.

Klein, Karl-Heinz, Zum maßgebenden Zeitpunkt für die Sach- und Rechtslage im Verwaltungsprozeß, NVwZ 1990, S. 633 ff.

Kleinlein, Kornelius, Der maßgebliche Zeitpunkt für die Beurteilung der Rechtmäßigkeit von Verwaltungsakten, VerwArch. Band 81 (1990), S. 149 ff.

Klinger, Hans, Verwaltungsgerichtsbarkeit in der britischen Zone, 3. Auflage, Göttingen 1954.

Kloepfer, Michael, Rechtsschutz im Umweltrecht, VerwArch. Band 76 (1985), S. 371 ff.

— Technikverbot durch gesetzgeberisches Unterlassen ? - Zur Entscheidung des VGH Kassel vom 6. November 1989, in: Festschrift für Peter Lerche zum 65. Geburtstag, hrsg. von Peter Badura / Rupert Scholz, München 1993, S. 755 ff.

— Umweltrecht, München 1989.

Klostermann, Michael, Die Aufhebung eines Verwaltungsakts mit Doppelwirkung im Verwaltungsverfahren, Frankfurt a.M. 1992.

Kluth, Winfried, Rechtsfragen der verwaltungsrechtlichen Willenserklärung. Auslegung, Bindung, Widerruf, Anfechtung, NVwZ 1990, S. 608 ff.

Knack, Hans-Joachim, Verwaltungsverfahrensgesetz Kommentar, 4. Auflage, Köln 1994.

Knoke, Ulrich, Rechtsfragen der Rücknahme von Verwaltungsakten, Zur Dogmatik und Kritik der Rücknahmebestimmungen der Verwaltungsverfahrensgesetze, Münsterische Beiträge zur Rechtswissenschaft Band 36, Berlin 1989.

Knorr, Gunter, Nochmals: Einstweiliges Anordnungsverfahren in Sozialhilfesachen, DÖV 1981, S. 792 ff.

Kopp, Ferdinand, Der für die Beurteilung der Sach- und Rechtslage maßgebliche Zeitpunkt bei verwaltungsgerichtlichen Anfechtungs- und Verpflichtungsklagen, in: Festschrift für Christian-Friedrich Menger zum 70. Geburtstag, hrsg. von Hans-Uwe Erichsen / Werner Hoppe / Albert v. Mutius, Köln 1985, S. 693 ff.

— Nochmals: Widerruf oder Rücknahme rechtswidrig gewordener Verwaltungsakte, BayVBl. 1990, S. 524 ff.

— Verfassungsrecht und Verwaltungsverfahrensrecht, Münchener Universitätsschriften, Reihe der Juristischen Fakultät Band 15, München 1971.

— Verwaltungsgerichtsordnung, 9. Auflage, München 1992.

— Verwaltungsverfahrensgesetz, 5. Auflage, München 1991.

— Widerruf oder Rücknahme nachträglich rechtswidrig gewordener Verwaltungsakte?, BayVBl. 1989, S. 652 ff.

Köstering, Heinz / *Günther*, Albert, Das Widerspruchsverfahren, 2. Auflage, Siegburg 1983.

Kraft, Ingo, Folgenbeseitigung im dreipoligen Rechtsverhältnis, BayVBl. 1992, S. 456 ff.

Krause, Peter, Rechtsverhältnisse in der Leistungsverwaltung, VVDStRL Heft 45 (1987), S. 212 ff.

Krebs, Walter, Kompensation von Verwaltungsverfahrensfehlern durch gerichtlichen Rechtsschutz ? - Zur Problematik des § 46 der Verwaltungsverfahrensgesetze des Bundes und der Länder, DVBl. 1984, S. 109 ff.

— Subjektiver Rechtsschutz und objektive Rechtskontrolle, in: Festschrift für Christian-Friedrich Menger zum 70. Geburtstag, hrsg. von Hans-Uwe Erichsen / Werner Hoppe / Albert v. Mutius, Köln 1985, S. 191 ff.

Kremmer, Horst, Nochmals : Widerruf oder Rücknahme rechtswidrig gewordener Verwaltungsakte?, BayVBl. 1990, S. 525.

Kunig, Philip, "Dritte" und Nachbarn im Immissionsschutzrecht, in: Gedächtnisschrift für Wolfgang Martens, hrsg. von Peter Selmer / Ingo v. Münch, Berlin 1987, S. 599 ff.

— Das Rechtsstaatsprinzip, Tübingen 1986.

— Das Verhältnis des Beamtenrechts zum Verwaltungsverfahrensrecht am Beispiel der Rechtslage im Bund, ZBR 1986, S. 253 ff.

Landmann, Robert v. / *Rohmer*, Gustav, Kommentar zur Gewerbeordnung, 14. Auflage, München, Stand: Januar 1993.

— / *Rohmer*, Gustav, Umweltrecht Band 1, Bundesimmissionsschutzgesetz mit Durchführungsbestimmungen, Kommentar, hrsg. von Klaus Hansmann, München, Stand: März 1993.

Lange, Klaus, Probleme des Vertrauensschutzes im Verwaltungsrecht, WiVerw. 1979, S. 15 ff.

— Vertrauensschutz nach dem Verwaltungsverfahrensgesetz, Jura 1980, S. 456 ff.

Larenz, Karl, Methodenlehre der Rechtswissenschaft, 6. Auflage, Berlin 1991.

Lecheler, Helmut, Zur Reform der atomrechtlichen Anlagenbau- und -betriebsgenehmigung, ZRP 1977, S. 241 ff.

Leibholz, Gerhard / *Rinck*, Hans-Justus / *Hesselberger*, Dieter, Grundgesetz für die Bundesrepublik Deutschland, Kommentar anhand der Rechtsprechung des Bundesverfassungsgerichts, Band 2, 7. Auflage, Köln, Stand: April 1993.

Leisner, Walter, Das Gesetzesvertrauen des Bürgers. Zur Theorie der Rechtsstaatlichkeit und der Rückwirkung der Gesetze, in: Festschrift für Friedrich Berber, hrsg. von Dieter Blumenwitz / Albrecht Randelzhofer, München, 1973, S. 273 ff.

Lerche, Peter, Anmerkung zu BVerwG, Urteil vom 6.4.1955 - V C 76/54 -, DVBl. 1955, S. 773, S. 776 ff.

Loppuch, Der Einfluß neuer Tatsachen auf das Urteil im Anfechtungsprozeß, DVBl. 1951, S. 243 ff.

Lorenz, Dieter, Die verfassungsrechtlichen Vorgaben des Art. 19 Abs. 4 GG für das Verwaltungsprozeßrecht, in: Festschrift für Christian-Friedrich Menger zum 70. Geburtstag, hrsg. von Hans-Uwe Erichsen / Werner Hoppe / Albert v. Mutius, Köln 1985, S. 143 ff.

Lübbe-Wolff, Gertrude, Die Grundrechte als Eingriffsabwehrrechte, Struktur und Reichweite der Eingriffsdogmatik im Bereich der Leistungsverwaltung, Baden-Baden 1988.

Mampel, Dietmar, Neubestimmung des Inhalts der Baunachbarrechte, NuR 1993, S. 376 ff.

Manssen, Gerrit, Der Begriff Verwaltungsakt mit Dauerwirkung im SGB X, ZfSH / SGB 1991, S. 225 ff.

Marburger, Peter, Ausbau des Individualschutzes gegen Umweltbelastungen als Aufgabe des bürgerlichen und des öffentlichen Rechts, Verhandlungen des 56. Deutschen Juristentages Band 1, Gutachen C, München 1986.

Marcks, Peter, Die neueste Rechtsprechung des Bundesverwaltungsgerichts zu § 35 GewO, GewArch. 1982, S. 316 ff.

Martens, Joachim, Die Rechtsprechung zum Verwaltungsverfahrensrecht, NVwZ 1989, S. 828 ff.

— Die zeitliche Fixierung des materiellen Anspruchs im Verwaltungsprozeß, DVBl. 1970, S. 260 ff.

— Streitgegenstand und Urteilsgegenstand der Anfechtungsklage, DÖV 1964, S. 365 ff.

Maunz, Theodor / *Dürig*, Günter / *Herzog*, Roman / *Scholz*, Rupert / *Lerche*, Peter / *Papier*, Hans-Jürgen/ *Randelzhofer*, Albrecht / *Schmidt-Aßmann*, Eberhard, Grundgesetz, München, Stand : Dezember 1992.

Maurer, Hartmut, Allgemeines Verwaltungsrecht, 9. Auflage, München 1994.

— Der Verwaltungsvorbehalt, VVDStRL Heft 43 (1985), S. 135 ff.

— Kontinuitätsgewähr und Vertrauensschutz, in: Handbuch des Staatsrechts Band 3, hrsg. von Paul Kirchhof / Josef Isensee, Heidelberg 1988, § 60.

Meinecke, Manfred, Anmerkung zu BVerwG, Urteil vom 11.2.1993 - 7 C 70/80 -, DVBl. 1983, S. 810, DVBl. 1984, S. 725 f. .

Menger, Christian-Friedrich, Anmerkungen zu OVG Lüneburg, Urteil vom 26.2.1953 - I OVG A 13.53 -, DVBl. 1953, S. 441, DVBl. 1953, S. 445 ff.

— System des verwaltungsgerichtlichen Rechtsschutzes, Tübingen 1954.

Messerschmidt, Lothar, Zur Heilung und Folgenlosigkeit von Verfahrens- und Formfehlern bei Verwaltungsakten gemäß §§ 45 und 46 VwVfG, NVwZ 1985, S. 877 ff.

Meyer, Hans / *Borgs-Maciejewski*, Hermann, Verwaltungsverfahrensgesetz, 2. Auflage, Frankfurt a. M. 1982.

Meyer-Ladewig, Jens, Sozialgerichtsgesetz mit Erläuterungen, 5. Auflage, München 1993.

Meyer-Teschendorf, Klaus G., Grundrecht auf ungehinderten und jederzeitigen Familiennachzug ?; DÖV 1989, S. 105 ff.

Muckel, Stefan, Kriterien des verfassungsrechtlichen Vertrauensschutzes bei Gesetzesänderungen, Schriften zum Öffentlichen Recht Band 576, Berlin 1989.

Müller, Horst Joachim, Der Verfahrensgegenstand von Anfechtungs- und Verpflichtungsklagen und der Zeitpunkt der rechtlichen Beurteilung von Verpflichtungsklagen, NJW 1982, S. 1370 ff.

Münch, Ingo v. (Hrsg.), Grundgesetz-Kommentar Band 3, Art. 70 bis 146, 2. Auflage, München 1983.

— / *Kunig*, Philip (Hrsg.), Grundgesetz-Kommentar Band 1, Präambel bis Art. 20, 4. Auflage, München 1992.

Münchener Kommentar zur Zivilprozeßordnung mit Gerichtsverfassungsgesetz und Nebengesetzen, Band 2, §§ 355-802, hrsg. von Gerhard Lüke / Alfred Walchshöfer, München 1992.

Murswiek, Dietrich, Die staatliche Verantwortung für die Risiken der Technik, Berlin 1985.

— Zur Bedeutung der grundrechtlichen Schutzpflichten für den Umweltschutz, WiVerw. 1986, S. 179 ff.

Mutius, Albert v., Das Widerspruchsverfahren der Verwaltungsgerichtsordnung als Verwaltungsverfahren und Prozeßvoraussetzung, Schriften zum Öffentlichen Recht Band 101, Berlin 1969.

— Gerichtsverfahren und Verwaltungsverfahren, in: Festschrift für Christian-Friedrich Menger zum 70. Geburtstag, hrsg. von Hans-Uwe Erichsen / Werner Hoppe / Albert v. Mutius / Köln 1985, S. 575 ff.

Niese, Werner, Über den Streitgegenstand der Anfechtungs- und Vornahmeklage im Verwaltungsprozeß, JZ 1952, S. 353 ff.

Obermayer, Klaus, Kommentar zum Verwaltungsverfahrensgesetz, hrsg. von Dirk Ehlers und Christoph Link, 2. Auflage, Neuwied 1990.

Oerder, Michael, Das Widerspruchsverfahren der Verwaltungsgerichtsordnung, Einordnung zwischen Verwaltungsverfahren und Verwaltungsprozeßrecht, Schriften zum Öffentlichen Recht Band 575, Berlin 1989.

Öhlinger, Theo, Rechtsverhältnisse in der Leistungsverwaltung, VVDStRL Heft 45 (1987), S. 182 ff.

Olivet, Peter, Erfolgsunrechtslehre und Handlungsunrechtslehre aus der Sicht des öffentlichen Rechts, Schriften zum Öffentlichen Recht Band 555, Berlin 1989.

Ortloff, Karsten-Michael, Inhalt und Bindungswirkung der Baugenehmigung, NJW 1987, S. 1665 ff.

— Zur Bindungswirkung des baurechtlichen Vorbescheids, NVwZ 1983, S. 705 ff.

Ossenbühl, Fritz, Die maßgebliche Sach- und Rechtslage für die gerichtliche Beurteilung von Ermessensentscheidungen, JZ 1970, S. 348 ff.

— Die richterliche Kontrolle von Prognoseentscheidungen der Verwaltung, in: Festschrift für Christian-Friedrich Menger zum 70. Geburtstag, hrsg. von Hans-Uwe Erichsen / Werner Hoppe/ Albert v. Mutius, Köln 1985, S. 731 ff.

— Staatshaftungsrecht, 4. Auflage, München 1991.

Palandt, Bürgerliches Gesetzbuch, bearbeitet von Peter Bassenge / Wolfgang Edenhofer / Andreas Heldrich / Uwe Diederichsen / Helmut Heinrichs / Hans Putzo / Heinz Thomas, 53. Auflage, München 1994.

Papier, Hans-Jürgen, Die Stellung der Verwaltungsgerichtsbarkeit im demokratischen Rechtsstaat, Schriftenreihe der Juristischen Gesellschaft zu Berlin Heft 58, Berlin 1979.

— Gewaltentrennung im Rechtsstaat, in: Gewaltentrennung im Rechtsstaat. Zum 300. Geburtstag von Charles de Montesquieu, hrsg. von Detlef Merten, Schriftenreihe der Hochschule Speyer Band 106, Berlin 1989, S. 95 ff.

Pfister, Wolfgang, Das Rehabilitierungsgesetz, NStZ 1991, S.165 ff.

Piendl, Robert, Eine Studie zur maßgebenden Sach- und Rechtslage beim Rechtsschutz gegen Verwaltungsakte, Frankfurt a.M. 1992.

Pieroth, Bodo, Interpretationsproblem § 48 IV VwVfG, NVwZ 1984, S. 681 ff.

— Rückwirkung und Übergangsrecht, Verfassungsrechtliche Maßstäbe für intertemporale Gesetzgebung, Berlin 1981.

— / *Schlink*, Bernhard, Grundrechte, Staatsrecht II, 9. Auflage, Heidelberg 1993.

Pietzner, Rainer, Zur einseitigen Erledigungserklärung im Verwaltungsprozeß, VerwArch. Band 77 (1986), S. 299 ff.

— Zur reformatio in peius im Widerspruchsverfahren, VerwArch. Bd 81 (1990), S. 261 ff.

— / *Ronellenfitsch*, Michael, Das Assessorexamen im Öffentlichen Recht. Widerspruchsverfahren und Verwaltungsprozeß, 8. Auflage, Düsseldorf 1993.

Preu, Peter, Freiheitsgefährdung durch die Lehre von den grundrechtlichen Schutzpflichten - Überlegungen aus Anlaß des Gentechnikbeschlusses des Hessischen Verwaltungsgerichtshofs, JZ 1990, S. 88, JZ 1991, S. 265 ff.

— Subjektivrechtliche Grundlagen des öffentlich-rechtlichen Drittschutzes, Schriften zum Öffentlichen Recht Band 581, Berlin 1992.

Preusche, Burkhard, Zum Ändern und Ersetzen angefochtener Verwaltungsakte, DVBl. 1992, S. 797 ff.

Ramsauer, Ulrich, Die Rolle der Grundrechte im System der subjektiven öffentlichen Rechte, AöR Band 111 (1986), S. 501 ff.

Randak, Michael, Bindungswirkungen von Verwaltungsakten, JuS 1992, S. 33 ff.

Redeker, Konrad, Anmerkung zu BVerwG, Urteil vom 24.1.1992, 7 C 24/91 -, DVBl. 1992, S. 1224, DVBl. 1992, S. 1225 ff.

— Revisionsurteile im Gewand von Zulassungsbeschlüssen - Zum schleichenden Bedeutungswandel der Entscheidungen des Bundesverwaltungsgerichts über Zulassungsbeschwerden, in: Festschrift für Konrad Gelzer zum 75. Geburtstag, hrsg. von Wolfgang Lenz, Düsseldorf 1991, S. 333 ff.

— Über die Einflußmöglichkeiten des Fachgesetzgebers auf das verwaltungsgerichtliche Verfahren, DÖV 1993, S. 10 ff.

— /*v. Oertzen*, Hans-Joachim, Verwaltungsgerichtsordnung Kommentar, 11. Auflage, Stuttgart 1994.

Reinhart, Rainer, Die "richtige" Klageart in Wehrpflichtsachen, DVBl. 1967, S. 710 ff.

Renck, Ludwig, Bundeskompetenz und verwaltungsgerichtliches Vorverfahren, JuS 1980, S. 28 ff.

Richter, Hanns-Uwe, Die Aufhebung von Verwaltungsakten auf Betreiben der Verwaltung und des Betroffenen, JuS 1990, S. 719 ff.

Robbers, Gerhard, Menschenrecht auf Sicherheit. Aspekte der Geschichte, Begründung und Wirkung einer Grundrechtsfunktion, Baden-Baden 1987.

Rosenberg, Leo / *Schwab*, Karl Heinz / *Gottwald, Peter*, Zivilprozeßrecht, 15. Auflage, München 1993.

Rösslein, Thomas, Der Folgenbeseitigungsanspruch, Schriften zum Öffentlichen Recht Band 71, Berlin 1968.

Roth, Andreas, Verwaltungshandeln mit Drittbetroffenheit und Gesetzesvorbehalt, Schriften zum Öffentlichen Recht Band 598, Berlin 1991.

Rüfner, Wolfgang, Die Entwicklung der Verwaltungsgerichtsbarkeit, in: Deutsche Verwaltungsgeschichte Band 3, Das Deutsche Reich bis zum Ende der Monarchie, hrsg. von Kurt G.A. Jeserich / Klaus Pohl / Georg Christoph v. Unruh, Stuttgart 1984, S. 909 ff.

Rupp, Hans-Heinrich, Anmerkung zu VGH Kassel, Beschluß vom 6.11.1989 - 8 TH 685/89 -, JZ 1990, S. 88 ff., JZ 1990, S. 91 ff.

— Der maßgebende Zeitpunkt für die Rechtfertigung eines Verwaltungsakts. Zugleich eine Studie zum Begriff der Rechtswidrigkeit, in: Rechtsschutz im Sozialrecht, Beiträge zum ersten Jahrzehnt der Rechtsprechung des Bundessozialgerichts, hrsg. von Werner Weber / Carl Hermann Ule / Otto Bachof, Köln 1965, S. 173 ff.

— Grundlagen der heutigen Verwaltungslehre - Verwaltungsnorm und Verwaltungsrechtsverhältnis, Tübingen 1965, 2. Auflage, Tübingen 1991.

Rupp, Jürgen-Johann, Nachschieben von Gründen im verwaltungsgerichtlichen Verfahren, Heidelberg 1987.

Scharpf, Fritz, Die politischen Kosten des Rechtsstaats, Tübingen 1970.

Schenke, Wolf-Rüdiger, Der verfahrensfehlerhafte Verwaltungsakt, DÖV 1986, S. 305 ff.

— Die Bedeutung einer nach Abschluß des Verwaltungsverfahrens eintretenden Veränderung der Rechts- oder Sachlage für die Anfechtung eines Verwaltungsakts, NVwZ 1986, S. 522 ff.

— Die verwaltungsbehördliche Aufhebung nachträglich rechtwidrig gewordener Verwaltungsakte, DVBl. 1989, S. 433 ff.

— Verwaltung und Verwaltungsgerichtsbarkeit - Gedanken zu einem der Grundthemen des Wirtschaftsverwaltungsrechts, WiVerw. 1988, S. 145 ff.

— Verwaltungsprozeßrecht, Heidelberg 1993.

— Widerruf oder Rücknahme rechtswidrig gewordener Verwaltungsakte?, Erwiderung auf Kopp, BayVBl.1989, S. 652 ff., BayVBl.1990, S. 107 ff.

— / *Baumeister*, Peter, Der rechtswidrig gewordene Verwaltungsakt - BVerwGE 84, 111, JuS 1991, S. 547 ff.

Scherzberg, Arno, "Objektiver" Grundrechtsschutz und subjektives Abwehrrecht, DVBl. 1989, S. 1128 ff.

— Grundlagen und Typologie des subjektiv- öffentlichen Rechts, DVBl. 1988, S. 129 ff.

— Nachschieben einer kommunalen Abgabensatzung im Anfechtungsprozeß, BayVBl. 1992, S. 426 ff.

Scheuing, Dieter H., Selbstbindung der Verwaltung, VVDStRL Heft 40 (1982), S. 153 ff.

Schmalz, Dieter, Verwaltungsrecht und Verwaltungsrechtsschutz, Baden-Baden 1992.

Schmidt-Aßmann, Eberhard, Anwendungsprobleme des Art. 2 Abs. 2 GG im Immissionsschutzrecht, AöR Band 106 (1981), S. 205 ff.

— Der Rechtsstaat, in: Handbuch des Staatsrechts Band 1, hrsg. von Paul Kirchhof / Josef Isensee, Heidelberg 1987, § 24.

— Funktionen der Verwaltungsgerichtsbarkeit, in: Festschrift für Christian-Friedrich Menger zum 70. Geburtstag, hrsg. von Hans-Uwe Erichsen / Werner Hoppe / Albert v. Mutius, Köln 1985, S. 107 ff.

— Verwaltungsverantwortung und Verwaltungsgerichtsbarkeit, VVDStRL Heft 34 (1976), S. 221 ff.

Schmidt-Preuß, Matthias, Kollidierende Privatinteressen im Verwaltungsrecht, Das subjektive öffentliche Recht im multipolaren Verwaltungsrechtsverhältnis, Schriften zum Öffentlichen Recht Band 627, Berlin 1992.

Schmitt Glaeser, Walter, Verwaltungsprozeßrecht, 12. Auflage, Stuttgart 1993.

Schnapp, Friedrich E., Der Verwaltungsvorbehalt, VVDStRL Heft 43 (1985), S. 172 ff.

Schoch, Friedrich, Folgenbeseitigung und Wiedergutmachung im öffentlichen Recht, VerwArch. Band 79 (1988), S. 1 ff.

— Vorläufiger Rechtsschutz und Risikoverteilung im Verwaltungsrecht, Heidelberg 1988.

Scholz, Rupert, Verwaltungsverantwortung und Verwaltungsgerichtsbarkeit, VVDStRL Heft 34 (1976), S. 145 ff.

Schröder-Printzen, Günther (Hrsg.), SGB-X Sozialgesetzbuch Verwaltungsverfahren, 2. Auflage, München 1990.

Schuegraf, Elmar, Anmerkung zu BVerwG, Urteil vom 19.9.1969 - IV C 18/67 -, NJW 1970, S. 263, NJW 1970, S. 581 f.

Schultz, Karlheinz, Anmerkung zu OVG Münster, Beschluß vom 6.5.1980 - 8 B 1376/79 -, DÖV 1981, S. 302, DÖV 1981, S. 302 ff.

Schultzenstein, Zur Urteilsunterlage im Verwaltungsstreitverfahren nach dem Landesverwaltungsgesetz, VerwArch. Band 21 (1913), S. 1 ff.

Schwabe, Jürgen, Das Verbot mit Erlaubnisvorbehalt, JuS 1973, S. 133 ff.

— Grundrechtlich begründete Pflichten des Staates zum Schutz gegen staatliche Bau- und Anlagegenehmigungen, NVwZ 1983, S. 523 ff.

— Mißdeutungen um das "Elfes-Urteil" des Bundesverfassungsgerichts und ihre Folgen - Zugleich eine Anmerkung zum subjektiven-öffentlichen Recht, DÖV 1973, S. 623 ff.

— Probleme der Grundrechtsdogmatik, Gießen 1977.

— Verwaltungsprozeßrecht, 3. Auflage, Düsseldorf 1991.

Schwarze, Jürgen, Europäisches Verwaltungsrecht. Entstehung und Entwicklung im Rahmen der Europäischen Gemeinschaft, Band 1, Baden-Baden 1988.

Schweiger, Karl, Anmerkung zu BVerwG, Urteil vom 5.8.1965 - I C 69.62 -, DVBl. 1966, S. 314, DVBl. 1966, S. 317 ff.

— Die für die Entscheidung über die verwaltungsgerichtliche Anfechtungsklage maßgebende Sach- und Rechtslage, DVBl. 1964, S. 205 ff.

Schwerdtfeger, Gunther, Grundrechtlicher Drittschutz im Baurecht, NVwZ 1982, S. 5 ff.

Seibert, Max-Jürgen, Die Bindungswirkung von Verwaltungsakten, Baden-Baden 1989.

Sellner, Dieter, Immissionsschutzrecht und Industrieanlagen, 2. Auflage, München 1988.

Sendler, Horst, Gesetzes- und Richtervorbehalt im Gentechnikrecht, NVwZ 1990, S. 231 ff.

— Rechtswidrige Antragsablehnung und verschlechternde Rechtsänderung, in: Verwaltung im Dienste von Wirtschaft und Gesellschaft, Festschrift für Ludwig Fröhler zum 60. Geburtstag, hrsg. von Peter Oberndorfer / Herbert Schaumbeck, Berlin 1980, S. 209 ff.

Simon, Alfons, Bayerische Bauordnung Kommentar, Band 1, 11. Auflage, München, Stand: August 1993.

Smid, Stefan, Rechtsprechung - Zur Unterscheidung von Rechtsfürsorge und Prozeß -, Köln 1990.

Sozialgesetzbuch Sozialversicherung, Kommentar zum gesamten Recht der Sozialversicherung einschließlich zwischenstaatlicher Abkommen und internationaler Übereinkommen, Band 4 : Sozialgesetzbuch X. Band, Verwaltungverfahren, Wahlordnung, Band 8 : Sozialgerichtsgesetz 1. Teil, Wiesbaden, Stand: April 1991.

Stelkens, Paul / *Bonk*, Joachim / *Sachs*, Michael, Verwaltungsverfahrensgesetz Kommentar, 4. Auflage, München 1993.

Stern, Klaus, Das Staatsrecht der Bundesrepublik Deutschland, Band II: Staatsorgane, Staatsfunktionen, Haushaltsverfassung, Notstandsverfassung, München, 1980; Band III/1: Allgemeine Lehren der Grundrechte, München 1988.

— Verwaltungsprozessuale Probleme, 6. Auflage, München 1987.

Stump, Ulrich, Preußische Verwaltungsgerichtsbarkeit 1875-1914; Verfassung - Verfahren - Zuständigkeit, Berlin 1980.

Theis, Horst Eberhard, Das Widerspruchsverfahren nach der Verwaltungsgerichtsordnung, Lüneburg/Lahn 1967.

Thoenes, Günter, Anmerkung zu BVerwG, Urteil vom 11.2.1983 - 7 C 70/80 -, DVBl. 1983, S. 810, DVBl. 1993, S. 812 ff.

Thoma, Richard, Über die Grundrechte im Grundgesetz für die Bundesrepublik Deutschland, in: Recht-Staat-Wirtschaft Band 3, hrsg. von Hermann Wandersleb / Erich Traumann, Düsseldorf 1951.

Thomas, Heinz / *Putzo*, Hans, Zivilprozeßordnung, 18. Auflage, München 1993.

Traszkalik, Christoph, Das Widerspruchsverfahren der Verwaltungsgerichtsordnung im Lichte der allgemeinen Prozeßrechtslehre, Königstein/Taunus 1971.

Ule, Carl Hermann, Das Verhältnis zwischen den weiterlaufenden Verwaltungsaufgaben und dem Prozeß, in: Rechtsschutz im Sozialrecht, Beiträge zum ersten Jahrzehnt der Rechtsprechung des Bundessozialgesetz, hrsg. von Werner Weber / Carl Hermann Ule / Otto Bachof, Köln 1965, S. 247 ff.

— Verwaltungsprozeßrecht, 9. Auflage, München 1987.

— / *Laubinger*, Hans-Werner/ *Fluck*, Jürgen/ *Storost*, Ulrich, Bundesimmissionsschutzgesetz, Neuwied, Stand: September 1993.

— / *Sellmann*, Klaus-Albrecht, Der maßgebliche Zeitpunkt für die Sach- und Rechtslage bei Anfechtungsklagen, BVerwGE 22, 16, JuS 1967, S. 308 ff.

— / *Laubinger*, Hans-Werner, Verwaltungsverfahrensrecht, 3. Auflage, Köln 1986.

Wahl, Rainer, Risikobewertung der Exekutive und richterliche Kontrolldichte - Auswirkungen auf das Verwaltungs- und das gerichtliche Verfahren, NVwZ 1991, S. 409 ff.

— / *Masing*, Johannes, Schutz durch Eingriff, JZ 1990, S. 553 ff.

Wallerath, Maximilian, Verwaltungsrecht, 4. Auflage, Siegburg 1992.

Weides, Peter / *Zimmermann*, Peter, Verfassungsrechtliche Vorgaben für die Regelung des Familiennachzugs im Ausländerrecht, NJW 1988, S. 1414 ff.

Westermann, Harry, Der Anspruch auf Rücknahme ehrenkränkender, in Wahrung berechtigter Interessen aufgestellter Behauptungen, JZ 1960, S. 692 ff.

Weyreuther, Felix, Bemerkenswertes über Grundsätzliches, DÖV 1989, S. 321 ff.

— Die Rechtswidrigkeit eines Verwaltungsakts und die "dadurch" bewirkte Verletzung "in ... Rechten" (§ 113 Abs. 1 Satz 1 und Abs. 4 Satz 1 VwGO) in: Festschrift für Christian-Friedrich Menger zum 70. Geburtstag, hrsg. von Hans-Uwe Erichsen / Werner Hoppe / Albert v. Mutius, Köln 1985, S. 681 ff.

— Folgenbeseitigungsanspruch und Folgenbeseitigungspflicht, Verhandlungen des 47. Deutschen Juristentages Band 1, Gutachten B, München 1968.

Wilke, Dieter, Anmerkung zu OVG Koblenz, Beschluß vom 2.2.1984 - 6 D 2/83 -, DVBl. 1984, S. 1134, DVBl. 1984, S. 1136 ff.

— Die Kontrollfunktion der Verwaltungsgerichte, in: Gewaltentrennung im Rechtsstaat, Zum 300. Geburtstag von Charles de Montesquieu, hrsg. von Detlef Merten, Schriftenreihe der Hochschule Speyer Band 106, Berlin 1989, S. 135 ff.

Winkler, Günther, Der gerichtliche Rechtsschutz des Einzelnen gegenüber der vollziehenden Gewalt in Österreich, in: Gerichtsschutz gegen die Exekutive, hrsg. von Hermann Mosler, Max-Planck-Institut für ausländisches öffentliches Recht und Völkerrecht, Band 2, Köln 1970, S. 835 ff.

Witten, Egmont, Zur Fortbildung des Verwaltungsstreitverfahrens, RiA 1954, S. 123 ff.

Wolff, Hans J. / *Bachof*, Otto, Verwaltungsrecht I, 9. Auflage, München 1974.

Zimmer, Gerhard, Funktion - Kompetenz - Legitimation, Gewaltenteilung in der Ordnung des Grundgesetzes, Staatsfunktionen als gegliederte Wirk- und Verantwortungsbereiche - Zu einer verfassungsgemäßen Funktions- und Interpretationslehre, Berlin 1979.

Zippelius, Reinhold, Problemfelder der Machtkontrolle, in: Gewaltentrennung im Rechtsstaat, Zum 300. Geburtstag von Charles de Montesquieu, hrsg. von Detlef *Merten*, Schriftenreihe der Hochschule Speyer Band 106, Berlin 1989, S. 27 ff.

Zuleeg, Manfred, Hat das subjektive Recht noch eine Daseinsberechtigung?, DVBl. 1976, S. 509 ff.

— Öffentliche Interessen gegen Familiennachzug, DÖV 1988, S. 87 ff.

FSC
www.fsc.org
MIX
Papier | Fördert
gute Waldnutzung
FSC® C083411

Kolibri 360 GmbH
Ferdinand-Jühlke-Straße 7
99095 Erfurt, Deutschland
produktsicherheit@kolibri360.de

Druck:
CPI Druckdienstleistungen GmbH
im Auftrag der
Kolibri 360 GmbH
Ferdinand-Jühlke-Str. 7
99095 Erfurt